文化自信视域下高校文化育人研究

胡晓敏 著

中国原子能出版社

图书在版编目（ＣＩＰ）数据

文化自信视域下高校文化育人研究 / 胡晓敏著 . ——
北京 : 中国原子能出版社 , 2020.9（2023.1重印）

ISBN 978-7-5221-0868-1

Ⅰ . ①文… Ⅱ . ①胡… Ⅲ . ①高等学校—文化素质教
育—研究—中国 Ⅳ . ① G640

中国版本图书馆 CIP 数据核字 (2020) 第 172013 号

文化自信视域下高校文化育人研究

出版发行	中国原子能出版社 (北京市海淀区阜成路 43 号 100048)
责任编辑	徐　明
责任印刷	赵　明
印　　刷	河北宝昌佳彩印刷有限公司
经　　销	全国新华书店
开　　本	787 毫米 * 1092 毫米　1/16
印　　张	13.875
字　　数	220 千字
版　　次	2020 年 9 月第 1 版
印　　次	2023 年 1 月第 2 次印刷
标准书号	ISBN 978-7-5221-0868-1
定　　价	76.00 元

网址 :http//www.aep.com.cn　　　　E-mail:atomep123@126.com

发行电话 :010 68452845　　　　　　版权所有　翻印必究

内容简介

　　《文化自信视域下高校文化育人研究》是一本系统研究文化自信视域下高校文化育人的专著。本书以文化自信为视角，对文化自信与高校文化育人机制进行了简要阐述，指出了高校文化育人功能的具体表现。同时，本书还对新时代文化自信视域下高校育人机制的构建现状进行了剖析，指出了当前我国高校文化建设与高校文化育人中存在的问题及成因，最后针对存在的问题提出了相应的解决策略，旨在为高校文化育人功能的充分发挥提供理论上的借鉴。

目　录

第一章　文化育人 1

　　第一节　文化育人的内涵与目标 1

　　第二节　文化育人的基本要素 13

　　第三节　文化育人的内在机制 21

第二章　大学生文化自信教育 29

　　第一节　大学生文化自信教育概述 29

　　第二节　大学生文化自信教育面临的机遇与挑战 38

　　第三节　大学生文化自信教育的实施路径 44

第三章　高校红色文化育人 58

　　第一节　红色文化概述 58

　　第二节　红色文化的育人价值 64

　　第三节　高校红色文化育人功能的实现路径 72

第四章　高校榜样文化育人 85

　　第一节　高校榜样文化概述 85

　　第二节　高校榜样文化的育人功能 94

　　第三节　高校榜样文化育人功能的实现路径 108

第五章　高校体育文化育人 **125**

　　第一节　高校体育文化育人概述 125

　　第二节　高校体育文化的育人功能 130

　　第三节　高校体育文化育人功能的实现路径 135

第六章　高校校园文化育人功能的发挥 **140**

　　第一节　高校校园文化育人功能发挥的内在机理 140

　　第二节　高校校园文化育人功能发挥的时代要求 152

　　第三节　高校校园文化育人功能发挥的策略 161

第七章　文化自信视域下高校育人机制的构建研究 **173**

　　第一节　文化自信视域下高校育人机制现状分析 173

　　第二节　文化自信视域下高校育人机制构建理念与结构优化 180

　　第三节　文化自信视域下高校育人机制的构建 191

参考文献 **214**

第一章　文化育人

第一节　文化育人的内涵与目标

一、文化及其功能

文化是人类长期实践的产物，是人类依据自身的目的和价值追求而创造，反过来又能影响人、教化人和塑造人。文化的范畴十分广博、内涵十分丰富，要研究文化育人，首先要系统解读文化的内涵、类型、属性特征及功能。

（一）文化的内涵及类型

文化概念的内涵十分丰富，很难形成一个精准的定义。在拉丁文中，主要指"人的身体、精神特别是艺术和道德能力及天赋的培养，也指人类通过劳作创造的物质、精神和知识财富的综合。"在汉语中，"文化"是指"文治教化，是对人心性的开启与修炼，重点是教化人心"，它与"自然"相对应，与"野蛮"相反照，属于精神文明的范畴。现代意义上的"文化"，学者们的解读众说纷纭，各有侧重。有学者曾"例举了文化一词的 161 种定义，随后出现的定义还不算在内。"人们对文化现象的认识随着社会的不断发展而不断深化。笼统地说，文化是一种社会现象，是人类长期实践的产物，是人们生存方式与生活样态的体现。同时文化也是一种历史现象，是社会历史积淀的结果。具体点儿说，文化是蕴含在物质之中又折射于物质之外、能够被普遍认可和传承的国家或民族的风土人情、传统习俗、生活方式、思维方式、价值观念等意识形态。文化是一个十分复杂的现象，是一定社会发展时代人们的物质生活在精神领域的折射与透视。"文化"一词既有名词和动词意义之分，也有广义和狭义之别。

从名词意义讲，文化是人类认知的客体。学者们从不同的视角、层面、问题域对文化有不同的解读，比如，文化是"一种活生生的有机体""人类文明的总称""人的第二自然""给定的和自在的行为规范体系""自觉的精神和价值观念体系""人的生活样法或生存方式"，等等。从动词意义上讲，文化是指人向文而化的动态过程，这一过程实际上就是人脱离原初的自然状态，走向社会化的过程，走向文明进步的过程。人的一切实践活动都可视为是一种文化活动。

文化的概念可以从广义、中义和狭义三个层面来解读。广义的文化，也叫"大文化"，泛指人类的一切社会实践活动及其成果。按照马克思的解释，广义的文化是指自然的"人化"，既包括外部世界的人化，也包括人自身的主体化，它以实践为基础，集中体现人与自然、主体与客体的关系。中义的文化，是指精神文化（亦即观念文化），是人类在长期的社会实践活动中形成的思想理念、价值取向、道德情操、审美趣味、宗教信仰、民族性格、风俗习惯等精神因素。它包含人类的一切精神现象。精神文化本身不能直观地表现出来，只能通过人的意识的表征——"符号"来表现，或者是存在于文化的载体——"产品"之中。狭义的文化，即指艺术，是主体对客体产生的审美反映和审美创造，是主体以典型形象来表现客体美的一种方式。艺术来源于人的社会生活实践，它不仅是人的实践活动的结果，也是人的实践活动本身。

这三个层次的文化，不是各自独立地存在，而是互融互动，有机地融合在一起。精神文化（亦即意识文化、观念文化）内在的、深层次的融于广义的文化之中，是广义文化的灵魂。没有精神文化内蕴其中，任何广义上的文化都不能称其为文化。而艺术又是精神文化的精华，是精神文化的升华和高雅品质的展现。

文化可从不同的角度划分为不同种类型。就广义的文化而言，按文化形态可分为物质文化、制度文化和精神文化；按社会历史过程可分为传统文化、现代文化和未来文化；按文化的先进性可分为先进文化、普通文化、落后文化，等等。就精神文化而言，按文化存在的方式分为自在的文化与自觉的文化；按意识的高低层次分为社会意识形态和社会心理；按意识同政治的关系分为意识形态和非意识形态。就艺术而言，按艺术表现形式分，有语言艺术、音乐艺术、图像艺术、造型艺术、表演艺术；按艺术的高低层次分，可分为高雅艺术和通俗艺术等。

（二）文化的属性及特征

文化不是与经济、政治、科技或其他一些具体事物等相并列的一个具体对象，而是"内在于人的主体世界的东西，它包括精神领域的一切，是人的本质力量的表现。"它虽然无所不在，但又是无形的，只能通过对其本质属性及特征的分析来把握。

文化的本质取决于人的本质，在于人的实践创造性。文化至少具有如下几种本质属性。第一，文化具有主体性和实践性。人是文化的主体，人与文化是紧密地结合在一起的。在现实生活中，不同的人群有不同的文化，每一种文化的产生和发展都要以人的实践为基础，判断一种文化进步与否要通过人的实践来检验。文化是人的实践产物，是具有主体性的人的实践产物，因而，人的主体性和实践性也是文化的本质属性。第二，文化具有创造性。实践的本质在于创造，创造性是人的本质特征，文化作为人的创造性本质的外化，自然也具有创造性的本质属性。第三，文化具有属人性。一切文化都凝结着人的创造性，内含着人的意识和目的，是为了满足人的物质生活或精神文化需要而创造的，文化意味着"以人为本，面向人，理解人，为了人。"文化为人类所特有，若没有人的存在，也就没有文化的存在，因此，属人性也是文化的本质属性。

文化作为人类实践创造性的产物，具有主体性、实践性、创造性和属人性的本质属性，还具有系统性、历史性和开放性等基本特征。

文化是动态性与稳定性的辩证统一。文化是一个复杂的大系统，由诸多相互联系、相互作用、相互影响的文化要素构成，是具有一定结构和功能的有机整体。文化的系统性主要包括两个方面的内涵：一方面，文化系统的结构和层次是可分的，社会文化大系统可以分为若干子系统，子系统还可分为若干孙系统，使文化系统体现为整体性与可分性的辩证统一。另一方面，构成文化系统的基本要素是文化主体和客体。实践作为联系主体与客体的中介，是文化系统的基础。文化主体实践的丰富性和创造性，决定了文化是一种变化性的存在。冯天瑜指出文化"是一个有机的生命过程，是一种可以传承、传播、分享和发展的动态体系。"同时文化作为一种系统性的存在，又趋向于稳定的生存力和自我维持的惯性，是一种相对稳定的存在，使文化系统体现为动态性与稳定性的辩证统一。

文化是历史继承性和阶段性的辩证统一。"一种文化的形成和演变，归根到底是其主体实践过程不断自我凝聚、自我升华、自我积累的产物。"作为主体实践和自我积累的产物，文化的形成和演变是客体的主体化过程，是一个由低级向高级不断演进的过程。费孝通指出，"文化有自己的历史，本身有历史的继承性，有自身的发展规律，体现在一般所说的'民族精神'上。"李宗桂指出，"文化的发展既有历史的连续性和稳定性，又有时代的变动性和现实性。任何民族的文化，就其内容而言，都是前后相继的历史精神的延续，都是现实的时代精神的体现。"作为一种时间的"积累"，文化是历史继承性和阶段性的辩证统一。

文化是纵向交流和横向交流彼此依存的有机统一。文化作为一个系统，不是封闭的，而是开放性的。文化的开放性表现为文化的交流性、传播性、普遍性。文化的交流性表现在纵向和横向两个方面，文化的纵向交流性是其历史发展性与传承性的体现，横向交流性是文化求异性与渗透性的体现。文化纵向交流的过程是文化传承与创新的过程，文化从低级向高级不断发展演变，不断优化整合、创新发展。文化横向交流的过程是文化相互交融渗透、优势互补的过程，各文化群体（如不同民族、国家、地区、行业等）之间相互学习借鉴，各群体文化之间相互交融渗透、优势互补、平衡发展。文化的纵向和横向交流相互促进、彼此依存、有机统一，形成文化系统的动态发展性和现实性。文化的交流性以其传播性为前提。文化传播表现为文化在不同文化主体之间传递、播放和漫延，它不仅在时间上具有持续性，而且在空间上具有广延性。随着电子网络技术的发展，文化的传播速度越来越快，具有即时性；文化的传播空间范围也越来越广，具有全球性，甚至随着宇宙航天事业的发展，文化传播的空间延伸到了外太空；"人类劳动或实践的普遍性品格，赋予了文化的普遍性品格"人类文化的普遍性奠定了文化交流与传播的基础。在文化发展过程中，不同群体文化之间之所以能够相互交流、相互传播，就在于文化具有普遍性的品格。文化的交流性、传播性和普遍性，决定了文化是与时俱进的，是动态发展的；决定了文化是面向大众的、面向世界的、面向未来的，它们共同构成了文化的开放性。

（三）文化的功能

所谓文化功能，就是文化对人和社会的存在与发展所起的作用。首先，对于人的存在和发展而言，文化是人的历史地凝结成的生存方式，对人的生存方式具有主导性的影响。文化的基本功能是塑造人或教化人，这是文化价值本身的实现，"其实质是使人文明化、人文化，包括自然人的社会化、自发人的自觉、蒙昧人的启蒙和开化"。文化对人的塑造或教化功能，主要体现在它对个体行为具有规范和制约作用，这一作用既表现在文化是满足人的各种需要的价值规范体系，还表现在文化是特定时代所公认的、普遍起制约作用的个体行为规范。文化塑造或教化功能主要是通过家庭熏陶、学校教育、社会舆论等各种途径，将社会文化体系中系统的行为规范加诸于生活在其中的文化个体，对个体实现文化的约束和导向作用。

其次，对社会存在和发展而言，文化的基本功能是从深层次制约和支配一切社会活动的内在机理和文化图式。人类社会既靠文化的传承而延续，又靠文化的创新而进步。人类社会的发展变迁，离不开文化的支撑和推动，作为人的主导性的生存方式和社会历史运动的内在机理，无论是文化的存在还是文化的变迁，都是社会发展和历史运动的重要内涵。

文化对社会历史发展具有巨大的推动作用。尤其是在重大历史转折时期，文化总能以惊人的力量引领和推动着人类社会的发展进步，如中国两千多年以前出现的以儒、墨、道、法为代表的诸学派"百家争鸣"，作为中国历史上第一次思想解放运动，不仅加速了社会变革和进步，而且对中国传统文化的繁荣和发展发展产生了重要的影响；14世纪至17世纪欧洲新兴资产阶级发起的那场伟大的文艺复兴运动，把人从宗教神学的禁锢中解放出来，为资产阶级人文主义思想的形成和资本主义制度的建立奠定了文化思想基础；20世纪初我国以"五四"爱国运动为导火索而爆发的那场轰轰烈烈的"五四"新文化运动，作为中国近现代史上第一次伟大的思想解放运动，高扬"科学"与"民主"的旗帜，不仅极大地促进了人的思想解放，为马克思主义思想的广泛传播和中国政治、经济、文化的加速发展奠定了基础；1978年在全党全国范围内开展的那场关于真理标准问题的大讨论，作为中国共产党历史上一次极其重要的思想解放运动，对重新确立党的思想路线，对重大历史关头实现伟大转折，对促进中国改革开放和社会主义现代化建设具有深远的意义和影响。

从根本上说，人是社会的主体，文化对社会的功能最终要通过对人的功能来实现，文化在社会发展中的作用如何及其力量的大小，取决于社会主体成员对文化的认同度，取决于文化的先进性。任何一个时代，要推动社会发展进步，不仅要充分重视文化的作用，更要不断解放思想，保持文化的先进性。因此，文化最基本的功能就是对人的存在和发展的功能，即塑造人或教化人。

需要特别指出的是，意识形态作为文化的核心组成部分，带有强烈阶级意识，是文化的灵魂，制约、引导、规范着文化的表现形式。一个国家统治阶级的文化，即是国家的主导文化和社会的主流文化，其中包括先进文化的主体部分，都属于意识形态。它体现在人们生活的各个方面，"对人们更清楚地认识自己的角色定位、功能设定及社会关系等起着重要的保障作用。"文化能够塑造人和教化人，主要是其意识形态引导功能的发挥。具体讲，是指意识形态作为社会或国家的政治目标导向和社会价值导向，"对人们的思想、行为进行符合目标的引导并对偏离目标的思想、行为进行阻滞。"因此，文化的重要功能是育人，是沿着国家主流文化发展的方向育人，更确切地说，文化具有思想政治教育的功能。

二、文化育人的内涵

文化的基本功能是塑造人或教化人，文化功能实现的过程，就是文化育人。从总体而言，所谓文化育人，就是以文化人，即遵循思想政治教育规律和大学生成长规律，以文化价值渗透的方式，将先进文化的价值渗透到人的灵魂深处，使人内化于心，外化于行，从而实现文而化之的目的，促进人的全面发展。它强调"重视人文教育、隐性教育，注重精神成长、思想提升，主张潜移默化、润物无声，通过有意味的形式，长久地、默默地、逐渐地感染人、影响人、转化人"，实现"入芝兰之室久而自芳"的思想政治教育效果。

理解文化育人，首先要理解文化育人中的"文化"是什么。文化育人中的"文化"有三重内涵，一是指育人"内容"和"载体"意义上的文化，即以什么样的文化内容和文化形式育人；二是指文化化人"过程"意义上的文化，即"文而化之"的教化或转化的过程；三是指育人"目标指向"意义上的文化，即育人的核心"目标指向"不只是停留在表层意义上的掌握某些知识或表现出某些期望行为上，而是从更深的精神文化层面，即人的价值观理念和信仰上教化人，塑造人。因此，文化育人也不是一个内涵单一的概念，要正确理解其丰富的内涵，需要深刻理解三个问题，即文化育人"以什么样的文化育人""以怎样的形式育人""育人的核心目标指向是什么"。文化育人的内涵主要体现在三个层面。

（一）用社会主义先进文化培育人

"以什么样的文化育人"中的"文化"，是指内容和载体意义上的文化。载体意义上的文化，是指思想政治教育者为达到教化人、提升人的目的，作为育人载体或手段而利用的各种文化成果。这些文化成果都承载着某些特定的思想政治教育价值观念，广泛地存在于物质文化、制度文化、精神文化之中，可以以多种多样的文化形式出现，如各种文化产品、文化活动等，它不是单纯的书本上的知识，也并非脱离于现实社会生活而存在。人们对它的感知、接受与习得往往是在现实的社会文化生活之中。育人载体意义上的文化能够为思想政治教育主体所利用、能够为人们所感知和认同、具有先进性、对人有思想政治教育功能。内容意义上的文化，从文化哲学的角度看，文化育人活动就是"特定阶级或集团用特定文化的价值和意义对人们进行文化建构的过程和活动"，其实质就是用社会主导的文化去建构人们的思想、意识和行为。中国特色社会主义文化是当代中国的主导文化，决定了中国文化的发展方向。因此，文化育人无论是运用什么样的文化载体，它所承载的文化内容一定是社会主义先进文化。从这个意义上讲，文化育人的第一重基本内涵就是用社会主义先进文化培育人，就是坚持科学理论武装、正确舆论引导、高尚精神塑造、优秀作品鼓舞。

（二）在渐进的文化过程中培育人

文化，除了作为文化成果而存在，还作为"文化"的过程而存在，人的一切文化实践活动都可看作是"文化"的过程。"过程"意义上的文化，它重在"化"，主要包括两个向度，一是文化"化"人的过程，二是人在实践中向文而"化"的过程。两个过程在育人中同时存在，相辅相成，互生互动，是一个永不停息的人与文化之间双向建构的过程。对于文化育人的对象"人"而言，前者强调外在的给予，体现的是文化塑造人、教化人的价值。后者强调内在的生成，体现的是人的主体能动性。文化育人就是通过文化的外在给予和内在生成方式，来化育文化个体，引导个体向文而化，进而促进人的提升与完善。

文化的外在给予和内在生成过程实质上就是一个在渐进的"文而化之"的教化或转化过程，即"文化"的过程。这一过程强调文化价值从客体到主体，再到客体的内化与外化的转化过程，其实质是把客观的文化内化为个体的精神活动的过程。实现文化主体与客体之间的双向互动，更进一步讲，是实现文化主体客体化（人的知识化）和文化客体主体化（知识人化）的互相转化。

"文化"过程育人贵在促进人的知行统一，重在发挥文化生活实践的养成作用。它是"将人类已经发展起来的先进文化成果转化为个体内在本质力量、促进人的精神生活全面发展的过程。"这一过程，从根本上讲，就是人在文化价值认知基础上实现知行统一的过程。而无论是人对文化的价值认知，还是由知促成的文化行为，都离不开人的文化生活实践。正如刘云山所言，"如果离开实际生活和工作去搞道德实践活动，不管口号提得再响，活动规模再大，最后只能是空对空。"因此，只有充分发挥文化生活实践的养成作用，促进人在渐进的"文化"过程中实现知行统一，才能真正实现在"文化"的过程中育人，才能真正体现出在文化的外在给予和内在生成过程中育人的价值。从这个意义上讲，文化育人的第二重基本内涵就是在渐进的"文化"过程中培育人。

（三）从人的思想观念和理想信仰层面育人

文化育人中"文化"的第三重内涵是指育人"目标指向"意义上的文化，即文化育人从根本上是要培育人内在的思想观念和理想信仰，还是要规范人外在的行为？它主要从哪一层面上育人？答案十分明确。文化育人的核心"目标指向"是人的精神文化，即实现人的内在思想观念的转变。这里所说的人的内在思想观念的转变，不是简单地从文化知识到文化知识的机械记忆的过程，也不是从制度到行为的被动服从的过程，而是从"文化的认知"到"文化价值观念的认同"，到"文化价值观念的内化，甚至是理想信仰的升华"，再到"恪守价值准则或追求理想信仰等行为的外化"的一系列转化过程。其中最重要、最根本的是人的价值观念和理想信仰的形成，这是文化育人"目标指向"意义上"文化"的终极形态（即人的精神文化）。

从这个意义上讲，文化育人的第三重基本内涵是指在人的价值观念和理想信仰形成中培育人。作为一个民族文化的灵魂，核心价值观是一个国家的思想道德基础。在精神文化层面育人，其首要目标是育德。在当代中国，社会主义核心价值观就是马克思主义思想的集中体现，就是中国人民共同的思想道德基础。我们要按照习近平总书记要求，"把培育和弘扬社会主义核心价值观作为凝魂聚气、强基固本的基础工程"，要持续深化社会主义思想道德建设，为我国社会主义建设提供强劲的精神动力和深厚的道德滋养。尤其在新的社会历史条件下，文化育德问题更不容忽视，必须把培养具有符合社会发展要求的道德品质，作为文化育人的核心内容和重要任务。

三、文化育人的目标

任何一种教育实践活动，都有其所追求的目标。文化育人作为高校思想政治教育的重要手段，其所追求的目标与学校人才培养、与思想政治教育总体目标保持一致。文化育人作为一种特殊的思想政治教育活动，从思想道德建设的角度，它体现了思想政治教育培育学生社会主义核心观的价值；从文化软实力建设的角度，体现了思想政治教育培养学生文化自信的价值，从整体教育的角度，文化育人体现了思想政治教育促进学生全面发展的价值。从总体上看，文化育人的目标有三个层次，一是立德，即培育社会主义道德，二是树人，即促进学生全面发展，三是增进文化认同，即培育社会主义文化自信。其中，培育社会主义道德是思想政治教育的核心目标，促进学生全面发展是思想政治教育价值追求的根本目标，培育社会主义文化自信是体现文化强国的基础目标。

（一）培育社会主义道德

国无德不兴，人无德不立。文化育人的核心目标是立德，即培育社会主义道德。党的十八大报告要求把"立德树人"作为教育根本任务，为高校育人工作指明了方向。习近平也多次强调我们要加强思想道德建设、培育和弘扬社会主义核心价值观、弘扬中华传统美德和时代新风、构筑中国精神，为中国特色社会主义事业提供精神动力和道德滋养等。而文化育人作为以社会主义思想道德建设为核心内容的思想政治教育实践，其核心目标就在于立德，就在于用社会主义核心价值观凝魂聚力，立社会主义道德。它强调"德"在人的综合素质中的核心地位，也强调"'立德'是'树人'的一种方式"。

文化是德育的不竭资源。人的思想品德的形成离不开知识教育，更离不开文化的滋养。知识教育更多地关乎思维，文化滋养则关乎整个人的存在，首当其冲关乎人的心灵生长。正如刘铁芳所言，"优良的教育在任何时候都应该让个体找到生命的生长与生成感""教育如不能激发个体自我成长的内在力量，则教育必然走向被动灌输，就不可能有健全自我的生长、生成。"文化滋养对人的思想品德的形成具有至关重要的作用。

文化育德的最高境界是培育社会主义理想人格。所谓理想人格，就是人们依据一定社会道德准则所力求实现的完美人格，它是时代精神的体现，离开一定的社会历史条件和社会实践，理想人格便无从谈起。社会主义理想人格所承载的内涵，是随着社会主义社会现代化建设的发展而不断发展的。在 1980 年，社会主义改革开放初期，邓小平根据社会主义初级阶段的历史任务和战略目标提出了培育"四有"新人的思想。培育"四有"新人，就是适应中国特色社会主义现代化建设和中华民族伟大复兴的需要，培养有远大的共产主义理想、有高尚的社会主义道德情操、有深厚的科学文化知识底蕴、有克己奉公、廉洁自律精神的一代社会主义新人。塑造社会主义理想人格的基本目标就是培养"四有"新人。随着改革开放的不断深入和社会主义市场经济的不断发展，社会主义理想人格的内涵，除了"四有"以外，还在身心素质、社会适应、人生态度、价值观念等多方面有所拓展，社会发展需要更全面的发展的人。人的全面发展"是逐步提高、永无止境的历史过程。"

（二）促进学生全面发展

文化育人是要把学生培养成为德才兼备、全面发展的人才。强调立德为先，树人为本，除了立德之外，还要着力树人，促进学生全面发展，即使学生具备一定的专业知识和能力素质，并根据学生个人的兴趣、爱好、禀赋、倾向，对学生进行个性化培养，使其具有鲜明个性特点的专长。

人的全面发展"是社会主义社会的本质要求"。社会主义的本质是解放和发展生产力，而解放和发展生产力最关键的是要促进生产力诸要素中最活跃的要素——"人"的全面发展。人的全面发展是指"人的自我意志获得自由体现，人的各种需要、潜能素质、个性获得充分发展，也是人的社会关系的全面发展，是人的社会交往的普遍性和人对社会关系的控制程度的高度发展。"人的全面发展包括理性的文化自觉、高尚的思想品德、健全的个性人格、良好的艺术鉴赏力等各个方面综合素质的提升。它是人在主体性发展中合规律性与合目的性的统一，是人真善美三境界的和谐统一，它是人主体性发展的最高境界。人的全面发展，体现为人与自然、社会关系的和谐统一，与社会主义先进文化发展相互影响、相互促进。

我们进行社会主义现代化建设，归根到底是为了促进人的全面发展。而在当今时代，随着改革开放的不断深化，经济、自然与社会三者之间协调发展的重要性也日益凸显，从这个意义上讲，当代中国人的全面发展，是全面深化改革开放，促进经济、自然与社会协调发展的需要。

党的十六大把人的全面发展作为建设小康社会的一个重要奋斗目标。党的十七大再次把人的全面发展上升为国家发展的战略高度。到了党的十八大，更是把"促进人的全面发展"纳入中国特色社会主义道路的内涵，同时强调要"不断在实现发展成果由人民共享、促进人的全面发展上取得新成效"。可见，促进人的全面发展是中国特色社会主义发展的终极目的。

人作为一种主体性的文化存在，能够创造文化，发展文化。而文化的化人功能，也使文化能够塑造人，发展人。人与文化二者相互构建，互生互动。从这个意义上讲，发展先进文化是促进人的全面发展的内在诉求，人的全面发展水平也是衡量先进文化建设的重要砝码。二者相辅相成，互为表里，辩证统一于中国特色社会主义建设的伟大实践之中。

高校实施文化育人，一个重要的目标就是通过发展社会主义先进文化来促进学生全面发展。发展社会主义先进文化，就是要建设以马克思主义为指导的社会主义文化，就是要以社会主义核心价值观为统领，培育大学精神、建设高品味的大学文化，实质就是建设社会主义精神文明，建设马克思主义文化阵地，就是促进当代大学生的全面发展。发展社会主义先进文化的根本任务，就是培养个性充分发展、德才兼备、身心健康、有社会责任担当、有艺术鉴赏力、富于创新精神的德、智、体、美、劳全面发展的人。要促进人的全面发展，既需要科学的理论武装和正确的舆论引导，也需要高尚的精神塑造和优秀的作品鼓舞。

在马克思看来，人的全面发展并非一蹴而就，而是一个循序渐进地向自由迈进的历史过程。只有在生产力和生产关系高度发达的共产主义社会，人的全面发展才能真正实现。因此，社会文化发展每一个进步，都意味着人在全面发展的进程中又前进一步。发展先进文化与促进人的全面发展，这两个过程相辅相成、辩证统一。人的全面发展需要有先进文化的教化和滋养，同时先进文化的发展也需要以人的全面发展为推动条件。

（三）培育社会主义文化自信

在坚定中国特色社会主义道路、理论和制度三个自信基础上，习近平总书记强调要坚定文化自信，强调它是"更基本、更深沉、更持久的力量。"要实现社会主义共同理想、要推动中华民族伟大复兴都需要有社会主义文化自信作基础。文化育人主要是通过社会主义先进文化影响人、塑造人，增进大学生对社会主义文化的理解和认同，其最基础的目标就是培育社会主义文化自信。中共中央书记处书记刘云山指出，文化自信是"一个国家、一个民族、一个政党对自身文化价值的充分肯定，对自身文化生命力的坚定信念"从根本上说，文化自信强调的是文化群体或个体对其本土文化的认同，包括对其文化价值的肯定、对其文化优势的确认、对其文化生命力的坚信。拥有高度的文化自信是坚持社会主义道路自信、理论自信和制度自信的前提和基础，是传承与弘扬中国传统文化的内在动力，是应对外来文化冲击与侵蚀的核心力量，是文化大发展大繁荣的思想根基和必然行动的力量之源。

"文化自觉是文化自信的思想依据和认识基础。"文化自觉，简言之，就是文化主体将自身的文化信念和准则，主动付诸社会实践，是一种在文化上"自觉践行和主动追求的理性态度。"文化自觉是一种觉悟和理性，是文化主体对文化的自我觉醒，自我反省，自我创建，是对文化可持续发展的崇尚与追求。尤其是在文化全球化的社会背景下，文化自觉体现在人对自己的文化有自知之明，知道它的来历、形成过程和发展走向；面对错综复杂的局面，能以面向全球的视野和整体发展的观点，对自己文化进行深刻反思，并给予准确的历史发展定位；自觉担当起进行正确文化选择和推动文化发展的责任，汲取一切对自己文化有益的成分，在文化融合创新中实现转型，以适应新的社会发展需求。

文化自觉与自信是推动文化繁荣发展、实现中华民族文化复兴的一个必要条件，也是文化育人的基础目标。尤其在社会大发展大变革的当今时代，倡导文化自觉和文化自信，其目的就是要对自身文化持有清醒的认识和理性的态度，牢牢把握社会主义先进文化的前进方向，只有人的高度文化自觉，才能实现真正的、充分的文化自信。只有在全民族文化自信的精神支撑下，建设社会主义文化强国才能真正实现。

思想政治教育作为一种文化现象，它与社会主义先进文化在本质上是一致的，它所倡导的思想观念、教育内容都是社会主义先进文化的重要组成部分，二者辩证统一、相互补充完善、相互促进发展。因此，以思想政治教育为目的的文化育人实质上是以社会主义先进文化育人，其育人的根本目标是培养社会主义文化自觉与自信。培养高度的文化自觉和文化自信，是中华民族团结进取的力量源泉，是国家文化安全稳定的坚实堡垒，是社会主义文化繁荣发展的基础保障。

文化自信以文化主体对自身文化的认同为基础。对当代大学生而言，树立文化自信，从根本上说就是要增强其民族文化认同，增强其传承和创新中华民族文化的信念与勇气。这是当代大学生树立文化自信的迫切需要，是全球化的时代发展赋予大学生思想政治教育的一项重要使命。

第二节　文化育人的基本要素

任何一个事物存在都有其自身的构成要素。"文化育人"作为思想政治教育实践活动，也有其基本构成要素，即育人主体要素——教育者，育人客体要素——大学生，育人媒介要素——文化载体，育人环境要素——以先进文化为主导的文化环境，这四个要素都是"文化育人"得以发生和实现的关键性因素，缺少它们中任何一个，思想政治教育意义上的文化育人都无从实现，并且每一个要素都不能孤立地存在，独自实现文化育人，而是四个要素相辅相成、密切配合。

一、育人主体要素—教育者

教育者是组织实施文化育人实践的主体，是文化育人的一个基本构成要素。文化育人主体，是指以思想政治教育为目的通过文化手段进行育人的主动行为者，这一主动行为者，统称为教育者。教育者既可以是具有主动教育功能的组织，也可以是教育组织中的个人或者由多人组成的群体。本文讨论的文化育人的施教主体是文化育人实践活动的真正设计者和组织者——人，即高校教师和从事教育教学管理的管理者。

教育者在文化育人过程中的根本职能就是价值引导，即"以社会的要求为准绳，科学地影响教育对象，不断把教育对象的思想政治品德提升到社会需要的水平"。具体体现在三个方面，即按育人计划，组织、设计和实施文化育人活动，采取多样化的方式方法调动和发挥教育对象的主体能动性，本着价值主导原则引导教育对象思想品德向社会要求的方向发展。由于教育者在文化育人过程中的根本职能是思想政治教育，在他们身上具有共同的职业特点，最为突出的体现在如下几个方面：

第一，充满社会主义文化自信。习近平总书记2016年5月在哲学社会科学座谈会上的讲话中指出，坚定中国特色社会主义道路自信、理论自信、制度自信，说到底是坚定文化自信，文化自信是更基本、更深沉、更持久的力量。文化自信是根植于人内心的一种信念，是对自己国家、民族创造的文化价值的一种认同和肯定。中华民族要繁荣振兴，需要有高度的社会主义文化认同与文化自信。教育作为社会主义文化自信生成的源头活水，教育者从中承担重要角色，发挥重要作用。他们是文化自信的引领者，要给学生一杯水，自己要有一桶水，在引导学生树立社会主义文化自信之前，自己首先要让自己一往情深地融于中华民族优秀传统文化，满腔热情地投身于社会主义伟大建设实践之中，成为充满社会主义文化自信之人，这是职业角色使然，也是职业责任使然。

第二，具有传播社会主义先进文化的自觉。习近平总书记2013年在全国宣传思想工作会议上提出要"讲好中国故事，传播好中国声音"，这是对宣传工作者的要求，也是对教育工作者的要求。讲好中国故事、传播好中国声音是高校教育工作者的一项重要使命，他们不仅要成为充满社会主义文化自信之人，还要成为自觉传播社会主义先进文化之人。当代大学生成长于全球化和社会改革开放时期，没有经历过革命战争的洗礼，没有品尝过社会主义建设与发展的艰辛，对中国博大精深的文化也很难有深刻的理解和把握。这就需要教育者要主动宣传社会主义核心价值观、弘扬中华民族优秀传统文化，澄清模糊认识，以增强大学生对中华民族文化的认同。在文化育人实践中，教育者都能牢记使命，自觉传播社会主义先进文化。

第三，具有文化价值主导性。一个学校能否为社会主义现代化建设培养出合格人才"关键在教师"，具体讲教师的文化价值主导性，即教师"在思想政治教育实施过程中发挥其主导作用方面表现出来的积极属性。"同样，在文化育人过程中教育者也具有文化价值主导性。随着文化全球化和改革开放的不断深入，社会上各种思潮林立，中西方文化价值相互交锋、渗透，人们的价值观念朝多元化方向发展。在这一社会背景下，中国文化要健康发展，必须坚持一元主导与多样发展相结合。一元主导体现在文化育人上，就是用社会主义先进文化为学生成长成才提供正确方向和精神动力，落实好"立德树人"根本。在育人过程中，教育者是教育计划的执行者、教育活动的设计者和组织者，他们按照一定的教育计划，设计文化育人活动，并将思想政治教育信息融入育人活动之中，通过文化渗透的方式影响教育对象的思想价值观念，引导其朝着国家主导文化方向发展。从学生角度看，他们作为受教育者，正处于价值观形成的重要时期，思想观念尚未完全发展成熟，思想行为尚不稳定，对文化价值的领悟力、判断力等都有一定的局限性，面对复杂的社会现象和良莠不齐的多样化价值观念，他们很难做出精准的判断和正确的文化选择，需要教育者根据其身心发展水平进行有针对性地教育和引导。因此，在文化育人过程中，教育者自始至终体现出文化价值的主导性。

作为文化育人者，除了具有上述三个突出特点之外，他们还重视将显性思想政治教育与隐性教育相结合，充分发挥文化的潜移默化的教化人、影响人的功能。

教育者是文化育人活动的发起者和主导者，没有教育者，文化育人就没有了施动者，也就不是基于思想政治教育目的而实施的文化育人。因此，教育者在文化育人基本构成要素中不可或缺。

二、育人客体要素——大学生

思想政治教育活动的对象都是其教育客体，主要有两种，一是指人客体，二是指物客体，如教育的内容、工具、方法、资源等。进行思想政治教育的最终目的是培养人、塑造人。本文中主要探讨思想政治教育的人客体，即高校文化育人的对象——大学生。

大学生在文化育人过程中是教育对象，其主要任务就是接受主体引导，学习、适应和内化，不断提高自身素质，同时积极调动自身的"主体性"因素，在文化育人过程中，充分表现出自身的特性，参与并影响育人过程。大学生与教育者之间的关系建立在平等和相互尊重的基础之上，即"主体尊重客体的特点和接受教育的规律……客体尊重主体的引导。"在这一过程中大学生不断的自我完善。

大学生正处在青春时期，是价值观形成的关键阶段，在这一阶段他们表现出鲜明的特点。

第一，大学生具有鲜明的主体性。大学生的主体性，主要是指在文化育人过程中，大学生对教育者传递的社会主义先进文化价值理念能够独立地作出判断和选择，主动接受先进文化的积极影响，自觉进行内化并积极调节行为，将自己的文化价值理念落实到行为实践，并在实践过程中不断完善自身品德。实际上教育者传递的任何思想政治教育信息和文化价值观念，都是外部的客体，只有通过主体的吸收内化、并外化行为实践，文化育人才收到了应有的实效。如果没有主体的自觉参与，任何教育都等于零。从这个意义上讲，大学生的主体性是一种"自觉能动性"，是"接受教育的主体性"。大学生的主体性主要体现在：处在快速成长期的大学生，不仅身体上发育迅速、体力精力旺盛，而且成人感和独立意识明显增强，求知欲望强烈，对外界信息反映灵敏，这使得大学生在文化育人过程中表现出积极接受先进文化思想、主动汲取文明营养的主观能动性，表现出乐于独立思考、自主做出价值判断和选择的自主性，表现出大胆实践、勇于探索、不断突破自我的实践创新性。

大学生作为教育对象，具有主体性，但在文化育人过程中并不居主导地位，不能承担文化育人的主要责任，不能作为文化育人的主体。因此，在文化育人过程中，有必要充分调动学生的积极性，有必要尊重学生主体性的发挥。

第二，具有极强的可塑性。"科学教育之父"赫尔巴特在其著作《普通教育学》中明确提出人具有"可塑性"。所谓可塑性是指"思想政治教育对象的思想品德是可以经由环境的影响和教育者的作用加以塑造的"，即教育对象的思想行为通过教育能够向符合社会要求的方向发展。人的思想文化观念和道德品质不是自发形成的，而是在一定的文化环境影响和思想政治教育作用下，在社会文化生活实践中逐渐形成并不断发展的。可塑性强调的就是"人性的生成性、交互性、可教化性和内在主动性。"教育对象的可塑性是教育者实施文化育人的基本前提和内在依据。

大学生正处在各种心理活动异常活跃、急剧变化的年龄阶段，认识容易偏执，情绪容易走极端，意识有时执拗，且容易受外界的影响，存在着明显的不稳定、可塑性大的特点。大学生在文化育人中的可塑性，主要涉及思想文化认知方面的可塑性、文化价值判断与选择能力的可塑性、文化道德内化与外化转化能力的可塑性、文化道德实践能力的可塑性等。

文化育人是教育者有目的、有组织、有计划实施的育人活动，在教化人、塑造人方面具有非常突出的作用。实施文化育人，要坚持以学生发展为本，充分关注大学生的主体性和可塑性，尊重学生成长规律，对大学生的文化思想与品德塑造施加有益的影响，促使大学生全面提升自身的综合素质。

三、育人媒介要素——文化载体

在文化大繁荣大发展的当今时代，文化载体正以其特有的优势日益成为思想政治教育载体的重要形态。思想政治教育也只有在运用文化载体进行育人时，才称得上是文化育人。文化载体作为文化育人过程中不可或缺的媒介要素，它不仅是主体与客体发生关联的重要媒介，也为文化育人各要素相互作用、相互影响提供了平台，它是"由若干要素以一定结构形式联结构成的具有某种功能的综合系统"。文化载体具有三方面内涵：

第一，文化载体必须同时具备四个基本条件，一是能够承载具有思想政治教育意义的文化价值信息，二是能够使教育主、客体之间发生文化价值信息传递，三是能被教育者所运用和控制，四是具有引导人、教化人的功能。

第二，文化载体的形式是多种多样的，各种文化物质实体和文化活动形式都可以成为文化载体。从最主要的学校育人活动形式看，有课堂育人、实践育人、校园文化育人，有教书育人、管理育人、服务育人；从文化发掘活动形式看，有将思想政治教育内容融入到各级各类文化建设中去的文化建设活动，从文化物质实体看，有书籍、绘画、戏剧、影视、音像等各种文化产品，有图书馆、博物馆、新闻出版、等各种文化事业。

第三，文化载体的概念不是静态意义上的，而是在实践中应用意义上的。对某种文化物质实体或文化活动形式来说，它是不是文化载体，并不是固定不变的，关键要看它是否符合思想政治教育文化载体的基本条件。比如在一篇文章、一首歌曲中蕴含着某些能够进行思想政治教育的文化价值信息，但仅凭这一个条件它们还不是育人意义上的文化载体，只有教育者通过阅读、欣赏等一定形式的活动，使受教育者从中接受到教育、启迪或感染，它们才成为文化载体。换言之，即便是一件文化产品承载了很多教育信息，但没有教育者有目的的利用，没有受教育者的接受，它就没有成为文化载体。

文化载体是先进文化传播的必要媒介。文化的发展是靠信息传播得以实现的，其本质就在于传播。文化育人活动，从本质上讲就是借助一定的媒介进行的文化传播活动。"传播意义上的媒介是指传播信息符号的物质实体"，包括语言、文字、书刊、报纸、广播、电视、电影、多媒体等。随着科技的不断进步，文化的传播媒介日新月异，并呈现出一体化发展的趋势，如电子报刊、网络多媒体等。无论是上述哪一种文化传播媒介，只要符合文化载体的条件，都能成为文化载体，发挥育人作用。

文化载体在文化育人中的作用是多方面的，比如它为育人活动提供必要的承载和传导文化价值信息的媒介；它使育人活动的各构成要素之间有了联系枢纽，"不仅能促使各要素之间相互作用，而且还能对各要素的协调一致产生直接影响作用"；它为教育者提供自主创新的平台，使教育者通过不断挖掘和创新文化载体来丰富和创新文化育人的具体方法和手段；它通过自身承载的先进文化信息，发挥其感染人、教化人的功能；它通过文化载体丰富多样的内容及形式，增强文化育人的吸引力和影响力，进而增强育人实效，等等。这些都充分说明，文化载体是文化育人过程中所不可或缺的一种媒介要素。

四、育人环境要素——以先进文化为主导的文化环境

环境是人格形成的必要条件。任何教育的发生都离不开环境的影响。文化以思想政治教育文化环境的形式存在。作为人类实践的产物，文化具有属人性，与人密不可分，文化就像空气一样时时包围在人们的周围，构成人类社会生活的环境，即文化环境。文化环境是影响人素质生成的重要因素。它由"一定的价值观念、日常伦理、道德规范、行为方式、宗教信仰、审美观念及生活风俗等内容构成"，对人们的思想观念、趣味、需求、情感、行为等产生潜移默化地影响，也直接影响着人们思想道德素质的发展。它是"以无形的意识、无形的观念，深刻影响着有形的存在、有形的现实，深刻作用于经济社会发展和人们生产生活。"马克思的教育环境理论认为"人创造环境，同样环境也创造人"。

思想政治教育是社会文化"大系统"中的一个"子系统"，它离不开社会文化环境的影响。思想政治教育文化环境由文化要素构成，是影响人的思想、行为和思想政治教育活动的外部因素的总和，它强调文化环境的整体性。积极健康的文化环境不仅能够促进人在各方面的发展，还能促进育人活动的有效运行。

先进文化具有重要的育人价值，是育人不可或缺的文化资源，在文化育人中，教育者无论基于下列哪种考虑，都必然要有目的的选择和构建以先进文化为主导的文化环境。

第一，先进文化蕴含着文化价值的"高势能"。文化具有差异性，在不同的文化之间"因其自身所内蕴的知识、价值、规律和表现美等品质的含量不同以及知识的层次和概念范畴位阶的不同"会形成文化'势位'的高低差异。处在"高势位"的文化自然具有文化价值上的"高势能"，相比于"低势位"的文化而言，具有更强的文化影响力、凝聚力、辐射力。同时，"高势位"的文化会影响和改变"低势位"的文化。

一般而言，处于"高势位"的文化都是先进文化。任何先进文化，都一定是"站在时代前列、合乎历史潮流……代表最广大人民群众利益的文化"。中国特

色社会主义文化是代表我国文化发展方向的先进文化。它存在于社会文化生活各个领域，以精神品质、价值观念、理想情操等精神文化资源而存在，集中体现为社会主义核心价值观。

从育人的角度讲，先进文化与文化主体"人"之间存在的文化势能差异也是文化育人得以发生的基本前提。先进文化所蕴含的文化价值上的"高势能"，实际上就是它所具有的思想政治教育资源，要有效地进行文化育人，必须充分利用好社会主义先进文化的资源优势，以及它与文化主体"人"之间的"势位"差。

第二，先进文化与思想政治教育相互促进。社会主义先进文化既为思想政治教育提供正确的价值导向，又要依托思想政治教育推动其自身的建设与发展，二者相互促进、相互依存。尤其是在文化强国的新的历史时期，思想政治教育的文化性更加凸显，与先进文化建设在培育人和塑造人上更加紧密地契合，二者相互依存、辩证统一的关系也更加凸显。

一方面，社会主义先进文化对思想政治教育具有重要的导向性作用。社会主义先进文化以马克思主义思想为灵魂，是指导人们正确认识世界、改造世界的科学世界观和方法论，它蕴含科学精神，崇尚实事求是，尊重客观真理，提倡开拓创新，反对迷信愚昧和因循守旧；它与时俱进、不断创新，渗透于社会生活各个领域，深刻影响着人们的思想，对思想政治教育提出了现实的要求和导向。思想政治教育要高举马克思主义旗帜，用先进的理论武装人；要大力弘扬科学精神，用先进的理念引领人；要坚持以人为本，以最人性化的方式教育人，进而增强思想政治教育的影响力和渗透力，最大限度地发挥其教育功能。

另一方面，思想政治教育能够促进社会主义先进文化的建设与发展。促进人的全面发展，既是思想政治教育的根本目标，也是社会主义先进文化建设的应有之义。在社会主义文化大繁荣大发展的新的历史条件下，思想政治教育只有自觉地把文化作为重要载体和手段，自觉地运用社会主义先进文化来引领人和影响人，自觉地将教育内容有效融于文化创造和文化传播之中，自觉地丰富思想政治教育的文化载体），才能增强思想政治教育的文化育人实效——有效促进人的全面发展，也才能有效推进社会主义先进文化建设。

第三节 文化育人的内在机制

文化育人作为一个文化价值的客体主体化过程，实现文化价值客体主体化的内在机制主要有人化与化人互动机制、文化认同机制、文化内化与外化机制、感染与模仿机制。主要表现在：其一，文化是在"人化"与"化人"的双向历程中生成的结果。其二，个体思想的形成是文化认同机制发生作用的结果。其三，文化育人强调文化知识内化为个体自身的思想、情感及行动中的文化自觉。其四，模仿与感染相伴而生，受教育者在一定文化情境感染下会作出一种类似反应性行为。二者都是文化育人实践中的重要教育机制。

一、人化与化人互动机制

从文化生成的基础看，文化总是以人的主体性实践为基础，是人依照自己的目的和意愿"向文而化"（即"人化"）。离开文化主体人的"向文而化"，文化便失去了可以生成的基础。人"向文而化"有两个向度：一是向外扩张，即按照"人"的发展需要和理想不断改变人的外部世界，使外部世界"人化"。二是向内完善，即按照"人"的发展需要和理想不断提升和完善自我，实现人自身的"人化"。其中，人自身的"人化"离不开文化的参与。无论是因为人作为一种历史性地文化存在，还是因为人作为世界不可分割的一个重要组成部分，人的提升与完善都离不开外部世界文化的孕育和影响，都要经历文化"化人"的历程。正如舒扬教授所言，"文化像人的血脉一样，贯穿在特定时代、特定民族、特定地域的总体性文明的各个层面中，以'自发的''内在的'方式左右着人类的生存活动"。从这个意义上讲，"人化"与"化人"共同构成文化生成的基础，二者均不可或缺。

从文化生成的历程看，文化是在"人化"与"化人"的双向历程中生成的。人创造文化，文化也塑造人。人与文化是一种双向构建的关系，这种关系主要体现在两个方面，一方面，是人向文而化，简称"人化"，即人通过社会实践，将外部世界对象化，创造出丰富多彩的文化。人将外部世界对象化的过程，实际上就是人"向文而化"的过程。人在向文而化的过程中创造文化，发展文化。另一方面，是文化"化人"，即人在外部世界文化的孕育下不断发展、提升。在文化化人的过程中，看似没有直接创造新的文化，但是促进了新的文化主体的生成，为进一步的文化创新发展奠定了基础。从这个意义上讲，文化生成于"人化"与"化人"的双向历程中，是人与文化相互构建的结果。

文化生成的内在机制体现在"人化"与"化人"的互动过程之中，这一互动过程就是"人类文化的原初生成和当代生成的共同规律"。"人化"与"化人"，作为文化生成的双向历程，二者彼此交融、循环往复、互生互动，文化就是在二者之间永不停息地双向互动中不断地生成着、发展着。

文化育人的过程是通过加强社会主义先进文化建设来促进人的全面发展的过程。在这一过程中，社会主义先进文化的发展与人的全面发展相辅相成，相互促进。其中，"发展社会主义先进文化"是人向文而化即"人化"的过程，是"人"对"文化"的构建；而以社会主义先进文化促进人的全面发展，是"化人"的过程，是"文化"对"人"的构建。从这个意义上讲，文化育人的过程，实质上也是"人"与"文化"双向构建的过程，文化育人的价值，就是在"人化"与"化人"的互动机制中得以生成和实现。

从"人化"与"化人"的互动机制可知，实施文化育人，要着重从两个方面下功夫，一是加强社会主义先进文化建设，在具体的文化育人活动中，就是加强承载社会主义先进文化的文化载体建设，以增强文化化人功能。二是加强人的主体性建设，促进人的全面发展，以增强人在发展社会主义先进文化中的本质力量，即提升"人化"水平。

二、文化认同机制

文化育人强调以文化人，强调文化知识内化为个体自身的思想、情感及行动中的文化自觉。在这一过程中，起至关重要作用的是主体的文化认同。所谓认同是指个体人对个体之外的社会意识的价值和意义在认知和情感上的趋同，并促使个体自觉行为的一种心理倾向。认同可有多种指向，如民族认同、国家认同、文化认同等，其中，文化认同是最深沉、最持久的力量，处于最核心的地位。文化认同是指对一个群体、一个民族、一个国家文化身份的认同感，它是一种肯定的文化价值判断，"文化认同中的文化理念、思维模式和行为规范，都体现着一定的价值取向和价值观"。文化认同，对个体人而言，是个体人进行文化内化并形成自身文化价值观的重要前提；对于国家和民族而言，"是增强民族凝聚力的精神纽带，是民族共同体生命延续的精神基因"。

文化认同在"先进文化"和受教育主体——"人"之间扮演着非常重要的角色，它是文化价值由"先进文化"客体向文体主体"人"转移的中转站，是实现文化价值"客体主体化"的必要条件，也是文化育人功能得以实现的前提和基础。

文化认同分为外显认同和内隐认同。二者之间的关系，既相对独立，又紧密联系、相互促进。外显认同能够促进内隐认同的发展，内隐认同反之又能促进外显认同的发展。一般而言，文化在人的心理内化过程中，是遵循从外显认同到内隐认同的秩序构建的。作为文化内化的前提，文化认同是个体思想形成的重要基础。

文化认同机制，蕴含于个体对文化的外显认同和内隐认同过程之中。外显认同是个体对一种文化价值的明确认定与选择，它是个体态度转变中一个至关重要的环节。按照社会心理学的观点，个体态度的转变分为"服从""认同""内化"三个阶段。其中，"服从"是迫于外在压力或权威而表现出来的短暂性顺从。服从并不意味着认同，它只是表面上的顺从并且很容易改变。"服从"是个体在外部压力下对"你要我怎样做"的一种形式上配合。"认同"是"服从"的进一步深化，表示个体不再是被动地服从，而是从内心开始主动地认可和接受一种文化价值，体现出个体自我的价值判断和价值选择，但这种价值判断和选择只是发生在思想观念层面，还没有成为自己的行为习惯，也较易因外界影响而发生变化。"认同"为"内化"奠定了基础，使"内化"具有了发生的可能。"内化"是认同的进一步深化，是个体对某种文化价值认同的固化性结果，所谓固化性，主要是指一种文化价值经个体内化之后，转化为个体相对稳定的行为、信念，并在实践中以持续一致的方式得以显现，表现为个体相对固定的思想行为习惯。"内化"是个体心理态度转变的最终体现，它不再是"你要我怎样做""我接受你的观点"，而是"我要怎样做"，是个体主体性的体现。

总之，个体态度转变的过程，是一个从"你要我怎样做"向"我要怎样做"转变的过程，是一个由被动服从向主动践行转变的过程。在这一过程中，外显认同强调个体明确而自主的价值判断和选择，强调对社会主导文化价值观念的积极认同。它是个体态度转变的关键性环节，既为改变个体被动"服从"的状态提供了心理基础，也为接下来的文化"内化"提供了心理上的驱动力，并使三个环节由前至后逐步深化，有效承接，形成联动，在促进个体态度转变的过程中发挥着至关重要的机制性作用。

内隐认同是个体对外在观念影响的一种接纳方式，也是个体认知与学习的一种重要方式。多数情况下，个体对外部的影响是在不知不觉、潜移默化中自然接受的，具有影响发生的内隐性，即内隐认同。内隐认同的内隐性在于，个体思想观念的更新、发展变化都是以潜隐不显的、个体不知不觉的方式进行的。通常情况下，外在观念在个体身上发生的影响作用，以及个体文化价值观念的习得与养成，大多是以内隐认同的方式进行的。可以说，个体思想形成的过程在很大程度上是个体对其发生影响的文化之内隐认同的过程。内隐认同作为个体思想形成的重要机制，在个体接受外部文化的影响中发挥着重要的作用，对个体行为的选择也起着决定性的作用。

个体对外部文化价值的判断和选择，是文化认同的重要结果。作为个体思想形成的重要机制，文化认同是外显认同和内隐认同的综合体现，虽然说个体对外部文化的接受，以及个人思想的形成，多数情况下是潜移默化、非自觉地，是内隐认同的结果。但外显认同作为个体认知和学习的一种重要方式，在人的思想形成过程中不可或缺。个体对外部文化影响的接受过程，不是仅凭单一的外显认同或内隐认同就能实现的，而是两种认同机制共同发生作用的过程。从这个意义上讲，无论是文化外显认同，还是内隐认同，都是个体思想形成的重要机制，都在文化育人过程中发挥着不可或缺的作用。实施文化育人时对外显认同和内隐认同应该予以同样的重视。

三、文化内化与外化机制

人的文化价值观不是与生俱来而是在后天的学习生活中逐渐习得的，它有一个文化内化与外化的过程。文化育人作为一种思想政治教育实践，其受教育者对文化的习得也有一个过程，其中，文化内化与外化是不可或缺的两个基本环节。

第一，文化育人的过程实质上是文化的思想政治教育价值"客体主体化"的过程。文化育人的核心目的是利用文化的思想政治教育功能培养人、塑造人，重在追求文化的思想政治教育功能的实现。这一功能实现的过程，实际上就是文化价值的"客体作用于主体，对主体产生实际的效应，这个过程是主客体相互作用中的客体主体化过程。"它不是价值从无到有的过程，而是从"可能"到"实现"、从"潜"到"显"、从"客体"到"主体"的过程，归根结底是文化价值客体主体化的过程。

第二，文化内化与外化是文化价值客体主体化过程的两个基本环节。文化育人中文化价值"客体主体化"的过程，不是简单的客体作用于主体的过程，而是主客体相互作用的过程。这一过程由文化内化与文化外化两个基本环节构成，是一个从文化内化，到文化外化、再到更高层次的文化内化和文化外化的周而复始的发展过程。文化内化，是文化中所蕴含的思想政治教育相关的思想、认识、政治、道德等内容，为受教育个体所接受，并转化为个体相对稳定的思想价值认知、情感、信念等内在意识的过程。文化外化是受教育个体将内化形成的思想价值意识和动机转化为外在的思想品德行为，并养成良好行为习惯的过程。

经过文化内化与文化外化两个环节，文化中所蕴含的思想政治教育价值，从受教育者个体之外的价值客体，到被个体接纳吸收成为其自身的价值观念，再到经个体价值观趋动转化为外显的思想品德行为，实现了从客体到主体的转移，这一过程就是文化的思想政治教育价值客体主体化的过程，也是受教育个体思想政治品德形成发展的过程。

第三，文化内化与外化二者辩证统一，关系十分密切。其一，二者是内在统一的。它们都以思想政治教育实践活动为基础，以良好的育人实效（即塑造人的良好素质，使人养成良好的行为习惯）为目的。其次，二者是相互依存、互为条件的。文化内化是文化价值输入，即将外在的文化思想意识转化为个体内在的文化思想意识，使人形成新的思想，它是文化外化得以发生的前提和基础。而文化外化是文化价值输出，即将个体的文化思想及动机转变为外在的文化行为，使人产生新的行为，它是文化内化成果的外在体现，是内化的目的和归宿。没有外化，内化也就失去了存在的意义。其三，内化与外化之间是相互渗透、相互贯通的。在内化过程中，思想认识离不开行为实践，在外化过程中，行为实践也离不开思想认识的驱动和指导。二者之间不是凝固僵死的，在一定条件下互融互动、相互贯通、相互转化。

第四，文化内化与外化是思想政治教育过程中实施教育的两个重要阶段。在文化内化阶段，教育者要运用一定的文化载体，将特定的思想政治教育内容传递给受教育者，使受教育者从中自主选择和汲取其文化思想价值，并形成个体内在的文化思想意识。在文化外化阶段，教育者要帮助和促进受教育者把自己内化形成的文化思想意识自觉地转化为外在的思想品德行为，并养成相应的行为习惯。在这两个教育阶段，教育者的教育主体作用十分重要，没有教育者的教育设计、安排与推动，思想政治教育意义上的文化价值内化和外化将无从实现，文化育人也无从谈起。因为只有经过内化与外化，文化育人的成效才能得以展现。从这个意义上讲，文化内化与外化也是文化育人的两个基本环节，在文化育人中不可或缺。

四、感染与模仿机制

在文化育人实践中，教育者不明言施教，而是借助于各种文化实践活动，间接地传递思想政治教育信息，感染教化受教育者。文化育人强调利用先进文化育人，而先进文化不是独立、抽象地存在的，它总是以丰富多样的形式具体地存在于某些特定的文化载体之中，融于个体所处的文化环境之中。个体对先进文化的感知和接受也多是发生在某些特定的文化情境之中，是在特定文化情境中受到文化熏陶和感染的结果。

感染是个体对特定文化情境中的思想政治教育信息自觉地产生共鸣，并受到心灵上的洗礼与触动，其实质上是一种情绪、情感及认识上的交流和传递。感染是教育者通过一定的文化情境来影响受教育者的方式，它作为一种教育教化机制，在文化育人实践中发挥着重要的作用。通过感染的教育机制，教育者能够"通过某种方式引起受教育者相同的、符合思想政治教育要求的情感、认识和行动"，受教育者能够"无意识、不自觉地接受一定的思想政治教育施教"。

教育者运用感染机制的目的是要使受教育者的思想认识得到提升，行动得到优化。而这一目的实现，还需要受教育者能动地参与。模仿是人类社会学习的重要形式，是受教育者接受"感染"刺激所作出的一种类似反应的行为方式。"模仿"与"感染"相伴而生，二者都是文化育人实践中的重要教育机制。

在文化育人过程中，模仿是受教育者政治思想品德习得的一种重要方式，也是一个观察性学习的过程。班杜拉提出模仿或观察性学习是一个过程，即"一个人观察他人的行为，形成所观察到的行为的运作及其结果的观念，并运用这观念作为已经编码的信息以指导他将来的行为"的过程。从社会学习理论的角度，模仿作为受教育者对某些刺激有意无意地行为反应，它不是通过教育者的命令而强制发生，也不受教育者所控制，受教育者所表现出来的行为，大多数是通过有意识或无意识的模仿而习得的。模仿的内容也非常广泛，它"不仅限于行为举止，而且包括思维方式、情感倾向、风俗习惯以及个性品格等。"但在以思想政治教育为目的文化育人实践中，教育者通过对施教"文化情境"的选定或创设，使对受教育者的"感染"有目标、有方向，进而间接地掌控着受教育者对"感染"刺激所作出的模仿性行为。从这个意义上讲，在文化育人过程中，受教育者的模仿行为是无意识的，但其模仿内容是经教育者特定的，模仿的过程也是受教育者间接地控制调节的。

从总体上看，文化育人的过程，是教育者借助文化的载体对受教育者施以思想政治教育的过程。在这一过程中，教育者通过特定的文化情境"感染"受教育者，受教育者接受"感染"刺激后，经过观察学习和模仿，习得相应的政治思想品德，进而实现教育者施教的目的。文化育人是以润物细无声的方式进行的，是教育者通过有目的地文化"感染"，引发受教育者有意无意地文化"模仿"，并对受教育者形成潜移默化地影响。在文化育人过程中，"感染"与"模仿"二者前后承接，相互贯通，共同为思想政治教育的"文化价值客体"与"受教育者"建立起有效的文化交流与传递渠道，对实现文化价值"客体主体化"起着重要的机制性作用。

由"感染"和"模仿"机制可知，实施文化育人，既要发挥教育者的主导性作用，增强他们对文化育人活动的整体安排及调控能力，如选择运用文化载体的能力、创设文化情境的能力、预判受教育者文化模仿的能力等，又要发挥受教育者的主体性作用，为促进受教育者的模仿创造有利条件。

第二章　大学生文化自信教育

第一节　大学生文化自信教育概述

一、文化自信及大学生文化自信教育

学习、理解和掌握"文化""文化自信""大学生文化自信"的概念和内涵是深入研究当代大学生文化自信教育的基础和前提。只有首先明晰这些概念，才能深入开展大学生文化自信教育研究。

（一）文化自信相关概念的界定

加强大学生文化自信教育，提升大学生的文化自信心是继承和发扬中华优秀文化的必要之义。本选题从相关概念的界定出发，在了解"文化""文化自信""大学生文化自信"的基本内涵和梳理"文化自信"提出的历史脉络的基础上，着力为大学生文化自信教育的研究提供清晰的理论框架。

1. 文化

"文化"，中外学者有数百种解释。学者余秋雨认为："文化，是一种包含精神价值和生活方式的生态共同体。它通过积累和引导，创建集体人格。"在现代社会中，文化是指与经济、政治相区别的观念意识形态，是人类政治生活、经济生活的共同反映，同时又反作用于人类的政治、经济生活。日常生活中，我们常说一个人有没有文化，其实是指他的受教育程度、精神境界以及为人处世的方式方法。文化作为社会历史的积淀物，本身内涵丰富且具有稳定性、多样性、民族性和历史性等多种特征。在这里我们把文化分为狭义上的文化和广义上的文化。狭义上的文化比较具体化，包括语言、知识、风俗、信仰、艺术、思想、技术、

制度等意识形态上的精神产品。广义上的文化指的是人类在社会历史发展过程中所创造的物质和精神财富的总和，它包括物质文化和意识形态文化两个方面。物质文化泛指各种物质文明，包括了人类创造的建筑、服饰、生活用品、交通工具等看得见、摸得着的物质性存在物，在这些物质性文化存在物中，不同民族、不同地域、不同国家表现得非常明显，是一种让人可感知的显性存在。而意识形态文化（亦称精神文化）包括宗教、传统习俗、生活方式、文学艺术、思维方式、风土人情、价值观念等，属于不可见的隐性文化，它可以影响人们的生活方式和行为方式，植根在人们的心灵深处，熔铸在人们的血液里。因此，从精神文化层面看，文化是民族的灵魂和血脉。中华优秀文化是中华民族五千年文明史的历史凝结，是激励中华民族勇往直前、团结奋进的不竭精神动力。

2. 文化自信

（1）文化自信的提出。

文化自信是人们源自心底地对自身文化价值及其生命力的认同和坚守，大学生文化自信植根于中华优秀传统文化、革命文化和中国特色社会主义先进文化，是引导大学生形成正确价值观的关键。思想是时代的产物，理论是实践的结晶。党的十八大以来，习近平总书记在多个重要会议上提到文化自信并反复强调文化自信的重要意义及历史地位。2014 年 2 月，中央政治局第十三次集体学习中，习总书记提出要"增强文化自信"，同年 3 月在全国"两会"期间参加贵州代表团讨论时又指出，我们要坚定理论自信、道路自信、制度自信，最根本的还有一个文化自信。之后的两年时间，习近平总书记又多次论述"文化自信"，不断强调"文化自信"的重要性。如在 2015 年 11 月，习总书记在第二届"读懂中国"国际会议期间会见外方代表时提到，道路自信、理论自信、制度自信，是建立在文化自信基础之上的。2016 年 5 月，在全国哲学社会科学工作座谈会上习总书记指出："要坚定中国特色社会主义道路自信、理论自信、制度自信，说到底是要坚定文化自信。"2016 年 7 月，在庆祝中国共产党成立 95 周年大会现场，习总书记明确"文化自信，是更基础、更广泛、更深厚的自信"。由此正式确立"文化自信"的重要地位，使中国特色社会主义自信由"三个自信"增加到"四个自信"。

（2）文化自信的内涵。

"自信"一词在《当代汉语词典》中释义为"相信自己"，它表达的是一种积极性，一种积极态度，这与美国心理学家班杜拉（A.Bandura）于1977年在社会学习理论中提出的"自我效能感"（self-efficacy）一词接近，都表达了个体对自身的一种肯定与信心，反过来讲，没有自信，则是软弱的、低能的。不论是在人际交往中，还是工作、学习、生活上，自信都十分重要，只有相信自己，别人才会相信你。当文化作为自信对象时，文化自信本质上是对文化生命力的信念和信心，是一种肯定性判断。然而文化自信并不是文化与自信的简单相加，对个人来说，文化自信是一种稳定的心理特征，是个人在熟知本民族的文化内容、发展历史，辨明其中的糟粕与精华的基础上，充分肯定自身文化。它是主观能动性的表现，是人的一种深度发展，体现了人在文化中的自我提高和自我扩展。对整体而言，文化自信是对自身文化价值的心理认同并积极践行的加强和表现，是一个国家、一个民族发展的精神支撑。文化自信不是自负，也不是自傲，需要我们对自身文化进行一定的反思，探寻一条能延续本民族文化生命力的道路。中华文化跟随着时代的脚步而发展，其在各个历史时期都彰显出强大的生命力，从中华优秀的传统文化到革命文化再到社会主义先进文化，从未停止为信仰它的人们提供源源不断的力量。我们坚定文化自信的底气来源于中华优秀传统文化，同时革命文化是我们坚定文化自信的精神支柱，社会主义先进文化则为我们坚定文化自信提供方向。

（二）大学生文化自信教育

文化自信教育是一个具有特定内容和特定目标的概念，就其教育内容来看，是对大学生深入广泛地开展中华优秀传统文化、革命文化和社会主义先进文化教育。就其教育目标而言，是通过上述内容的教育，引导学生全面准确的认识中华民族5000多年的文明发展史，以及中华民族在悠久的文明进程中创造的辉煌灿烂的中华文化（包括中华优秀传统文化、革命文化和社会主义先进文化，以下统称"中华文化"），增强大学生的民族自信心和民族自豪感，进一步强化大学生对中华民族的认同，以及对中华民族文化的认同。习近平总书记在全国高校思想政治工作会议上的讲话指出："我国有独特的历史、独特的文化、独特的国情，决定了我国必须走自己的高等教育发展之路。"如何走中国特色的高等教育发展之路，除了坚持马克思主义的指导地位，坚持社会主义办学方向外，最核心、最基本的就是要体现中国的鲜明本色，把中国的历史、中国的文化贯穿于人才培养的全过程，在高等教育和人才培养中，注入中华文化的优秀基因，让中华文化成为我国高等教育和人才培养的亮丽底色。因此，走中国高等教育发展之路，就人才培养而言，必须加强大学生文化自信教育、增强大学生的文化自信。

全球化时代背景下，要从"知"与"行"两个方面理解大学生文化自信教育，即在"知"上，充分认识本民族文化，并对其优秀成分中所蕴含的价值表示肯定与认同，还要理性认知西方文化。在"行"上，自觉主动地继承、弘扬与创新中华文化，积极参与相关文化实践活动并对其有所反思。具体而言，作为我国文化传播主体之一的青年学生首先要加强对中华传统文化的学习、发展和传播意识，充分认识和了解中华传统文化，取其精华，去其糟粕，有选择的吸收传统文化中价值理念，同时积极发展和弘扬优秀传统文化，推进中华传统文化更好地走向世界，走向未来。其次，大学生要把红色革命文化中的革命信念坚定的牢记于心，并在日常的学习与生活中用实践行动传播和践行革命精神，肩负起继承和发扬革命文化的任务和使命。最后，高校学生要不断强化对社会主义先进文化的认知，把社会主义先进文化内化于心，从而不断强化大学生对社会主义先进文化的肯定和认同，进而引导大学生自觉遵守和践行社会主义核心价值观，推动社会主义先进文化更好地引领中国特色社会主义文化发展方向。除此以外，高校还要加强大学生对西方文化的学习和认识，提高大学生对西方文化的辨别能力，促使大学生能够辩证地取舍西方文化，并对其中利于我国文化发展的合理因素持开放包容的心态，把这些合理因素吸纳、融入进文化自信的范畴，大胆借鉴与运用，使外来有益文化为中国特色社会主义建设服务。对西方文化中带有侵略意识且侵蚀人们价值观的腐朽内容，青年学生要坚决抵制，并保持高度警惕，防止外来文化的恶意渗透。

二、加强大学生文化自信教育的重要性

新时代的大学生是未来党和国家事业的继承者和践行者，是社会主义现代化建设的主力军，承担着继承和发展中国特色社会主义文化的重大任务，承载着中

华民族伟大复兴的历史使命，因此他们是否具有高度的文化自信直接影响到中华文化和中华民族的未来。加强大学生文化自信教育对提升国家文化软实力、建设主流文化意识形态、提升当代大学生的思想道德素质、增强对中华民族的群体认同都有着重要的作用和价值，必须要高度重视大学生文化自信教育，并把加强大学生文化自信教育工作放在高校教育教学工作中至关重要的位置。

（一）有利于提升国家文化软实力

钱穆先生曾指出，一切问题，由文化问题产生，由文化问题解决。在世界多元文化的碰撞中，文化已经成为国家核心竞争力的重要因素。一个民族、一个国家在世界上的影响力如何，除了经济的、军事的、政治的影响力之外，文化是最深沉的、最基础的影响力，是一切影响力的奠基石，更是一切影响力的源动力。目前，我国经济文化发展不平衡，文化建设相比较政治、经济发展是落后的。经济全球化背景下，西方文化的强势渗透，使我国文化安全面临着严重的挑战，一定程度上阻碍了中华优秀文化的继承与弘扬。大学生作为中华文化的传承者，坚定对本民族文化的自信心是提升国家文化软实力的重要因素。高校加强大学生文化自信教育，要以中华优秀传统文化为文化自信教育的基础内容，以革命文化和社会主义先进文化为文化自信教育的重点内容，使青年学生在接受文化自信教育过程中全面认识中华文化，充分了解中华优秀文化的当代价值，并对本民族文化保有高度的认同和自豪感。进一步引导青年学生坚定对本民族文化的自信心，使大学生自觉肩负起推动中华文化走向世界的历史任务，积极主动地投身于促进我国文化产业和文化事业的发展中。进一步提高我国文化的吸引力和感召力，不断推进中华优秀文化走向更高水平和更高层次，从而提升中华文化在世界上的话语权。在多元文化相互交织、互相融合的今天，坚定大学生对中华优秀文化的自信心是抵制西方腐朽文化渗透的内在要求，是防止西方腐朽文化动摇自身文化认同信念的关键，同时使青年学生坚定维护本民族文化并推动中华文化走向世界，从而在更大范围内提高我国的文化软实力。

（二）有助于建设主流文化意识形态

由于文化全球化的影响，各国文化思潮之间相互交错、碰撞激荡，西方文化通过互联网、教育交流、服饰、影视、饮食等各种途径，无孔不入地涌入中国，无处不在地影响着国人的生活和思维方式，其中，西方文化涌入的主要目的就在于其意识形态的渗透，并对我国主流意识形态造成一定的负面影响，使我国主流意识形态面临着前所未有的危机和挑战。首先，加强大学生文化自信教育，有利于使当代大学生在有意识地学习主流文化的同时，抵制落后腐朽文化的侵害，并促进青年学生树立科学的世界观、人生观、价值观，激励他们投身于社会主义文化事业，使学生在获取自身利益的同时增进社会共同利益。只有加强大学生文化自信教育，坚定学生对中华优秀文化的自信心，当代大学生才会自觉地认同社会主流意识形态的主导地位，接受主流意识形态的领导，从而实现对社会主义主流意识的维护和构建。其次，把互联网作为加强大学生文化自信教育的重要平台，通过高校对互联网平台的管理，净化校园网络文化环境，抵制其中非主流文化意识的不利因素，确保主流文化意识的主体地位，防止主流文化意识被"淡化"。通过网络空间来扩大主流文化意识形态的影响力，能够有力促进我国主流文化意识形态建设。最后，加强高校大学生文化自信教育工作，牢牢掌握高校意识形态工作的领导权和主动权，把主流意识形态的教化功能体现在文化实践活动中，使学生在实践过程中增强主流文化意识，确保我国高校成为维护主流文化意识形态的坚强阵地，共同推动建设我国主流意识形态。

（三）有利于提升当代大学生思想道德素质

文化是人的灵魂，是人的精神支柱，是人对自身理想信念、价值观念的坚守，文化信念的动摇就是意志的动摇，其危害不言而喻。生活在文化冲突、文化危机与文化融合并存的当代世界，面对丰富的多元文化，由于大学生自身发展尚未完全成熟，其可塑性较强，易导致自身受腐朽文化的影响，从而迷失自我，在思想上多呈现"个人主义""拜金主义"和"享乐主义"等。当前文化多元化现象不可逆转，加强大学生文化自信教育，有利于提升当代大学生思想道德素质，使青年学生将社会理想和个人理想统一起来，积极投身建设中国特色社会主义事业中。除此以外，在高校文化自信教育工作中，通过加强对学生优秀文化知识的培养，提高了学生的文化素养，使青年学生对中华优秀文化有了更加全面的认识，从而坚定大学生对中华文化的信念。另外，加强大学生文化自信教育尤其是道德教育，使高校学生在面对多元文化的影响和诱惑时，能够保持理性的态度，从容应对文化冲突所带来的对道德观的消极影响，帮助大学生树立一元主导、多元并存的文化价值观。再者，大学文化本就是一种精神氛围，能给予学生健康、积极的精神感染，把校园文化建设贯穿于教育教学、管理和服务之中，形成育人合力，培育良好的校园文化氛围，在潜移默化中提升高校学生的思想道德素质。

（四）有助于增强对中华民族的群体认同

文化认同和文化自信是民族认同感的集中体现，加强大学生文化自信教育是增强中华民族群体认同感的内在要求，主要体现在，高校在加强大学生文化自信教育的过程中，以中华文化为主要内容贯穿于教育教学全过程，在文化教育的实践中，让学生充分了解和认识中华优秀传统文化、革命文化和社会主义先进文化的历史联系和内在逻辑，深刻认识到中华文化持久、旺盛的生命力。当前，我们开展的社会主义核心价值观教育、社会主义先进文化教育，其渊源和内涵不是空中楼阁，它们与中华优秀的历史文化一脉相承。通过强化大学生的文化理论学习，使社会主义核心价值观和新时代中国特色社会主义思想在广大青年学生群体中入脑入心，使高校学生形成正确的文化观、民族观。习近平总书记曾指出："我国历史演进的这个特点，造就了我国各民族在分布上的交错杂居、文化上的兼收并蓄、经济上的相互依存、情感上的相互亲近，形成了你中有我、我中有你，谁也离不开谁的多元一体格局。"中国是一个多民族的国家，民族文化绚丽多彩，各民族文化共同构成中华优秀文化的有机集合体，各民族文化是中华优秀文化的有机组成部分，因此，在开展对大学生的文化教育以及文化自信教育的实践中，要全面准确认识和了解中华优秀文化的科学内涵，决不能简单地认为只有儒家文化或汉文化就是中华文化，这种认识是极端错误的。高校培养大学生文化自信时，要重视各民族文化，为各民族学生提供展示本民族优秀文化的平台，有力地促进各民族学生间的交流与互动，增强大学生对中华民族的群体认同。

三、加强大学生文化自信教育的目标

大学生肩负着民族复兴的历史重任，是推动构建社会主义文化强国的中坚力量。因此，加强大学生文化自信教育至关重要，其直接关系到中华文化的血脉能否延续、弘扬和发扬光大，关系到社会主义文化能否繁荣兴盛、社会主义文化强国目标能否顺利完成、民族复兴的"中国梦"是否能实现。而解决这些问题，必须聚焦大学生文化自信教育的目标。

（一）以传统文化教育增强大学生自豪感

中华民族是一个伟大的民族，但是，近代以来的积贫积弱，让部分学生或多或少地丧失了民族自豪感，特别是在信息化、全球化背景下，西方社会"普世价值观""拜金主义"等的渗透，加之西方资本主义国家数百年建立在掠夺基础上的物质财富的积累，使少数大学生在文化追求、价值信仰等方面出现了偏差。在信息化时代，看似平常的交流与碰撞中，不乏带有特殊政治目的的文化恶意渗透。在这文化多元的纷繁世界里，大学生置身其中，既有新奇，又善于猎奇。当西方文化以深受大学生喜爱的音乐、饮食、影视、游戏等形式鱼贯而至的时候，正好迎合了我国部分大学生文化消费心理和消费习惯。而当代大学生尚处于价值观未定型的关键时候，人生经验相对匮乏，极容易被外来文化思想所影响，受到错误价值观的荼毒，进而严重危害到学生们对本民族文化的认同。作为文化传播阵地的高校应向大学生讲清中华优秀传统文化的博大精深和深厚的人文精神、奋斗精神，引导学生看到当今世界文化价值观念的混沌，以及中华优秀文化影响力的远博。随着中国的再次崛起，汉语及汉文化受到世界追捧，截至 2018 年，中国已在 154 个国家和地区建立 548 所孔子学院和 1193 个中小学孔子课堂，现有注册学员 210 万人。在中国几千年的文明进程中，优秀传统文化浩如烟海、博大精深，可以说，中华民族无论是在经济发展、还是在科技创新以及人类的思想宝库的贡献中，几乎都处在首屈一指的地位。这些彪炳人类历史的辉煌成就，既有丰富的物质成果，也有浩瀚的精神成果，其中，精神成果起着至关重要的内容。因此，我们有充分理由相信，加强中华优秀传统文化教育，必定能够增强大学生的民族自豪感。

（二）以革命文化教育增强大学生奋斗精神

中国共产党领导中国人民寻求民族独立、人民解放的新民主主义革命史，就是一部中国共产党的革命文化史，"它承载了党和人民对国家独立、民族解放、人民幸福的时代诉求和革命行动"。革命文化是无数先烈在血与火的斗争中淬炼出来的，虽然说，在历史的长河中，新民主主义革命实践跨度不长，但其创造的革命文化内涵博大精深，如中国共产党从小到大、从弱到强，书写了民主主义革命的壮丽诗篇。习近平总书记在庆祝中国共产党成立95周年大会上讲话指出："一代又一代优秀中国共产党人，为祖国和人民无私奉献，生动展示了共产党的人为民情怀、高尚情操。"长征时期体现的"一不怕苦，二不怕死"的革命英雄主义精神，抗日战争和解放战争中体现的英勇不屈的牺牲精神、大公无私的奉献精神，延安时期体现的艰苦奋斗、自力更生的延安精神等等，都是激励一代又一代青年奋斗不息的精神动力。革命文化诞生于血与火的艰苦岁月，是中国人民在中国共产党的领导下书写的红色篇章，是对20世纪广大中国人民救亡图存历史的共同记忆，同时，革命文化是中国特色社会主义文化自信的重要源头，是中国革命胜利的文化支撑和精神标识，新时代大学生就是要"不忘初心，牢记使命"，把老一辈无产阶级革命家开创的伟大事业推向前进。当前，在对大学生进行文化自信教育，特别是弘扬社会主义核心价值观、弘扬以爱国主义为核心的民族精神和以改革创新为核心的时代精神的教育中，传承和弘扬革命文化，是我们不忘历史、艰苦奋斗，开创中国特色社会主义建设新征程的动力源泉。

（三）以先进文化教育增强大学生使命感

新中国建立以来，我们在中国共产党的领导下走过了70年社会主义革命建设历程。70年来，我国社会主义面临许多外来因素和内部因素的干扰，坎坎坷坷，但是，在中国共产党领导下，我们都将其一个一个地克服了。从外部因素看，第二次世界大战结束以后，"雅尔塔格局"形成，世界分为两大对立的阵营——以美国为首的资本主义阵营和以苏联为首的社会主义阵营，两大阵营基本处于针锋相对的境地，这种情况在冷战中维持50余年时间。随着东欧剧变、苏联解体，国际社会主义运动陷入低谷。在这种背景下，无论国际还是国内都有一种思潮和疑问："红旗到底能打多久？"。从内部原因看，新中国建立特别是社会主义改造完成以后，我们在指导思想上先后出现了一些偏差，从"大跃进"到"文化大革命"，十多年的折腾导致我国经济社会发展受到严重影响。在这种背景下，国际社会不仅看衰社会主义运动，也看衰中国未来发展。1978年，党的十一届三中全会召开以后，我们党拨乱反正，坚持以经济建设为中心，坚持改革开放，提出了走中国特色社会主义道路的伟大战略。改革开放 40 多年来，社会主义在中国焕发出了勃勃生机，我国创造了国际公认的"中国故事""中国奇迹"。"一带一路""人类命运共同体""亚投行"等为解决人类面临的共同问题贡献了中国智慧。40 年改革开放使"中华民族迎来了从站起来、富起来到强起来的伟大飞跃！中国特色社会主义迎来了从创立、发展到完善的伟大飞跃！中国人民迎来从温饱不足到小康富裕的伟大飞跃！"40 年改革开放的伟大成就充分彰显了中国特色社会主义道路自信、理论自信、制度自信、文化自信。中国特色社会主义的伟大实践不仅彻底改变了中国贫穷落后的现状，而且在这场实践中创造了中国特色社会主义的先进文化，这种先进文化唤醒了中华民族强大的创造力。面向新时代，以习近平为核心的党中央提出了实现中华民族伟大复兴"中国梦"的伟大战略，青年大学生是实现这一伟大战略的中坚力量。加强对青年大学生社会主义先进文化教育，让他们亲身感受到社会主义先进文化的科学性，增强他们的使命感和责任感。

第二节　大学生文化自信教育面临的机遇与挑战

一、大学生文化自信教育迎来的机遇

文化自信是精神层面的东西，其形成并不是一蹴而就的，需要漫长的学习和熏陶使之成为学生精神世界不可或缺的部分，需要大学精神作为支撑。随着中央文件的印发、高校文化自信教育意识与机制的增强与完善，以及大学生自身文化意识的提高，使得当前大学生文化自信教育迎来了机遇。

（一）文化自信教育的政治环境不断优化

随着社会的发展和改革的不断深入，在复杂的国际国内环境下，高校大学生文化自信教育已引起党中央的高度重视。2014 年 3 月，教育部印发《完善中华优秀传统文化教育指导纲要》，逐渐重视大学生文化自信教育；2015 年 10 月，国务院印发《统筹推进世界一流大学和一流学科建设总体方案》明确指出，要加强大学文化建设；2016 年 1 月，中共教育部党组印发《关于教育系统深入开展爱国主义教育的实施意见》，扎实推进中国特色社会主义理论和中国梦进教材进课堂进头脑。加快推进马克思主义理论研究和建设工程重点教材编写、出版和使用，组织开展重点教材相应课程任课教师示范培训，推动完善中央、地方、高校三级培训体系；2016 年 6 月，11 部门联合印发《关于支持实体书店发展的指导意见》，要求"引导和推动高校加强校园书店建设"，让校园书店逐渐复苏，更好的发挥校园书店文化连接地的功能；2017 年 1 月，中共中央办公厅、国务院办公厅印发了《关于实施中华优秀传统文化传承发展工程的意见》，推动高校开设中华优秀传统文化必修课，并在原有文化课程中增加中华优秀传统文化的内容，"加强面向全体教师的中华文化教育培训，全面提升师资队伍水平"；2017 年 2 月，中共中央、国务院印发了《关于加强和改进新形势下高校思想政治工作的意见》，指引中国大学"扎根中国大地办教育"，高校思想政治理论课不断改进，做到了入耳、入脑、入心。2017 年 12 月，教育部党组印发了《高校思想政治工作质量提升工程实施纲要》，提出了要着力构建包括"文化育人体系"在内的十大育人体系。2018 年 5 月，习近平总书记在北京大学师生座谈时指出，大学是立德树人、培养人才的地方，是青年人学习知识、成长成才的地方，高校要牢牢抓住培养社会主义建设者和接班人这个根本任务。从上述梳理中，我们可以清晰地看到，开展大学生文化自信教育是党中央和各级教育主管部门高度重视的一项重要工作，这也为高校实施文化自信教育提供了充分地保障，带来了千载难逢的机遇。

（二）高校文化自信教育的意识逐步增强

进入新世纪以后，大学生文化自信教育普遍受到重视。近年来，各高校采取多种形式推进文化自信教育，在教育教学改革方面，清华大学坚持十载"良师益友"的评选，师生相长，相互正向激励，在全校范围内营造出了"尊师重教"的文化氛围；华中科技大学在加强科学教育的同时，努力推进人文教育，将科学与人文有机融合，形成了具有自我特色的"一个主题、两条主线、三个渠道、四个平台"的文化教育体系。在弘扬传统文化方面，北京大学以传统典礼改革为突破口，通过共唱校歌、集体佩戴校徽等形式，落实了时代主题与传承大学精神的结合；华南理工大学从1988年至今，每年清明期间，由青年志愿者协会到各大墓园进行"清明义工"活动。在继承革命文化方面，四川大学于2018年"11 27"渣滓洞烈士集体殉难69周年纪念日当天上午，举行了"锦江红梅傲雪开——四川大学校友江竹筠烈士纪念展"暨"做新时代红色传人"主题教育活动启动仪式；中国医科大学积极开展"红医青年讲述梦想"系列活动，弘扬了校园红医文化，增强了学生传承红船精神和红医文化的责任感、使命感。在发展社会主义先进文化方面，北京航空航天大学举行"北航朗读者"主题活动，表达北航人将不忘初心，牢记使命，在党的十九大精神指引下，为建成社会主义现代化强国贡献北航人的智慧与力量的决心；湖南师范大学于2015年2月9日成立社会主义核心价值观研究院，深入开展社会主义核心价值观一系列重大理论和现实问题研究，用社会主义核心价值观引领校园思潮，促进了师生员工自觉践行社会主义核心价值观。除此以外，各高校自觉贯彻落实中央系列文件精神和教育部的部署要求，把"立德树人"贯穿于人才培养全过程，在课程开发和课程体系建设方面开展了一系列探索，如文化素质教育和文化自信进入人才培养方案，广泛开设以文化为主要内容的通识课程，深入挖掘专业课程中的文化内涵等等。充分体现了高校文化自信教育的意识逐步增强。

（三）高校文化自信教育的机制不断完善

思想政治工作是我们党的传统，无论是在革命时期，还是在社会主义建设时期，思想政治工作一直是我们党带领各族人民战胜困难，取得胜利的重要法宝。文化自信教育是高校思想政治工作的重要内容，近几年来，高校大学生文化自信教育机制不断完善，主要体现在以下方面。一是强化改革驱动。深入推进"三全育人"，深化大学生思想政治教育改革，把思想政治工作特别是文化自信教育贯穿于高校人才培养全过程，形成了全员、全程、全方位的文化育人格局；不断开发通识文化课程，拓展文化自信教育渠道；实施传承中华优秀传统文化的主题教育，深化学生对中华优秀传统文化的认识；加强大学生文化社团建设，丰富大学生校园文化生活；加强校园文化场地建设，活跃大学生校园文化生活；组织开展形式多样的文化实践活动，增强大学生文化自信等等。二是形成了文化育人的协同机制。明确各职能部门文化育人职责，充分发挥学校党委宣传部、团委、学工部、教学单位及相关职能部门实施文化育人的积极性，形成文化育人的协同效应。例如，湖南省实施的大学生思想道德素质提升工程，其中文化实践育人就是其重要内容之一，此工程自实施以来，效果良好，受到中宣部的高度肯定。三是建立了激励机制。近五年来，各高校全面贯彻落实中央的决策部署，建立健全了高校思想政治工作激励机制，如对广大专职思想政治工作人员在职称晋升方面实行"三单"，即计划单列、单独评审、单设条件，极大地调动了其工作的积极性、主动性和创造性。四是加强了组织领导。各高校坚持党的领导，逐渐完善了党委领导下的校长负责制，落实思想政治工作"一岗双责"，坚持以"立德树人"为根本任务，大力推进大学生思想政治工作的改革创新，着力构建大思政工作格局，有力地推动了高校思想政治工作特别是大学生文化自信教育工作。

二、大学生文化自信教育面临的挑战

高校是文化传承和文化创新的主阵地，在培养大学生文化自信教育取得一定成效的同时，当前高校大学生文化自信教育面临的挑战仍然很多，有来自高校系统之外的诸多因素的干扰，也有出自高校系统内部的因素的影响，只有理清大学生文化自信教育面临的挑战，才能进一步提出加强大学生文化自信教育的对策。

（一）中华文化多元性的相互消减

中国是一个多民族国家，在数千年的历史进程中，各民族创造了各自的文化。由于多方面原因，文化的流传也存在着泥沙俱下的实际情况，在某些方面，一些没落、腐朽的文化甚至还有较大市场和影响力。开展文化自信教育，如果采取狭隘的民族主义观点，就会消减主流文化的价值，也会影响文化自信教育预期效果。在中华民族内部，一方面文化交流与融合的趋势不可阻挡，另一方面，由于历史背景、宗教信仰、发展水平等因素的影响，各民族文化之间存在着某些不可避免的冲突。对多民族国家来说，国家内部民族文化的冲突就是文化认同多样性的体现，也会在较大程度上影响主流文化的主导地位。多元化的文化无疑是一种客观的存在，马克思主义唯物辩证法要求我们一分为二的看问题，多元文化的优秀部分在促进社会进步的同时，最终可能走向融合，成为各民族共同的价值取向。但是，当它们在交流过程中产生矛盾时，就会由此形成民族矛盾和冲突，历史经验告诉我们，当民族与民族之间、国家与国家之间的文化冲突达到不可调和的程度时，就会潜在着爆发战争的危险。中华民族是一个主张"和为贵"的民族，虽然在历史上也曾经出现过文化冲突导致民族冲突的现象，但总的来看，各民族基本都能和睦相处，显示了中华文化包容胸怀。当前，我们加强大学生文化自信教育，在对待民族文化态度上，应当采取吸收其精华、剔除其糟粕，防止狭隘民族观在文化自信教育中消减的负面作用产生。

（二）外来文化多样性的冲击干扰

经济全球化是世界经济发展的客观过程，在实现全球范围内的生产、投资、消费与分配时也使各国文化间的交流更加密切，由此加剧了各国文化间的碰撞，导致文化冲突，就如罗伯特·赛缪尔逊所指出的那样，经济全球化是"双刃剑"，虽然使经济快速增长，国家生活水平提高，但是也侵犯了部分国家主权，侵蚀了国家文化，进而威胁国家经济和社会稳定。以美国为首的西方发达资本主义国家在经济全球化背景下，利用其强大的文化产业，通过文化产品的输出，向我国人民传输他们的文化理念、意识形态，对我国产生了不可小觑的消极影响，其中对大学生这一国家未来精英群体造成的影响尤为突出并产生了诸多不良后果。如部分学生认为国外的文化优于本土文化，对本民族文化产生极端自卑的心态，甚至出现了所谓的"洋奴文化"，只青睐于国外的电子产品、追捧西方节日文化、酷爱国外生活用品等，极大弱化了青年学生对本民族文化的意识。再比如，西方国家带有错误倾向的价值观念，通过新奇、独特的形式，特别是通过现代技术这种快捷的传播方式，迎合了当代大学生文化消费心理，为大学生带来了不一样的感知体验，使得他们在不知不觉中被渗入西方的文化思想甚至是被其中腐朽的文化思潮所俘虏，极容易对自身三观产生消极影响，不利于学生形成正确的文化观。另外，外来文化的多样性对大学生学习本民族文化也产生了一定的影响，外来文化的强势涌入，触及到了我国的方方面面，并在文化界掀起波澜，影响了学生对我国文化的认知，改变其原有的文化理念，使学生失去接受高校文化自信教育的兴趣，从而减少了青年学生对本民族文化的肯定与信心。

（三）文化环境市场化的消极影响

改革开放后，我国推动社会经济向社会主义市场经济变革，伴随着市场经济体制的不断完善和成熟，不同利益主体纷纷涌现，利益主体不再单一化，多元化的格局已经形成。市场的参与主体往往追求利益最大化，在文化产业发展过程中，哪个产业的经济效益最大，这个产业就能发展最快，但也因为受市场调控滞后性的影响导致某些文化产业需求饱和，经济效益最好的产业却也有可能变成最落后的产业，这样一来，破坏了我国原有的文化环境，改变了文化产业结构的合理化发展。高校大学生文化自信教育本身就在于培养青年学生成长成才，不以追求利益为主，与文化环境市场化的目的相悖，如此一来，文化环境市场化影响了大学生文化自信教育健康向上的发展。与此同时，市场经济的自发性、盲目性等缺陷也引发了各种不良思想，"消费主义""个人主义""拜金主义"等思想观念严重泛滥，人们越来越看重物质、金钱和利益，并为此甘愿做一些不合情、不合理、不合法的事情，这些都是与社会主义核心价值观相矛盾的，并在一定程度上侵蚀了人们的精神世界，削弱了精神文明。高校大学生在慢慢接触社会的过程中，逐渐受其影响，"等价交换""利益至上"等原则深入部分学生的日常生活，致使学生陷入个人利益高于集体利益、不断满足自身物质欲、功利主义现象严重的危险境地，冲击了大学生对社会主义核心价值观的认识，造成青年学生价值观上的困惑。不仅如此，高校学生还表现出了对精神文化的淡漠，对物质利益的过度追求，从而致使他们的社会"诚信度"降低，精神动力削弱，理想信念淡化，这在一定程度上影响了当代大学生文化自信教育的进一步发展。

（四）文化消费庸俗化的价值取向

文化消费庸俗化虽然不是普遍现象，但在文化消费群体的占比不可小视，一些媒体为了追求收视率，甚至过分迎合文化消费庸俗化的价值取向。随着社会的转型、网络的兴起，互联网逐渐成为现代社会中重要的基础设施，这不仅为中华优秀文化的传播提供了便利性，也为腐朽思想的进入打来了便利之门。在这一情况下，文化表现出大众化、通俗化、甚至庸俗化的特征，也因此经历着理想主义与现实主义之间史无前例的冲突，文化供给的理性被削弱。受文化庸俗化的影响，我国大学生在潜移默化中也发生着改变。青年学生生活偶像化，对高雅文化持低迷心态，对传统文化的继承更是持抵触心理，如在"国粹"京剧这门艺术中，鲜少有学生愿意去学习京剧或者观看京剧表演，课余生活经常性的被低俗的娱乐所占据，相比之下，大家更愿意去追求"趣味性""刺激性"的应时文化与快餐文化，并对部分庸俗文化甚至表示认同。优秀的文化能支撑人的精神世界，而庸俗化的文化不仅支撑不了人的精神世界，还会加剧人的精神空虚，使人趋于庸俗化。在高校，部分大学生漠视校纪校规，并逐渐挣脱了道德规范的束缚，偏离了正确的价值导向，关注的问题越来越现实，追求的东西也越来越功利，对比社会的发展，他们更偏重于个人利益，关注个人发展，原有的人生准则、生活理想、崇高信念都渐渐被淡忘。尤其是在"拜金主义"盛兴的当前，很多学生认为经济利益重于一切，而日常不少文化消费依赖经济做支撑，由此又会潜移默化地左右大部分学生的目标都定位为"向钱看"，这也让学生在成长过程中遇到困难和困惑时不知所措，倘若大学生一旦失去经济来源，便缺少了面对生活的信心和勇气。因此，文化庸俗化现象的凸显不仅使高校学生发生了改变，也不利于大学文化自信教育工作的开展。

第三节　大学生文化自信教育的实施路径

大学生文化自信的教育，既关系到中国特色社会主义办学方向，又关系到中华民族伟大复兴中国梦的实现。近年来，尽管通过各方面的努力，大学生文化自信教育的总体情况和发展趋势逐渐转好，成效也较为明显，但是文化自信教育仍然存在很多亟待解决的问题。培育大学生文化自信是一项系统工程，需要从大学生文化自信教育机制、大学生文化自信教育基础、大学生文化自信教育方式、大学生文化自信教育资源等方面去努力。

一、加强大学生文化自信教育的机制

大学生是国家未来文化的建设者，是祖国未来的栋梁之材。大学生是否拥有高度的文化自信不但决定了其自身的文化价值取向，而且对建设社会主义文化强

国影响巨大。建立和完善高校文化自信教育机制、实践机制和考评机制，在机制中突出重点，落实责任，发挥规范管理的长效机制作用，引导高校学生树立文化自信，使其自觉担当起推动社会主义文化大发展大繁荣的历史责任。

（一）健全和完善大学生文化自信教育机制

机制是泛指一个系统中，各元素之间的相互作用的过程和功能，在社会科学中常被理解为机构和制度。教育机制是教育的各组成部分之间的相互关系以及运行方式。健全和完善大学生文化自信教育机制是加强大学生文化自信教育的根本保证。第一，明确教育目的，坚持"立德树人"的根本宗旨，坚持"育人为本，德育为先"的育人理念，把握高校人才培养的政治方向，以培养中国特色社会主义事业建设者和接班人为根本目标，关注大学生的全面健康成长，聚焦于提升大学生的文化自信，促进学生综合能力的提高，以学生为中心，从大学生的实际情况出发，针对不同阶段、不同学科的学生开展具有针对性的文化自信教育，逐步深化大学文化自信教育，引导学生提升自我，增强文化自信心。第二，健全大学生文化自信责任机制。大学生文化自信教育是一项系统工程，需要各方配合、协同用力，通过制度规范和机制规范，统筹落实高校各学院、各部门、各课程以及学生社团的责任，形成全员文化育人的新格局。第三，加强文化自信课程建设，尤其加强思想政治理论课建设，思想政治理论课是实施文化教育的主渠道，要转变教育思想和教育观念，从文化的视角审视思想政治理论课，从人文的角度重视思想政治理论课，改变重知识传授轻人文关怀的教学局面。按照"课程思政"的要求，大力挖掘专业课程的文化育人资源，适时通过专业课程实施文化育人，在专业课程教学中做到专业教育与人文教育并重。同时，有计划地加大通识选修课中文化类课程的开发与建设，为学生提供充足的、可供选择的文化类通识课程资源。第四，加强文化环境建设。文化环境育人对人的素质的提升将会起到"润物无声"的效果，文化环境的育人功能是其他手段无法替代的，因此，加强文化环境建设、文化设施建设，营造浓郁的文化育人氛围是大学文化育人，增强学生文化素养，提升学生文化自信不可或缺的要求。第五，加强文化主题教育，通过征文、演讲、表演等参与式主题教育活动，增强学生接受文化自信教育的自主性和自觉性，促使教育内容在学生思想上、情感上内化，提升大学生文化自信的内需动力。

（二）健全和完善大学生文化自信实践机制

健全和完善大学生文化自信实践机制，推动高校文化自信实践机制向着制度化、长效化、科学化的方向发展。当代大学生对于中华民族五千年的文明发展史，中国共产党领导中国人民英勇奋斗的革命史，乃至中国特色社会主义建设的发展史等或多或少地存在关注度不高、认识肤浅的问题，反而对外来文化充满猎奇心理，盲目追崇。因此，加强大学生文化自信教育，必须针对问题，靶向解决。其中，实践育人就是一条有效途径。"人的社会化既要靠间接经验的习得，更要在实践中完成。"首先，加强文化自信教育实践基地建设。实践基地教育能够增强学生对中华文化的感性认识，深化学生对课程教育内容的理解。中华民族源远流长，闻名于世，东南西北中，到处都有厚重的文化底蕴和丰富的文化宝藏，高校要充分利用学校所在地的文化资源，充分发挥这些文化资源的教育功能，建立一批包含历史文化、民族文化、革命文化以及社会主义先进文化的文化教育基地，组织学生到文化教育基地体验和感悟，感受中华文化的博大精深，增强文化自信。其次，加强大学生文化社团建设。学生文化社团是大学文化实践的平台，是课程教学的有效补充，要配备责任心强，文化素质高的指导教师，采取有效措施调动学生参与文化社团活动的积极性，激发学生参与校园文化活动的活力，调动文化社团打造校园文化品牌活动的创造性，实现大学生的自我文化教育和增强大学生的文化自信。最后，组织学生开展文化资源服务活动，在"三下乡"社会实践、德育实践等活动中，安排文化类活动任务，比如，近几年，部分高校配合国家"乡村振兴战略"，组织大学生开展"乡风文明"大调查等，这些活动将大学服务与文化资源有机地结合起来，既让学生在实践中接受了文化教育，又体现了大学生的价值，深受学生喜爱，应当在高校中广泛推广。健全和完善大学生文化自信实践机制，是一个由理论教育向实践体验转化的纽带，对于加强大学生文化自信教育的作用十分明显，意义非常重要。

（三）健全和完善大学生文化自信考评机制

传统的文化自信教育活动之所以未能得到学生足够的关注和重视，与缺乏科学合理的考评体系有着必然的联系。在高校，大学生长期受"分数至上"和功利主义的影响，导致学习流于表面，缺乏对中华优秀文化尤其是传统文化和革命文化的深刻认知与理解，高校教育在重视文化考试对学生影响的同时，更要积极引导大学生做"有文化"的人。建立完善的文化自信考评机制，将文化自信教育纳入大学生素养能力的考评范围内，并作为衡量大学生毕业和用工单位招聘的标准，以机制规范行为，以制度考量行为。首先，在坚持科学评估原则的基础上，确立完整的考评内容和指标。把握好其选取考评内容的原则，要与文化自信教育理念保持一致，并有所侧重，选择文化自信教育过程中的主要内容进行考核，比如教学内容是否丰富、教学课堂是否生动有趣、学生课程考试是否达标，不考核无关内容，确保高校各负责人、授课教师以及青年学生的社会文化责任，真正落实大学生文化自信教育。其次，要注重考评结果的反馈和考评修正。保证反馈内容的合理性，对存在的问题以及表现出的优点进行综合评定。确保反馈程序的科学性，从初步形成反馈意见到审核反馈意见、确定反馈方式再到具体实施反馈内容，必须严格按照程序办事，保障反馈执行的实效性。执行反馈后，反思其形成的深层次原因，要求开展批评与自我批评。注重对考评结果的修正，对于教育效果不佳的表现，不弄虚作假，不掩盖欺骗，本着实事求是的原则对出现的问题进行针对性地修正与管理，促进学生的成长与进步。最后，形成严格的退出机制，对严重不符合考评要求的教师，使其"退出"课堂，重新接受课程培训，直至达到上课要求，对课程考试不达标并屡次不改的学生，予以劝退。这不仅是正确认识和评价文化自信教育模式运行过程和效果的需要，还是实现教育者对文化自信教育过程控制的需要。

二、夯实大学生文化自信教育的基础

从高校人才培养在文化自信教育方面存在的普遍性问题的视角出发，依据马克思主义的观点、方法，破解制约大学生文化自信教育的主要瓶颈，是当前和今后必须着力解决的关键问题。文化自信教育首先需要解决的是文化自信教育资源的有效供给、文化自信教育阵地功能的有效发挥、文化自信教育责任的落实以及受教育者践行文化自信的实践平台等问题，这些问题的解决是确保大学生文化自信教育有效实施并取得预期成效的前提和基础。

（一）落实文化自信教育的课程建设责任

落实大学生文化自信教育课程责任，主要着眼于以下四个方面。一是加强思想政治理论课建设，落实思想政治理论课的文化育人责任，如在《中国近现代史》课程中，充分挖掘爱国主义以及中国共产党带领着中国人民寻求民族独立和人民解放的革命文化，为学生厚植爱国情怀和革命精神，在《思想品德修养与法律基础》课程中，全面挖掘中华民族传统美德，让学生充分认识中华民族优秀的道德品质、优良的民族精神、崇高的民族气节、高尚的民族情感、良好的民族习惯，引导学生自觉传承中华民族传统美德。二是加强课程思政，落实专业课程的文化育人功能，专业课程中蕴含着丰富的文化育人资源，如汉语言文学专业的所有课程，除了教授语言文学的表达艺术之外，还要充分挖掘其中对真善美的褒扬、对假丑恶的鞭挞，引导学生树立正确的人生观、价值观，如中医课程，蕴含着大量的人文资源和哲学原理，教授中医理论课程，不能仅仅局限在"技"的方面，更应将"技"与"理"有机结合。三是加强文化通识课程建设，提升大学生人文素养。2014 年 3 月 26 日，教育部在印发《完善中华优秀传统文化教育指导纲要》中明确提出："有条件的高等学校统一开设中华优秀传统文化必修课，拓宽中华优秀传统文化选修课覆盖面。"因此，高校应要提供足够的"课程菜单"，满足学生通识课程选修需要。四是加强文化隐形课程建设，落实环境育人责任。这里所说的隐形课程主要是指大学的环境文化，如人文景观、文化氛围、文化场馆建设，让学生在浓郁的文化环境中接受熏陶，实现"润物无声"的育人目标。大学生文化自信教育，在内容上需要解决"教什么？""拿什么教""如何教？"等问题。其中"拿什么教"是至关重要的。课程建设既需要高校不断强化文化自信教育意识，加大文化自信课程建设力度，开设出满足学生选择的课程菜单。同时，还需要教育主管部门特别是教育部的有力组织，毕竟各高校课程建设能力和水平参差不齐，特别是在当前以专业建设为主要价值取向的情况下，仅仅依靠高校自身力量难以开发出质量有保障、数量充足、受学生欢迎的文化自信教育教材。因此，加强大学生文化自信教育，做好统筹、协同攻关，有计划地开发系列统编文化教育类教材势在必行。

（二）强化文化自信教育阵地的育人功能

教育资源的有限性往往会导致资源覆盖不全面，而整合文化自信教育的相关资源，可以实现对资源的综合利用，同向而行、聚焦发力，最终形成育人协同效应，落实文化自信教育阵地建设职责。第一，课堂是文化育人、增强大学生文化自信的主渠道、主阵地，要准确领会和贯彻落实《加强和改进大学生思想政治工作的意见》要求，按照"要把思想政治教育融入到大学生专业学习的各个环节，渗透到教学、科研和社会服务各个方面。要深入发掘各类课程的思想政治教育资源，在传授专业知识过程中加强思想政治教育，使学生在学习科学文化知识过程中，自觉加强思想道德修养，提高政治觉悟"的要求，强化课堂这个主阵地的育人功能。第二，强化校园媒体的文化育人功能。高校传统媒体是高校党委、行政的喉舌，必须全面贯彻落实党的路线、方针、政策，贯彻落实党的教育方针，传播正能量。特别是在习近平总书记强调文化自信的大背景下，要有计划地开设有关文化自信教育的栏目和专题。另外，我们目前处在网络信息时代，既要充分认识互联网带来的严峻挑战，又要充分认识互联网给我们带来的机遇，积极主动抢占网络阵地，"要遵循网络媒介传播规律，塑造具有中国风格和特色的话语体系，用开放、融通、科学的新概念和新表述讲好中国故事、唱响中国声音。"在大学文化自信教育中，要充分运用新媒体传播中华优秀文化、革命文化和社会主义先进文化，用贴近学生实际、受学生欢迎的方式开展大学生文化自信教育，主动占领新媒体阵地。第三，强化哲学社会科学育人功能。哲学社会科学在高校人才培养中，其功能直接影响大学生的世界观、人生观和价值观，中央高度重视哲学社会科学的思想政治教育作用，在开展大学生文化自信教育的实践中，一方面，需要高校加强哲学社会科学的教学科研以及学术活动的管理，另一方面，又要引导好广大教师，积极发挥好哲学社会科学的文化育人功能。"高校哲学社会科学工作者要大力加强对中国历史和传统文化的研究，从中吸取营养，弘扬中国精神，弘扬中华传统美德。"第四、充分发挥好学生社团育人功能。在学生社团建设上，在坚持学生主体、教师主导的原则的前提下，积极引导学生建设校园文化社团，同时积极引导其他专业社团将文化自信教育融于社团活动，且还要从严选择懂文化、有责任心的教师作为学术社团指导教师。

（三）全面贯彻落实意识形态工作责任制

高校是传播党和国家意识形态、价值体系的重要阵地，担负着研究宣传马克思主义、培养中国特色社会主义事业合格建设者和可靠接班人的重大历史任务，我们必须充分认识新形势下加强意识形态工作的极端重要性，把意识形态工作放在更高的位置，推动意识形态工作规范化、制度化、常态化建设，努力构建意识形态工作新格局。全面落实好意识形态工作责任制，发挥好新形势下意识形态工作的积极性、主动性和创造性。全面贯彻落实中共中央办公厅印发的《党委（党组）意识形态工作责任制实施办法》，坚持"谁主管谁负责"的工作原则，进一步明确各级领导干部、各部门的意识形态工作责任，确保责任到位，做到有责必履。除此以外，高校还要把文化自信教育作为高校建设的一项重要内容，纳入到各项考核中，并作为各院系年度工作考评的重要指标。另外，要着眼于领导干部这一"关键少数"，将高校文化自信教育纳入领导班子和领导干部的政绩考核，发挥高校领导及各院系主要负责人的作用，使其站在意识形态工作第一线，带头执行责任要求，坚持原则，起好表率作用。加大考核监督，敢抓敢管，对实际工作中"踩红线""破底线"的行为，严肃考核问责，按相关规定追究相关责任人的责任。

（四）积极搭建大学生文化自信实践平台

中国教育受传统应试教育影响根深蒂固，而大学又是专业化教育的价值取向，因此，不少大学生在文化素质方面表现出不同程度的缺陷，对中国优秀传统文化、革命文化和社会主义先进文化缺乏必要的认知。从大学教育教学改革来看，不少高校已经深刻地认识到了这一问题，比如，大文科、大理科改革，开设通识课程等。但是，仅仅局限在这些方面只是解决文化自信教育知识层面的缺陷，离坚定文化自信的目标和要求还远远不够。人的知识和素质的形成是多方用力的综合结果，特别是在观念层面，要将某一观念根植于教育对象的灵魂深处，需要打通一个内化的通道，这个通道就是实践。因此，加强大学生文化自信教育必须为大学生提供文化自信教育的实践平台，使他们能够有机会将接受的教育内容通过实践加深认识，内化为文化自觉。高校搭建大学生文化自信教育实践平台的途径很多，可以结合学校自身实际和人才培养定位，选择性地搭建实践平台，如社会实践，可以通过组织多种形式的社会实践，使学生感受到中国特色社会主义建设的伟大成就，加深对中国特色社会主义先进文化的认识；如学生社团活动，可以将传统文化、革命文化和社会主义先进文化融于社团活动之中，通过社团主题研讨、文艺表演、古典诗文熟读、征文比赛、校园主题教育活动、节庆纪念活动等等引导学生主动学习中国优秀传统文化、革命文化和社会主义先进文化等。再者，高校要建立适应和满足大学生文化自信教育的德育基地，让学生在基地感受中华优秀传统文化、革命文化和社会主义先进文化，加深感性认识。"优秀的品德其实就来自日常生活践履的习惯，而行为习惯不仅是优秀行为产生的基础，它甚至有可能使一系列指向明确的平凡的行为产生不平凡的整体效应。"因此，搭建大学生文化自信教育平台对于增强大学生文化自信十分重要。

三、创新大学生文化自信教育方式

随着经济全球化的日益加深，多元文化无时无刻不在冲击着大学生的精神世界，对大学生思想政治教育特别是文化自信教育的负面影响不可小视。高校在进行大学生文化自信教育的实践中，必须遵循教育规律、大学生认知规律、成长规律以及新的时代特点，在体现大学生思想政治教育普遍性要求的前提下，创新大学生文化自信教育方式。

（一）将文化自信教育融入教育教学活动

在教育活动方面，坚持"立德树人"，全面贯彻落实党的教育方针，将文化自信教育作为大学生思想政治教育的重要内容，积极融入高校教育教学活动中，营造深厚的校园文化氛围，创造良好文化育人环境，让大学校园溢满积极健康的文化气息。日常教育方面，分别以中华优秀传统文化、革命文化和社会主义先进文化为主题或类别，有计划地设计主题教育活动、实践教育活动、社团教育活动等，并按照计划设计相关活动，有序地组织开展各教育活动。把握文化自信教育的基本要求，在确保普遍性要求的前提下，文化自信教育活动还应体现学校办学定位、专业人才培养定位等，如将大学自身在发展历史中积淀的优秀文化、区域优秀历史文化等融入到文化自信教育活动中，以此形成大学文化自信教育的个性化特色。以中华优秀文化为基础，加强对文化社团的指导与管理，打造独特的社团文化魅力，增强社团吸引力，并及时对社团思维进行更新，影响社团成员，进而辐射全校大学生。除此以外，还要开展好文化主题教育活动，如举办以"我的中国梦""担当文化使命""红色文化进校园"等为主题的教育活动，在不断提升校园文化品位的同时，又丰富了大学生的精神世界。另外，民族院校或者民族学生占比较大的学校还要充分考虑活动的多样性和民族特色，以增进各民族的相互理解、促进民族团结。在教学活动方面，把中华优秀传统文化和革命文化中的价值观念，跨越历史时空，转化、融入社会主义核心价值体系和思想政治教育课中，将革命精神与新时代精神相结合，丰富社会主义核心价值体系，完善思想政治教育课程，创建价值实体或道德实体。另外，当前高校思想政治教育课程仅占大学总课程约 9% 的比例，其中占比最大的为专业课，因此，高校要鼓励各学院创新文化自信教育融入专业课程的新模式，发挥专业课程"传道授业解惑也"的综合作用。除此以外，还要将中华优秀文化学习制度化，开设文化通识课程，加强文化通识教育，引导学生回到文本、拓展视野，培养学生的发散思维能力与问题导向能力，帮助学生树立科学的思维方式和行为方式，促进其良好人格的养成。文化育人，不仅仅是在课堂教学中洋洋洒洒地进行语言感悟和语言输出，还要发挥课内外的整体效益，以文化教学为前提，开放教学课堂，组织文化教学实践活动，外化于行，内化于心，帮助大学生巩固文化知识。

（二）打造高校文化自信教育的活动品牌

"品牌"是指能带来巨大经济和社会效益的一种无形资产且在人们意识中占据一定的位置，"品牌"一词经常与"效应"连用，是具有长期性、价值性、认知性的一种识别系统总称。"高校文化自信教育活动品牌"不单单指文化活动，还包括文化精神以及整体的运营管理模式，是一所高校经过长期艰苦追求和积累所形成的，本质上是高校大学生对文化活动、服务和氛围的一种内在的感受。文化自信教育活动品牌的形成能够在高校内部形成一种无形的力量，规范大学生的日常行为，坚定学生的文化自信理念，也能够在高校外部形成一种强大的号召力，凝聚大学文化力量，使学生更好的传承与弘扬中华优秀文化。打造高校文化自信教育的活动品牌，首先，要丰富品牌内涵，围绕中华优秀文化，挖掘高校文化特色，将文化自信教育的活动品牌做精，并制定详细合理的战略规划，从教师到学生，了解本校的活动品牌，宣传互动品牌，共同推进校园文化建设。其次，高校要以建设"双一流"高校为契机，建立"多元融合"的创新人才培养模式，通过架构社会网络，以开放包容的态度融合校外资源并最大限度地挖掘社会教育资源为我所用，如校外实践、人文历史等，充分整合校内外的教育资源，为培育大学生文化自信提供更丰厚的土壤，并进一步建设文化自信教育活动品牌。最后，建设可持续发展的运行机制，在省赛、国赛的基础上，建立门类丰富的活动竞赛平台，如创业大赛、学科技能竞赛、辩论赛、书法大赛、朗诵比赛、主题宣传日竞赛等，将活动形式多样化，并针对这些竞赛活动，制定竞赛管理办法，如竞赛实施细则、竞赛场地使用办法、学分认定办法等等，为学生创造一个良好的竞赛环境，推动创新型人才建设，并把最终成果进行组合，形成各高校的标志性成果，促进学校文化品牌的建设与发展。

（三）营造积极健康的校园文化活动氛围

校园文化是一种群体文化，是校园风气和校园精神的标志。校园文化氛围主要通过环境文化、精神文化和制度文化的建设而形成，校园文化中包含的价值观念、行为准则、思维方式等以一种无形的约束力影响着在校大学生，是高校大学生发展的深厚土壤。营造浓厚的校园文化氛围，首先，环境文化是校园文化的基础，绿化、美化校园环境，以打造整洁、绿色、规范的校园环境为目标，建设绿色且充满活力的校园。美化校园整体布局，如在教学楼的建设与装修上，既要体现布局的整体性，又要蕴含"以人为本"的理念，为在校学生营造一个温馨、舒适的学习环境，强化校园环境的育人功能，让学生走进校园就能感受到无处不在的文化氛围，从而使他们自由发挥，激发自我主动学习。其次，精神文化是校园文化的核心内容，要深刻把握大学精神的本质和多元价值，开展形式多样的主题班会、报告会、国旗下讲话等，提高学生凝聚力，举办内容健康、积极向上的文化活动，创建校园文化节并不断完善活动形式，以此充分调动学生的积极性，给青年学生自身发展创造有利的条件。同时要发挥宣传的促进作用，既要注重线上宣传，又要注重线下宣传，坚持正面引导，制作与学生生活相贴近的宣传内容。最后，制度文化是校园文化的内在机制，完善高校规章制度，规范师生行为，使校园文化建设工作有章可循，同时将各项规章制度落实到位，在保证公平、公正、公开的原则上按章办事，促进学生良好行为习惯的养成，辅助高校更好的建设校园文化，营造良好文化氛围。

（四）着力提升当代大学生的文化鉴别力

文化鉴别力是大学生综合素质和能力的重要组成部分，能有效的鉴别各种文化是树立高度文化自信的重要基础。首先，丰富大学生的文化知识底蕴，加强学生对中国特色社会主义指导思想的学习，并组织学生读书及进行研讨和交流，通过对文化典籍的辨认、理解和分析，提高自身文化内涵，提升自我文化品位，创造广阔的"智力背景"。在此过程中，高校教师要帮助青年学生分清文化中的"糟粕"与"精华"，防止落后腐朽文化的影响和侵蚀，同时引导学生大力弘扬中华文化中的优秀部分，推进中华文化创造性发展。其次，不仅要加强学生的文化素质教育，引导学生树立正确的文化观，更要加强对教师的文化素质教育，帮助教师树立高度的文化责任感，使在校教师成为一名具有强文化判断力的教育工作者。教师还要走进学生，时刻关注学生群体中多元亚文化现象，比如：动漫文化、网络亚文化、手机文化等，运用自己的文化判断力，有效引导学生鉴别各种文化，指导学生理性评判不同文化现象，并采取正确的态度应对、处理各类亚文化。另外，生动有趣、形象直观、灵活多变的实践活动，能够使青年学生了解社会、认识社会，激发学生对身边文化现象的持续性反思，明确自身对文化现象和文化产品的价值取向，因此，加强高校学生的社会实践，也是提升文化鉴别力的有效手段之一。最后，高校要充分利用校园网络、校园官方微信平台等媒介提升大学生对文化的甄别技巧，引导大学生自觉主动的提升媒介素养，正确认识并使用新媒体，辩证地看待新媒体中的传播内容。同时，发挥高校学生的主观能动性，使学生积极参与提升自我媒介素养的教育活动，最增强当代大学生文化鉴别力的应有之义。

四、整合大学生文化自信教育资源

大学生文化教育资源内容极为丰富，涉及教育内容、教育力量、教育环境等，综合利用这些资源，实现有效整合，将会极大地增强大学生文化自信教育的实效，提升大学生文化自信。

（一）科学整合文化自信教育内容资源

一般来说，开展大学生文化自信教育，我们往往将目光局限在中华优秀传统文化、革命文化和社会主义先进文化方面。如果认识仅仅停留在这一层面，就会割裂文化的内在联系，就会"就文化谈文化"，陷入机械唯物主义的泥潭。文化无处不在，凡是打上人类有意识的社会活动行为都是文化现象，都渗透着文化的影响和文化的痕迹，也都会影响着人们的日常行为。因此，从这个意义上说，文化无处不在、无处不有。关键是我们如何去发现文化、如何有意识地利用好这些资源，以此丰富文化自信教育的内容。从大学教育来说，需要我们强化大学的文化自信教育的整合能力。所谓"整合"，就是把一些零散的内容通过有效的手段使它们彼此衔接，从而实现这些资源的共享和协同工作。其主要的精髓在于将零散的要素组合在一起，并最终形成有价值有效率的一个整体。实施大学生文化自信教育需要科学地整合文化自信教育的内容资源，主要有以下两条途径。一是科学开发课程资源。一般来说，高校除了专业类的文化课程外，其他文化类课程都属于通识类课程，通识课程是拓展学生素质的主要承载体，在学生综合素质的形成中占据着重要地位。在不少高校的通识课程建设中，已经认识到了通识课程的特殊价值，如在教授通识课程中强调不以传授专业知识为重点，而是在讲授必要知识的基础上，重点讲授知识"背后的故事"，即知识背后隐藏的探索精神、科学精神、人文情怀等，这些"知识背后的故事"就是文化！因此，加强文化类通识课程建设应当是整合文化自信教育资源的主要途径。二是强化课程思政意识。"课程思政"是指导高校各门各类课程充分发挥所承载的思想政治教育功能，形成"全课程育人"格局的一种新时代教育理念，它"将高校思想政治教育的'主渠道'从单一的思想政治理论课延伸扩展到各门各类全部课程"强化"课程思政"意识，不仅仅强调把专业课程上成思政课程，而是强调专业课程教师在讲授专业课时，适时地挖掘专业课程的思想政治教育资源，把知识传授与价值引领有机统一，履行好"教书育人"职责。

（二）科学整合文化自信教育力量资源

高校文化自信教育的力量资源不仅仅局限在教师和课程，除此之外，还包括高校内部的各组织机构。其中承担文化自信教育的主要牵头职能部门包括党委宣传部、团委、教务处等，这些部门从职能视角看，分别承担着宣传思想政治教育、校园文化活动、课程建设等，此外社会科学管理部门承担着社会科学学术活动，各二级教学单位承担着文化自信教育活动的具体组织实施。从组织架构看，部门繁多职能分散。现实工作中，看似各个部门都很重视，但往往难以形成合力。因此，大学生文化自信教育的有效开展对整合力量资源十分重要。第一，要做好大学生文化自信教育规划，凡事预则立不预则废，没有规划就会陷入盲目性、分散性和碎片化的境地。做好规划包括以下几个层面：第一层面是学校层面的大学生文化自信教育专项规划、人才培养方案、年度工作计划等，第二层面是在上述规划指导下的二级单位年度具体实施计划，在规划指导下有计划地实施大学生文化自信教育。第二，明晰各单位职能，清晰地划分文化自信教育的职能，使各单位按照职能分工有效开展工作，避免各自为阵或者互相推诿的现象。第三，强化协同，通过制度规范和机制建设，强化协同效应，力求实现目标协同、内容协同、方法协同，"使得各种教育力量和路径相互支撑、同向而行，这是育人系统论的基本要求"。第四，落实"十大育人体系"，2017 年，教育部党组印发了《高等学校思想政治工作质量提升工程实施纲要》（以下简称《纲要》），明确提出构建课程育人、科研育人、实践育人、文化育人、网络育人、心理育人、管理育人、服务育人、资助育人、组织育人"十大育人体系"，"十大育人体系"都包含有"文化"的要素，在构建这些体系中，要将文化作为内在的精神支柱贯穿其中，体现文化的魅力和影响力。但是，《纲要》没有明确体系的具体架构，只是提出了基本要求。因此，要着力解决各体系的结构、内容、要素以及它们之间的相互作用关系。如何最大限度地发挥好体系的育人功能，这既是一个实践问题，也是一个学术问题，需要进一步在实践中探索，在学术研究中明晰，特别需要把学术研究与实践探索有机结合起来。

（三）科学整合显性和隐性的文化教育资源

所谓显性教育资源，主要是指以直观形式呈现在受教育者面前，在高校教育中，知识性的教育大多以显性的方式呈现在学生面前，或者说是通过显性的方式传授给学生，学生能够通过教师教学直接感受到显性教育内容。另外，显性教育资源还包括环境，如校园建筑、雕塑、文化场馆、道路及命名等，显性教育资源"凸显其外显性、计划性、直接性和组织性。"显性教育资源告诉受教育者"是什么"？而隐性教育则是潜藏在知识或显性物体背后，需要教育者挖掘引领受教育者去理解和感悟，同样还需要受教育者自己主动地探究隐性教育资源背后潜藏的价值性内容。因此，隐性教育资源更多地是以价值性的形式被显性教育资源所包裹，其突出特点是隐蔽性、灵活性、间接性和愉悦性。当受教育者感受到其价值时，隐性教育资源就会起到"潜移默化""润物无声"的育人效果。显性教育资源和隐性教育资源不是单独而存在，也不可能独立存在，如校园里的道路、楼宇及命名，背后的价值就是对师生进行特定的价值教育；汉语言文学教育中的文学作品，显性呈现在人们面前的是语言文字的优美或者所呈现的故事情节波澜曲折、引人入胜，但作者所要传达给读者的是对真善美的价值取向，等等。大学校园里显性教育资源和隐性教育资源无处不在，只是因为大多时候我们把注意力集中在显性层面，而忽略了其中最为重要的隐性价值。在专业课程教学中，忽视专业知识隐性价值教育的现象较为普遍。针对这种情况，教育部提出了"课程思政"的新要求，这就需要我们高校广大教师和教育工作者提高政治站位，充分认识"课程思政"的重要性，积极主动地履行课程思政职责，科学整合教育资源，实现显性教育与隐性教育相统一，切实增强隐性教育的"成效占比"，充分挖掘各种显性教育资源中的隐性价值，提升文化教育实效。

第三章　高校红色文化育人

第一节　红色文化概述

"红色文化"由"红色"和"文化"两个词构成，但并不是两者的简单相加，而是一种具有鲜明中国特色的文化形态。在近代历史，红色被赋予了浓厚的政治色彩，象征社会主义和共产主义，象征无产阶级革命。1917年，苏联组建赤卫队，后发展成为苏联红军。中国共产党探索革命道路，红色与之紧紧联系在一起，中国共产党的旗帜被称为"红旗"，军队被称为"红军"，毛泽东发表了著名文章《中国的红色政权为什么能够存在？》。新中国建立后，红色成为党旗、国旗、军旗不可改变的底色，"红色不仅是中华人民共和国与生俱来的'胎记'，而且也是中华民族浴火重生、脱胎换骨的精神图腾。"可以说，从中国共产党诞生后，中国社会就开始了大量的红色文化积淀。

一、红色文化的内涵

查阅新民主主义革命时期的历史文献，没有发现提出"红色文化"的资料。虽然学术界没有直接提出"红色文化"概念，但相关研究已经涉及"红色文化"，比如"红色资源气"红色经典""红色旅游"等相关研究。直到进入21世纪，"红色文化"这一概念才逐渐出现在学术研究领域中。2003年，学术界首次提出"红色文化资源"的概念。2004年，刘寿礼首次提出了"红色文化"概念，他认为"'红色文化'作为一种新的革命意识形态，是中国共产党领导的群众性革命文化运动的产物"。

一般认为，与"红色文化"相关的是"革命文化"，但是学术界对"红色文化"与"革命文化"二者的认识并不一致。一些学者从狭义和广义的角度对二者作了区分，也有一部分人将两者进行了统一，认为没有明显差别。可见学界对"红色文化"与"革命文化"二者的概念具有某种程度的纠结与混用。魏本权采用概念史的研究方法，对"红色文化"与"革命文化"的关系进行了较好地梳理。他认为："从概念的内涵与外延角度来说，红色文化是与革命文化内涵一致、但外延比革命文化更广的概念。也就是说，革命文化与红色文化两个概念的内涵应该是一致的，即二者都是以革命为'思想内核和价值取向'的文化形态。""就革命文化与红色文化二者关系而言，革命文化是红色文化的历史根基，红色文化是革命文化的当代呈现。"

目前国内学者多从不同角度界定红色文化，对红色文化有着不同的认识和理解。孙晓飞认为："在中国共产党领导的中国革命和建设的过程中，传统的民族精神和进步的时代精神被进一步升华为以马克思主义为指导思想，以共产主义理想为基石，坚持全心全意为人民服务，以坚定的政治信仰、无私的奉献精神、崇高的爱国主义和革命英雄主义等科学的世界观、人生观和价值观为核心的意识体系，这种意识体系为核心的文化体系就构成了'红色文化'。"李康平认为："中国新民主主义革命年代形成的红色文化，它主要指的是自中国共产党诞生以来，为实现中华民族的独立、解放与自由，在长期的革命战争年代形成的一系列的革命文物、革命文献、文艺作品、革命纪念地、战争遗址、革命领袖人物故居、革命根据地以及凝结在其中的革命精神和革命道德传统。"

综合学术界的主流观点，笔者认为，红色文化是中国共产党领导中国人民在革命、建设、改革的长期实践中以马克思列宁主义为指导，不断吸收中华优秀传统文化精髓，运用马克思主义的基本原理和立场、观点、方法，从中国的特殊国情和具体实际出发，以实现特定历史时期的阶段性目标和实现共产主义为最终目标的具有中国特色的文化精神和文化形态。这一文化是由中国共产党人、一切先进分子和人民群众共同创造出来的各种物质和精神财富的总和。中国共产党是红色文化的创造主体。

习近平总书记在中共十九大报告中指出："中国共产党从成立之日起，既是中国先进文化的积极引领者和践行者，又是中华优秀传统文化的忠实传承者和弘扬者。"'红色文化本身就是一种先进文化。红色文化是中国特色社会主义文化发展的阶段性成果，它根植于中华优秀传统文化，又是社会主义先进文化的基础。

红色文化大致可以分为物质文化和非物质文化。红色物质文化，是以客观存在的实物形态存在的，主要包括战争遗址、革命纪念馆、烈士纪念碑和革命领袖故居遗物等实物。红色非物质文化，包含制度文化和精神文化两个层面。红色制度文化涵盖政治、制度、文化等方面，指的是在新民主主义革命时期形成的革命理论、纲领、路线、方针、政策等以及相关的革命文献作品。红色精神文化是包括思想、信仰、精神、规范等范畴，指的是新民主主义革命时期形成的革命精神、革命道德传统等，典型的比如井冈山精神、长征精神、延安精神、西柏坡精神等，具体表现为革命时期无数仁人志士在思想道德、民族精神、革命信念和伦理价值上的崇高追求。

二、红色文化的形成

红色文化蛰伏于近代旧民主主义革命时期，形成于五四运动之后，逐步发展和成熟于新民主主义革命胜利和新中国成立时期，并在改革开放后焕发新的时代价值，是社会主义先进文化的直接来源。在新民主主义革命时期，毛泽东提出了"无产阶级领导的人民大众的反帝反封建的文化"阐明了新民主主义文化的科学定义，这是"红色文化"的肇始。

鸦片战争后，中国进入半殖民地半封建社会，太平天国运动、维新变法、洋务运动、辛亥革命都没能改变旧中国的面貌。而新文化运动的出现，对思想上的解放和启蒙前所未有，"五四"以后的新文化运动，为马克思主义的传播及科学社会主义的宣传打下了思想启蒙的基础，这也为红色文化的产生和发展提供了思想武器。

红色文化发展成熟于新民主主义革命阶段，新民主主义革命是孕育红色文化的沃土。这一发展阶段，红色文化的重要内容是毛泽东思想逐渐形成和发展成熟。毛泽东以马克思主义为指导，在中国革命斗争的实践中，对中国社会深刻认识和对中国革命的道路艰难探索的过程。作为马克思主义同中国实际相结合的第一次历史性飞跃的重要成果——毛泽东思想，是红色文化的核心组成部分。红色文化形成于马克思主义理论与中国革命和建设相结合的具体实践中，为中国共产党解决具体问题提供了精神保障。中国共产党始终坚持实事求是、独立自主解决中国革命的实际问题，将马克思主义的基本理论同中国革命实际相结合，促进了毛泽东思想的形成和发展，为红色文化的产生提供了良好的文化氛围。毛泽东指出："一定的文化（当作观念形态的文化）是一定社会的政治和经济的反映又给予伟大影响和作用于一定社会的政治和经济；而经济是基础，政治则是经济的集中的表现。"由此可见文化的地位依附于经济和政治，文化要为经济和政治服务。将文化建设与经济建设、政治建设一同作为新民主主义革命的目标，说明了中国共产党认识到文化建设对革命实践运动的重要性，红色文化的蓬勃发展为新中国的成立提供了必要的思想文化准备。"在新民主主义革命时期，红色文化是革命战争的产物，是以'革命'为思想内核与价值取向的，是针对封建主义文化、殖民主义文化、官僚主义文化而诞生的新文化。"但是在动荡的革命战争年代，红色文化还主要流传在中国共产党领导的革命根据地和解放区内，尚未成为社会的主流文化。

新中国成立后到改革开放前，红色文化继续繁荣发展，并从区域文化一跃成为社会主流文化。党和政府着手肃清殖民主义奴化思想，批判封建主义、资本主义腐朽思想，逐步在全国确立马克思主义的指导地位。一大批体现时代精神风貌的经典文化作品涌现，为推动社会主义建设起到了一定的重要作用。红色文化在这一时期"受主流意识形态和国内环境的影响，倡导革命是新民主主义社会和社会主义建设初期的文化创造理念。因此，新中国的红色文艺经典仍然以表现革命人物、革命实践、革命精神为中心，革命思维贯穿在红色文化产品的生成与传播中。"同时受到文革的影响和干扰，红色文化的发展受到严重扭曲，这需要以理性辩证的思维加以认识。

改革开放后，经济社会快速发展，红色文化也随着时代的改变继续焕发其价值内涵，成为社会主义先进文化的重要基础和直接来源，也是社会主义先进文化最鲜明的精神标识。新时期红色文化作品也顺应时代发展的需要，与时俱进，"影视作品和歌曲等文艺作品既体现了革命元素，也展现了时代风采，阶级斗争式的说教和革命口号式的宣传减少，这能更好地把观众和听众带入那个时代，融入剧情中，经受红色文化的洗礼。"红色文化是一个不断发展、与时俱进的概念，继承和弘扬红色文化精神成为当下红色文化的价值归宿。无论时代如何变化，红色文化蕴涵的革命精神和历史文化内涵永恒不变，历久弥新。

三、红色文化的特征

红色文化是中国特有的文化形态。中国共产党将马克思主义与中华优秀传统文化相融合，形成了科学理论与民族文化融为一体的具有鲜明特征的红色文化。

（一）阶级性与革命性

中国的无产阶级诞生在半殖民地半封建社会的背景下。中国无产阶级是近代中国最进步的阶级，也是中国新民主主义革命的领导阶级。中国共产党作为中国无产阶级的代表带领人民取得新民主主义革命的胜利。毛泽东指出："中国无产阶级除了具有一般无产阶级的基本优点之外还具有三个突出的优点，坚决彻底的革命性，最有觉悟的阶级，和农民保有天然的联系。"

阶级社会的文化和思想中必然体现出鲜明的阶级性。红色文化是中国共产党领导的新民主主义革命中逐步形成的，自然反映着无产阶级的特殊利益和要求，具有与生俱来的革命性，体现着无产阶级意识形态的特征。

红色文化是无产阶级的文化，集中体现了广大人民在革命、建设和改革过程中所形成的政治理想和政治信念等。红色文化的产生和发展的目的就是为了消灭腐朽的封建文化，摧毁帝国主义侵略下的大地主、大资产阶级文化，推翻"三座大山"，实现民族独立、人民解放。在革命战争年代，红色文化的传播方式呈现出多样性，有红色歌曲、红色宣传画及红色标示语等，一些山歌改编的革命歌曲广泛传唱，极大地鼓舞了军民的士气与斗志。革命文化和艺术作品与革命的内容密切相关，采用人民群众喜闻乐见的艺术形式，并在实践中形成了一个清晰的文化艺术定位，那就是要为革命胜利和革命建设服务。

（二）先进性与时代性

红色文化，是时代的产物，是先进文化的阶段性成果，符合人类社会发展的规律。其正确把握时代主题，站在时代发展的前沿，冲击和动摇了封建专制制度根基，社会的思想文化面貌焕然一新，使人们摆脱旧思想的束缚，引领时代发展的潮流和方向，极大地振奋民族精神。

红色文化的产生和发展过程演绎了反帝反封建的英勇战斗、流血牺牲的时代强音，形成了推翻三座大山、人民解放、建立新中国的时代潮流。为了摆脱半殖民地半封建社会的剥削压迫，争取民族独立，无产阶级人民大众进行了艰苦卓绝的英勇斗争。十月革命给中国带来了马克思主义。随着马克思主义指导中国革命实践轰轰烈烈地展开，人民群众渴望民族独立解放的愿望愈发强烈。李大钊是中国最早选择马克思主义的先驱，随后中国共产党带领中国人民走上了波澜壮阔的无产阶级革命道路，红色文化也开始蓬勃发展。红色文化倡导的实事求是的工作作风体现了理论联系实际的精神；为人民服务的理念更是站在世界和时代的前沿，高瞻远瞩推动人类社会的不断发展和进步；无私奉献的高尚情操凸显了红色文化的吸引力；艰苦奋斗的优良品格更是彰显了红色文化的生命力和影响力。红色文化在产生和发展的过程中，同当时的时代发展和特征结合起来，适应了时代需要、把握了时代脉搏，对马克思主义在中国的传播起到了举足轻重的作用。

（三）民族性与大众性

红色文化是历史发展的积淀，它不是无源之水、无本之木。红色文化扎根于中华传统的民族文化精神之中，既汲取和发扬传统民族文化精神，又批判和超越，从而成为当时一种新的先进文化形态。红色文化是中国共产党带领中国人民，根植于中华优秀传统文化，在长期艰苦卓绝的革命实践中，创造和总结出的具有显著民族性与大众性的先进文化。它来源于人民群众，服务于人民群众，代表广大人民群众的意志和愿望，是无产阶级大众的文化。红色文化蕴含的精神品质展现了中华民族传统的民族精神，具有鲜明的民族特点，彰显了本民族的精神气质和意志品质。

中华民族自古以来彰显出了不凡的气度与精神，在五千多年的文明发展历程中，逐步形成了以爱国主义为核心的团结统一、爱好和平、勤劳勇敢、自强不息的伟大民族精神，这种民族精神构成了红色文化的鲜明底蕴。红色文化在中国共产党进行的伟大革命实践中得到丰富和发展，在不同的发展阶段，党对红色文化有着不同的提炼和概括，如井冈山精神、长征精神、延安精神和西柏坡精神等。占中国近代三分之二人口的工农群众是红色文化的直接参与者、创造者，红色文化植根于人民群众，为工人和农民服务，并逐渐成为他们的文化，并且一直在人民群众中传播与发展。中国共产党始终坚持群众路线使得中国革命事业拥有了广泛坚实的群众基础，在红色文化的创造与传播过程中，人民群众始终发挥着主体性作用。

第二节　红色文化的育人价值

毛泽东在《新民主主义论》中指出："革命文化，对于人民大众，是革命的有力武器。革命文化，在革命前是革命的思想准备；在革命中，是革命总战线中的一条必要和重要的战线。"红色文化对保证新民主主义革命朝着正确方向发展并最终取得胜利起到了非常重要的作用。新民主主义革命时期，红色文化就是要围绕革命的胜利这一党的中心任务而服务的。当然红色文化的价值不仅体现在革命历史时期，更体现在对当下的影响。"文化形态是一切文化生命体的存在形式，它以一定的价值观为核心并表现价值观。一种文化形态只有通过与一定的价值观相适应并互动、具体地把它表现出来，才是实证的。"红色文化的育人价值主要体现在其所蕴含的价值观对人的思想观念的影响。高校红色文化育人的重要意义就是要发挥红色文化对大学生意识形态的引导和教化作用，坚决维护社会主义主流意识形态的指导地位。

当前随着新媒体时代的迅速发展，高校大学生接触信息的途径越来越广泛便捷，但同时中西文化价值冲突日益显现，意识形态领域的斗争尖锐复杂，大学生容易被一些错误的西方价值观所误导，导致一部分大学生盲目崇拜西方文化价值观，轻视排斥中华传统文明，将西方的价值追求、思维方式、民俗习惯视为准则，这是文化自信匮乏的表现。习近平指出："意识形态工作是党的一项极端重要的工作。"高校是意识形态工作的前沿阵地，必须牢牢掌握意识形态工作领导权和主动权，这关系到高校培养什么样的人、如何培养人以及为谁培养人这个根本问题。红色文化具有深刻的内涵和丰富的形式，是高校进行意识形态教育天然教材和有效载体，具有鲜明的育人价值，可以引导大学生树立和坚定对马克思主义的信仰，拥护共产党的领导，培育和践行社会主义核心价值观，克服个人主义、享乐主义、拜金主义等不良倾向的影响，积极发扬艰苦奋斗、实事求是、诚实守信的优良作风，促进个人的发展和国家与社会的整体进步。在培育大学生成为中国特色社会主义事业的建设者和接班人的过程中，红色文化具有不可替代的重要作用，其在意识形态教育方面的重要意义体现在以下三个方面。

一、理想信念育人

红色文化有利于帮助大学生树立坚定的理想信念。"理想信念是主体对客体持久稳定的确信心态和价值认同，是价值意识活动的调节中枢和最高主宰，是世界观、人生观、价值观、和事业观的最高统摄，是选择精神追求的最高准则。"人无精神则不立，国无精神则不强。理想信念是一个人的精神依靠，同时也是一个国家、一个民族、一个政党的精神脊梁。习近平在十九大报告中指出："要把坚定理想信念作为党的思想建设的首要任务，教育引导全党牢记党的宗旨，挺起共产党人的精神脊梁，解决好世界观、人生观、价值观这个'总开关'问题，自觉做共产主义远大理想和中国特色社会主义共同理想的坚定信仰者和忠实实践者。"

理想信念对当代大学生极为重要。没有理想信念，大学生精神上就会"缺钙"。作为社会主义事业的接班人，当代大学生必须要有坚定不移的理想信念，才能确立自己实现人生价值的方向。邓小平指出："我们一定要教育我们的人民，尤其是我们的青年，为什么我们在过去能在非常困难的情况下奋斗出来，战胜千难万险使革命胜利？就是因为我们有理想，有马克思主义信念，有共产主义信念。"红色政权之所以能建立，是因为共产党人拥有坚定的对马克思主义的信仰、对共产主义的信念。革命先烈、革命事件、革命精神所包含的坚定理想信念是新时期高校加强大学生理想信念教育的重要素材。中共中央《关于加强和改进新形势下高校思想政治工作的意见》中指出："坚持社会主义办学方向，扎根中国大地办大学，以立德树人为根本，以理想信念教育为核心"。理想信念是支撑高校大学生灵魂和精神的支柱，理想信念决定着当代大学生前进的方向，是激励大学生积极投身社会主义现代化建设的强大精神动力。

红色文化是大学生理想信念教育的优质资源。共产主义理想是红色文化的灵魂和精髓，红色文化蕴含着对马克思主义的信仰，对社会主义和共产主义的信念，体现了共产党人打破旧社会，建立新社会的目标追求。"砍头不要紧，只要主义真。"，"敌人只能砍下我们的头颅，决不能动摇我们的信仰！"中国共产党从成立的那天起，就把实现民族独立、人民解放作为自己的崇高的理想和奋斗目标，正是因为有了坚定的革命理想信念，无数英雄烈士毅然决然地抛头颅、洒热血，牺牲自我，换取革命的胜利。革命历史时期，在极为艰难困苦的条件下，中国共产党之所以能够经受一次次挫折失败而又一次次奋起直追，归根结底是因为我们党有远大理想和崇高追求。无论是在抗日战争时期，还是在国内解放战争过程中，坚定的不移的共产主义理想信念，鼓舞了一代又一代的人艰苦奋斗、自强不息，战胜艰难险阻，克服重重困难，取得最终的胜利。用革命精神对大学生进行理想信念教育，可以使学生在书本的知识学习中，在革命纪念馆等红色文化场所的参观游览中，接受革命烈士坚定理想信念的熏陶和教育。

红色文化的理想信念教育价值体现在两方面：一是红色文化中涌现出的先进人物、先进事例是引导大学生坚定共产主义远大理想、加强马克思主义信仰教育的重要载体，是树立中国特色社会主义共同理想的天然教材；二是对共产主义的信念、马克思主义的信仰和对中国特色社会主义共同理想的信心是建立在充分认识理解人类历史发展规律的基础上的。红色文化科学地揭示了马克思主义与中国革命实践相结合的历史规律性和必然性。学习红色文化，梳理中国近现代史，有利于大学生深入理解中国革命、建设和改革实践之路，理解红色革命道路与中国特色社会主义道路之间前后承继的关系，从而有利于培养大学生坚定走中国特色社会主义道路的信念。

大学生是中国特色社会主义事业的接班人，弘扬红色文化有利于大学生坚定理想信念，树立远大志向，自觉把个人理想与共同理想结合起来，提升对中国特色社会主义事业必胜信念。当共产主义远大理想和中国特色社会主义共同理想成为大学生的共同意识和追求目标时，这种强大的理想信念会把大学生群体紧密团结起来，凝聚精神和力量，激励他们发愤图强，在新时代中国特色社会主义事业中树立为人民服务，为社会主义服务信念，用自己的青春梦点亮中华民族伟大复兴的中国梦。

二、价值理念育人

历史和现实都表明，核心价值观是一个国家的重要稳定器。习近平指出："要大力培育和弘扬社会主义核心价值体系和核心价值观，加快构建充分反映中国特色、民族特性、时代特征的价值体系。坚守我们的价值体系，坚守我们的核心价值观，必须发挥文化的作用。"红色文化是中国共产党和人民群众在革命、建设和改革进程中价值观和精神风貌的集中体现，具有鲜明的中国烙印，彰显了伟大的中华民族精神，折射出强劲的时代精神光芒。社会主义核心价值观内在地蕴含在红色文化中，因而红色文化教育对引导高校大学生的价值取向具有重要的作用。

（一）红色文化有利于培养大学生的民族精神与时代精神

红色文化是中国共产党人继承和弘扬中华优秀传统文化和积极吸纳人类先进文明——马克思主义的产物。红色文化既承载了以爱国主义为核心，团结奋斗、爱好和平、勤劳勇敢、自强不息的伟大民族精神，又承载了以改革创新为核心，解放思想、实事求是、敢创新路、追求真理的时代精神。

学习红色文化可以培育大学生的爱国主义情操，加强对本民族历史文化的认同。大学生在学习红色文化时，会从无数共产党员和中华儿女把国家和民族利益摆在第一位，在民族独立、国家崛起的道路上誓死不做亡国奴的英勇事迹中深受启发，把热爱党、热爱祖国，热爱国家的灿烂历史和大好河山与实现中华民族伟大复兴中国梦的时代责任紧密结合起来。习近平在纪念红军长征胜利 80 周年大会上指出："伟大长征精神，是中国共产党人及其领导的人民军队革命风范的生动反映，是中华民族自强不息的民族品格的集中展示，是以爱国主义为核心的民族精神的最高体现。"爱国主义是高校思想政治教育的重要内容，而红色文化本身就是一种典型的爱国主义文化，它蕴涵着丰富的爱国主义精神和大量典型的爱国主义事例。高校在红色文化育人过程中，要灵活运用红色文化中体现爱国主义精神的革命人物、革命事件以及革命遗址、纪念馆、烈士陵园等爱国主义教育基地等红色资源，弥补说教式的爱国主义教育方式的所带来的不足，可以避免大学生产生枯燥、反感情绪，有效引导大学生树立爱国主义意识，继承革命先烈遗志，增强社会责任感和历史使命感，深化对中华民族的认同感和归属感，为实现中华民族伟大复兴贡献自己的力量。

学习红色文化有利于培育大学生的创新精神，提高创新意识。红色文化是以马克思主义为指导的先进文化，蕴含着丰富的改革创新精神，这有助于增强大学生的创新意识和创造胆识，在遵循客观规律基础上不因循守旧、不墨守成规、不迷信教条，一切从实际出发，实事求是，从实践中获取真理。中国共产党结合中国革命具体实际，对不同阶段、不同历史时期勇于变革、勇于创新，取得了一系列丰硕成果。土地革命时期，毛泽东提出"工农武装割据"的战略思想突破"城市中心论"在党内的束缚；在对中国革命进程中正反两个方面的实践经验的科学总结的基础上提出了"马克思主义中国化"这个科学命题；新中国建立后，中国共产党遵循历史发展的客观规律，创造性地提出了过渡时期总路线；中国共产党人又以极大的勇气和智慧突破"苏联模式"的束缚，大胆创新，不照搬照抄，不搞教条化，不被任何干扰所惧，即便走过弯路，遇到挫折，也能拨乱反正，实现马克思主义中国化的第二次飞跃。高校肩负着为社会输送具有创新思维、创业能力的人才。创新精神是红色文化的重要内容和宝贵财富，因而高校在红色文化育人过程中，就是要运用红色文化中体现创新理念的大量历史事例教育大学生，注重创新意识的培养，探索创新教育模式，提供各种实习、实践、创业的平台和机会，在鼓励大学生创业过程中提供制度和资金的保障，使其发挥主观能动性，培养出社会需要的创新型人才。大学生在学习红色文化的过程中体会共产党人敢闯新路的精神，突破因循守旧，照抄照搬的惰性束缚，在学习工作中大胆求新，摆脱封闭性、复制性思维，培养开放性、批判性思维。

（二）红色文化有利于加强大学生集体主义观教育，克服个人主义思想

集体主义价值观的培养，有助于大学生正确处理个人利益和集体利益之间的关系，提高团结协作能力、增强责任意识。土地革命时期，针对党内一些农民和小资产阶级出身的党员出现自由主义的倾向，毛泽东强调要加强无产阶级集体主义教育，他在《反对自由主义》中指出："我们要用马克思主义的积极精神，克服消极的自由主义。一个共产党员，应该是襟怀坦白，忠实，积极，以革命利益为第一生命，以个人利益服从革命利益；关心党和群众比关心个人为重，关心他

人比关心自己为重。这样才算得上一个共产党员。"中国共产党始终把国家利益、人民利益放在首位，提倡个人利益服从集体利益，局部利益服从集体利益。反对个人主义、利己主义。大学生学习红色文化，就是要学习共产党人舍小家、为大家、浴血奋战、奉献牺牲，以整体利益为重的大局观和不惜牺牲个人利益的集体主义精神。"集体主义是坚持把集体利益放在优先位置，同时又是个人利益和集体利益的有机统一。"高校在育人过程中要引导大学生正确理解集体主义价值观，集体主义从来不否定个人利益，提倡集体要保障个人正当利益，促进个人利益的实现。但集体主义与提倡"以个人为中心，个人利益第一位，国家、集体利益第二位"的个人主义是根本对立的。

在市场经济条件下，效率优先、追求利益与无私奉献、利他主义发生了冲突，集体主义价值观受到市场经济的侵蚀和弱化，出现了个人主义在大学生群体中悄然盛行，利己主义思想有所抬头的趋势。大学生的价值观受到急功近利、目标短浅的影响，出现只重视个人利益，却忽视集体利益，人情变得冷漠与麻木的消极现象。因而加强红色文化教育，就是要继承和发扬红色文化中蕴含的集体主义精神，并赋予其新的时代内涵，充分运用红色文化包含的革命历史故事，革命人物事迹等，加强集体主义教育，抵制个人主义的滋生蔓延，培养大学生的集体主义观念，促进大学生的全面发展。高校大学生要树立集体主义价值观，要正确处理国家、集体和个人利益之间的关系，在集体中实现个人价值，在个人价值的实现中提升集体价值，时代在改变，但集体主义的价值内涵永不过时。

三、道德观念育人

国无德不兴，人无德不立。一个民族、一个人能不能把握自己，很大程度上取决于道德价值。红色文化是在中国革命中产生的道德实践的精华，学习红色文化有助于大学生树立正确的道德观念。"高尚的道德情操是中国共产党及其领导下的革命团体成员判断自身行为得失、确定自身价值取向的基本准则、价值标准和行为规范，是红色资源的重要内涵。"利用蕴含丰富道德内容的红色文化教育大学生，对大学生提升思想道德品行，塑造高尚的道德品格具有重要意义。大学生在学习红色文化中要深刻领悟道德规范在革命历史时期的重要作用，革命队伍的管理是依靠道德行为准则来约束的，全心全意为人民服务是整个道德行为准则的核心，形成了以廉洁自律、遵章守纪、艰苦风斗、诚实守信等为代表的道德规范。毛泽东将"毫无自私自利之心的精神"作为革命理想人格的标准，认为只要有这点精神，"就是一个高尚的人，一个纯粹的人，一个有道德的人，一个脱离了低级趣味的人，一个有益于人民的人。"在实践中毛泽东非常重视党员同志模范榜样的示范作用，亲自为张思德、白求恩、刘胡兰、雷锋等人的英雄模范事迹撰文、题词，号召人们向他们学习。

（一）有利于大学生培养艰苦奋斗的优良作风

艰苦奋斗的精神是中国共产党领导广大人民取得革命胜利和建设成果的重要法宝，一直是党和人民军队优良工作作风，大学生可以从学习红色文化的过程中感受革命先烈的人格魅力。"艰难困苦，玉汝于成"，越是困难时期，党就越是展现出艰苦奋斗、自强不息的精神。为了打破敌人对井冈山根据地的封锁，朱德亲自带领战士挑粮上山，"朱德的扁担"成为历史佳话。美国记者埃德加·斯诺在延安报道期间，看到毛泽东穿着打了补丁的衣服，彭德怀把缴获的降落伞布做成背心，林伯渠用绳子绑着断了支架的眼镜，他把这些从共产党人身上看到的精神称之为"东方魔力"，在《西行漫记》中比作"兴国之光"。毛泽东曾告诫全党"务必使同志们继续保持谦虚、谨慎、不骄不躁的作风，务必使同志们继续保持艰苦奋斗的作风。"邓小平曾强调"艰苦奋斗是我们的传统，艰苦朴素的教育今后要抓紧，一直要抓六十至七十年。我们的国家越发展，越要抓艰苦创业。提倡艰苦创业精神，也有助于克服腐败现象。"这些鲜活的革命历史事迹可以使大学生深刻感受革命胜利的来之不易，对革命先烈艰苦奋斗的工作作风有各加深刻的认知和理解。

当前国家的经济水平和人民的物质生活水平都有了显著的提高，中国已成为世界第二大经济体，在此情况下，一些大学生把挥霍浪费视为大方，把勤俭节约当做吝啬，生活中贪图享乐，盲目攀比，认为艰苦奋斗的时代一去不复返，因此提倡艰苦奋斗是有现实针对性的。加强红色文化教育，就是要引导大学生正确把握艰苦奋斗的时代内涵，艰苦奋斗的精神无论何时都不能丢，今天提倡艰苦奋斗并不是要求大学生刻意地节衣缩食，否定对美好生活的追求，而是要牢记艰苦朴素的生活作风是一个人价值取向的反映，安于清贫，克服贪欲，才能正确对待物质利益关系，不至利欲熏心，蒙蔽了心智。当代大学生要以勤俭为荣、浪费为耻，以勤俭务实、艰苦风斗的精神作风投入到中国特色社会主义事业的建设中去。

（二）有利于大学生树立诚实守信、纪律严明的道德品质

革命历史时期党和军队以身作则，以信守诺言、严守纪律的实际行动取信于民，赢得广大人民群众的拥护的历史事实是解决一些大学生诚信意识淡薄，生活作风散漫问题的生动教材。针对早期党的军队中官兵纪律松弛，作风不正的状况，毛泽东在完成三湾改编后，对部队进行纪律教育时宣布了"三大纪律六项注意"，即"行动听指挥，不拿工人农民一点东西，打土豪要归公。"，"上门板，捆铺草，说话和气，买卖公平，借东西要还，损坏东西要赔。"毛泽东深知没有纪律的军队，是得不到人民群众拥护和支持的，而失信于民的军队必然走向失败的道路，最终被历史抛弃。工农红军实行"三大纪律六项注意"后，整理面貌焕然一新。当时在老百姓中流传着一首歌谣："红军纪律真严明，行动听命令；爱护老百姓，到处受欢迎；遇事问群众，买卖讲公平；群众的利益，不损半毫分。"因此，大学生在接受红色文化教育的同时，要牢牢铭记党和人民军队正是用铁的纪律统一全党全军的意志，用严格的道德操守规范军队的行动，从而取信于民，才使红军队伍不断发展壮大，最终夺取革命的胜利。红色文化中革命队伍的先进事迹教育引导大学生必须发扬诚实守信的传统美德，提升自我诚信意识和水平，增强纪律约束感，克服纪律观念淡漠的不良风气。

大学生要学习革命先烈艰苦奋斗的高风亮节、信守诺言、严守纪律的工作作风和全心全意为人民服务的道德品格，加强对自身法纪观念的培养。学生党员要更加严格遵守政治纪律，自觉维护党中央权威，无论是革命传统道德，还是党章党规等纪律条例，都要内化于心，外化于行，知行合一。高校加强红色文化教育，就是要把革命道德品质融入社会主义核心价值观教育过程中，引导大学生自觉遵守社会公德、职业道德、家庭美德，并使之内化为学生的精神追求，外化为学生的自觉行动。

习近平在党的十九大报告中指出："必须推进马克思主义中国化时代化大众化，建设具有强大凝聚力和引领力的社会主义意识形态，使全体人民在理想信念、

价值理念、道德观念上紧紧团结在一起。"高校红色文化育人就是要充分发挥红色文化的意识形态价值，培养大学生坚定理想信念，坚信价值理念，坚守道德观念。约翰·洛克在《教育漫话》中指出："没有什么能像革命英雄那样，具有时代榜样的魅力，这样有吸引力和感召力，深刻地震撼着无数人们的心灵，使他们振奋前行。"榜样的力量是无穷的。红色文化是以中华优秀传统文化为根脉，以马克思主义为指导的先进文化，是经过革命战争时期的实践检验，符合社会主义主流意识形态的科学文化，其也是一种榜样文化。高校在红色文化育人过程中，要充分发挥革命英雄的榜样示范和引导作用，利用好红色文化这一真实的、接地气的文化资源，以榜样的力量鼓舞大学生树立正确的世界观、人生观、价值观，增强文化自信，抵御西方意识形态对大学生渗透，提高对西方各种错误思潮侵蚀的免疫力，这对于提升中国的文化软实力，建设中国特色社会主义文化强国具有重要意义。

第三节　高校红色文化育人功能的实现路径

一、构建红色文化育人机制

为了使红色文化育人工作制度化和规范化，高校应当制定规章制度，创新体制机制，将教育的短期规划和长期规划相结合，校内不同部门、不同专业的教师加强协调，学校、社会、家庭之间加强配合，促进红色文化育人工作的常规性和长效性。同时高校要根据上级部门新的文件精神，校内外环境新的变化，大学生成长新的特点，及时修订完善学校已有的相关规章制度。

（一）完善育人教学机制

高校要结合本校实际，从顶层设计着手，根据国家和教育部发布的相关法规制定和颁布推动本校红色文化育人的指导意见或者实施方案，实行全员育人，全过程育人。红色文化育人工作的深入开展离不开高校领导的重视。高校要"建立党委统一领导下的大学生红色文化教育体系。健全的领导和管理体制，是加强和改进大学生红色文化教育的基础和前提"。高校红色文化育人需要利用思想政治理论课这个主渠道、主阵地，利用思想政治理论课课堂教学、实践教学对当代大学生进行红色文化教育。

制定完善的教育队伍培训机制。高校教育者是红色文化育人的引导者，其自身能力素质的高低直接影响受教育者学习红色文化的效果。因此各高校要制定科学系统的培养计划，将红色文化融入师资队伍建设，加强对教育者队伍红色文化知识的培训，增强教育者在思想政治理论课上熟练运用红色文化专业知识进行课堂教学的能力。

制定完善的教育信息反馈机制。考试是学校了解学生掌握红色文化程度的传统方式，但是考试本身既有反馈速度不及时的天然缺点，同时也不能全面科学地掌握学生学习的情况，一些思想政治理论课科目采用开卷考试，并不能真实反映学生的水平。因此通过建立有效的教学信息反馈机制尤其必要。教育者在教学过程完成后，可以采用无记名的方式让学生对课堂教学的不足之处提意见，或是课堂教学完成后及时进行小测验，或是采取分小组合作报告的形式汇报研究成果等等，通过多种方式、多种渠道及时能掌握受教育者对红色文化知识学习情况，因材施教，采取差异化的教学方法，对掌握知识程度低的学生采取有针对性地教育方法，增强红色文化教育的实效性。同时教育者也能从学生的反馈信息中及时总结教学内容和方法的不足，积累教学经验。

制定完善的教育评估机制。红色文化教育评估机制就是对教学效果做出评价，分析整个教学过程是否按照教学计划取得目标效果，是否激发了学习学习的兴趣。一些高校评估考核机制不健全，教学质量不高，一些问题长期存在得不到改正。高校应成立人员队伍组成丰富的教学督导小组，定期走访课堂，对教师教学进行督导，采取听课、记录、课后反馈等形式对教学过程进行评估，重点对教师的教学态度、教学方法、教学成效进行考察。评估体系的建立使高校对教师、学生以及整个教育过程深入理解，及时监督教学质量，做出科学合理的评估，对教师课程教学存在的不足提出有针对性的意见，对学科的教学方案作出适当调整。

推动教学课程体系改革机制。思想政治理论课是高校红色文化育人的主渠道，但不能成为唯一渠道。红色文化要融入高校文化建设，融入其他专业课程，融入社会实践教学中，拓宽大学生红色文化教育渠道。大力推动以"课程思政"为目标的课堂教学改革，增强专业课程的育人功能，建立"大思政"的工作理念，推动课程体系改革，梳理各门专业课程所蕴含的思想政治教育元素和所承载的思想政治教育功能，深入发掘蕴涵在各门课程的红色文化教育资源，结合专业的学科特色，利用学科渗透模式围绕红色文化开展有意义的教育活动。例如美术专业可以结合当地的红色文化资源，通过画笔描绘革命场馆、革命遗迹遗物等；外语专业可引导学生可对红色经典书籍进行校对翻译，通过这些与专业素质培养相关的活动不仅能增进学生对专业所学知识的融会贯通，也能加深对学生对红色文化价值理念的理解，同时对红色文化资源的保护、利用、开发也有一定的促进作用。遵义师范学院依托红色经典艺术教育师范基地，积极推进红色经典教育的课程体系改革，把一些专业主干课程纳入校级精品课程及省级精品课程的建设目标，开发红色经典艺术教育的选修课程，音舞学院主编了《红色经典艺术教育高师声乐作品》用于课堂教学，增加了专业选修课"红色经典音乐文化赏析"。美术学院"书法"课程中加入了《毛泽东草书艺术赏析》等红色艺术教育内容。

推进实践教学规范机制。通过制定相应制度保障红色文化育人实践活动的顺利开展，使实践教育规范化、制度化，提高实践教育计划的科学性和可操作性，为红色文化资源融入思想政治理论课实践教学提供制度保障。让教师到实践基地现场教学，使学生对红色文化的感性认识上升为理性认识，督促教育者提高教学质量，杜绝实践教学流于形式，应付了事，让学生带着目的参加实践教学，形成红色文化教育课程教育和实践教育相辅相成的态势。红色文化育人也要坚持"三贴近"原则，要全面深化教育方式改革，积极探索红色文化的专题式教育模式，切实提高红色文化教育的针对性和实效性。寒暑假期间组织学生开展社会实践，深入红色文化资源丰富区域开展调查，加深大学生对红色经典文化的了解。

健全党团组织工作机制。在高校红色文化教育体系当中，党课、团课、党团活动也是育人的重要渠道。在党课、团课培训过程中，书记、校长要带头上党课、上团课，把红色文化融入党课、团课培训中，让学生在党课、团课中吸收更多的革命知识，进一步了解党的光辉历史，激发学生的爱国情怀，传承和弘扬革命精神。要把红色文化融入党团活动和党团自身建设中，基层支部利用节假日，组织党员参观革命纪念馆、烈士陵园、革命人物故居等革命传统教育基地，缅怀革命先烈、重温入党誓词，学生党团组织要积极开展一些大学生喜闻乐见的红色文化主题活动，使大学生在红色文化实践体验活动中受教育、受熏陶，在浓郁的红色文化氛围中强化理想信念。

（二）建立育人联动机制

构建学校、社会、家庭"三位一体"的相互协调、相互合作的工作机制，这种联动的育人模式能够有效避免高校单一模式下育人效果不足的缺点，调动校外红色文化资源，综合利用各方面的力量，形成目标一致的合力协助高校共同推动红色文化育人工作，实现全方位、多渠道、立体化的综合育人效应。

高校各部门、各学院之间首先要明确职能、理清职责、合理分工、加强协调和配合，同心协力做好红色文化育人工作。着力构建校园各部门，各学院间联动机制，加强彼此之间的信息共享，完善合作渠道。高校党委和领导班子要高度重视红色文化教育，党委书记和校长要旗帜鲜明地站在意识形态工作第一线，共同担负起巩固马克思主义在意识形态领域指导地位的责任。高校党委宣传部、组织部要落实牵头人的作用，根据学校实际情况制定可操作性强，具有特色的育人计划和方案，学生处、团委等部门之间、各学院之间要加强合作，落实各自职责，共同推动学校红色文化育人工作的开展。不同学院、不同专业甚至是不同学校之间都可以通过学术研讨会、公开课、名人讲座、学术报告等各种平台实现不同学校、不同专业之间的成果交流、资源分享，共同推动红色文化深入学生。各高校之间加强交流合作，互相学习和借鉴彼此的育人工作经验。"遵义师范学院采取学科联动方式把红色资源融入各专业建设实践教学之中，在创作和演绎'四渡赤水出奇兵'舞台剧过程中，马克思主义学院高屋建瓴地提出选题的高度，音舞学院因地制宜地设计出舞蹈形式与舞美音乐，美术学院大气恢弘地设计舞蹈背景，体育学院科学有效地配合音舞学院组建参演队伍等，通过不同学院和学科的相互联动，努力实践，方成正果。"可见只有各部门、各学院之间发挥自身的优势，突出自身的特点，做好本职工作，支持其他部门、学院育人工作，才能发挥红色文化育人的最大效能。高校要发挥全员育人的优势，学校教师及工作人员要以身作则、言传身教，以良好的师德、思想、学识、人品给大学生以潜移默化的影响，实现红色文化育人思想政治理论课与专业课程，思政课教师、辅导员与专业课教师、工作人员的有机统一，形成齐抓共管的合力。高校各部门要把红色文化教育融入到学生课程学习、社会实践的各个方面，积极营造校园红色文化氛围，开展校园红色文化活动。

红色文化育人的有效实现光靠高校还远远不够，需要学校和社会加强合作，合力推动。政府和教育部门应整合区域内的红色文化资源，为高校充分利用当地的红色文化资源提供经费和制度保障。红色文化资源属于不可再生的文化资源，很多具有研究价值的革命战争遗址遗物、革命人物故居面临消失的危险，务须保护，高校可以配合政府部门加快保护和整理红色文化资源的步伐，利用现代数字化科技增强对红色文化资源的保护，以文字、图片、音频、视频等形式对文化资源进行整理和储存。政府要加大力度监管文化市场，坚决抵制娱乐红色历史，不允许歪曲革命历史事实，污蔑革命领导人，鼓吹西方价值观的影视作品出现在大学生的成长环境中。红色文化的市场开发，市场要提高责任意识，加强自律，同时一些影视公司可以与高校建立合作机制，加强与高校红色文化研究机构的合作，与高校学者红色文化研究的成果相对接，多出一些还原真实历史情境，弘扬革命正能量的经典红色历史正剧。高校可以与地方政府部门签订合作协议，建立合作机制，成立一些有利于大学生了解红色文化的场所。"高校宣传部、学工部、思政部、团委等职能部门协同地方党委宣传部门、文化部门，联合建立相互协调、紧密配合、齐抓共管的青年红色教育协同中心，负责红色教育目标制定、开发实施、评价反馈等工作，确保红色教育有序有效推进。"高校还可以依托当地的红色文化资源，加强与地方党史部门、档案馆、纪念馆、博物馆的联系与合作，签订合作协议，建立爱国主义教育和革命传统教育基地以及专业实习社会实践基地。"高校党委、学工处、团委和思想政治理论课教学部等职能部门要主动挖掘本校及周边区域红色教育教学资源，与当地及周边红色革命教育基地挂钩签约，确立双方互动共建关系，把这些红色教育基地作为高校开展红色教育教学的实践基地。"政府部门和社会各界也要树立责任意识和担当，为高校提供红色文化育人提供必要的条件和便利，传播主流价值观，传递正面文化信息，旗帜鲜明地抵制反党反人民、宣扬西方价值观、鼓吹历史虚无主义等错误言行，为大学生营造良好的文化氛围。

高校红色文化育人也离不开家庭教育的支持。家庭成员要重视与配合学校对学生红色文化价值观的培育，不能学校和家庭所灌输的理念相背离，两张皮，否则学校红色文化育人的信服力和有效性会大打折扣。高校可在学生入学时召开家长会，向家长宣传学校意识形态教育的重要性以及正面的家庭教育对学生成长成才至关重要。同时学校也可以利用现代传媒科技的发展，让家长关注学校以及各专业学院的微信公众号，平时抽空多浏览学校的官方网站，及时了解学校的各项教育活动，使家长成为高校红色文化育人工作的好帮手。

无论是学校、社会或是家庭，在相互配合推动红色文化育人的过程中，要细化各自职责，明确分工，实现学校内部不同部门之间的协同，学校与校外资源的联动，建立起全方位覆盖、全过程渗透的育人工作机制，形成目的一致的强大合力，推动高校红色文化育人工作的发展。

（三）制定育人长效机制

高校红色文化育人不是一时活动，而是一项长期系统的工程，是学校的常态化工作。因此，高校建立红色文化育人长效机制，要把校园红色文化建设纳入学校的发展规划和文化建设中，制定科学完善、行之有效的长期发展规划。

高校红色文化育人要注重教育过程的常态化和制度化，只有具备相关制度的保障，才能把红色文化教育转变为可操作性的教育实践，把教育的指标转变为硬性制度规定，从而使学校各部门、各学院重视红色文化教育，使红色文化能够满足大学生的日常精神需求，充分发挥红色文化的育人功能。近些年来，一些高校在建立红色文化制度保障方面取得了一些成效，对推动学校红色文化教育发展发挥了重要的促进作用。"一些地处革命老区的高校将红色资源教育教学的实践又大大推进了一步，即将红色资源教育教学融入学校的人才培养方案，制订教学计划，规定学时学分，开发基于红色资源教育教学的校本课程，编写相应的校本教材，组建独立的教学科研机构，配置专业教师等。"但是，仍然有一些高校的红色文化育人长效机制还不够健全，红色文化教育不能够持续性地开展，特别是有些高校红色文化教学制度的原则性要求多、实践性和可操作性不强，直接影响了红色文化教育的质量和效果。因此，加强大学生红色文化教育，要着重抓好育人的长期发展规划和制度保障机制建设，发挥制度保障机制的引导、敦促和激励作用，使制度保障机制真正成为红色文化育人的重要保障。

高校在校内进行红色文化育人的过程中，离不开决策协调、实施引导、激励保障机制的构建。一是构建决策协调机制。首先高校要明确当代大学生需要什么样的红色文化育人形式以及怎样满足大学生对红色文化精神的需求，这为高校实施育人工作提供了决策依据。社会发展日新月异，学生在学习、工作、生活中的需求也在不断变化，这就需要高校建立对学生实际需求分析的长期跟踪机制，借助与思想政治理论课教师、辅导员的交流，学生干部的沟通，校园信息平台数据的分析，把握大学生的思想动态。高校要建立党委统一领导和各部门之间齐抓共管的育人工作机制，明确各部门、各学院的职责和分工，协调育人资源的分配。二是构建实施引导机制。通过制度体系的制定规范和明确教师、辅导员、党团组织、学生组织在红色文化教育中的责任，督导红色文化的课堂教育、实践教育。引导教师和学生广泛参与红色文化的实践活动，鼓励学生积极参加校园红色文化活动，运用现代传媒技术建立多种红色文化宣传平台，引领校园红色文化蓬勃发展。三是构建激励保障机制。建立健全红色文化教育的激励机制，通过各类活动比赛、人物评比，给与大学生奖金、奖品、奖状证书等物质奖励和精神奖励，激发大学生学习红色文化的精神动力。对红色文化教育队伍中的先进工作者给予表彰，增加教育者的工作成就感。高校红色文化育人工作的顺利开展离不开制度、资金、技术等方面的保障。因此，学校要加大资金投入，修订和完善已有的规章制度，及时更新教学技术设备和校园基础设施，确保高校红色文化育人工作的顺利开展。

在与校外政府部门、科研机构、教育实践基地的合作中，高校要与这些校外资源建立长期稳定的合作协议，双方的合作不能只是一时兴起或者昙花一现，而是要为大学生搭建可靠稳定的教育实践平台，保障红色文化教育实践活动的长期进行。比如高校不仅要在纪念日、节假日与实践基地加强合作，更要在平时的日常教学过程中，有计划、有目的地定期组织教师和学生到实践基地参观学习，把学习活动用制度固定下来，形成学校文化育人的特色工作，避免出现革命纪念馆、革命烈士陵园等场所节日里人来人往，平时门可罗雀现象的出现，充分利用红色文化资源的育人功能，使实践教育基地成为学生常去的第二、第三课堂。

高校将红色文化融入大学生的日常教育中，形成常态化、长期性的教学实践绝非易事，"这需要从政策扶持、经费投入、师资力量、教学条件、文化环境等各方面统筹协调，订立制度和规矩，还要扫除一切主客观障碍和束缚，极大地释放校园红色文化生产力，为长期科学实施红色文化教育提供源源不断的动力。"通过建立红色文化育人长效机制，做到育人常态化，切实把红色文化育人贯穿于大学生学习教育的全过程。

二、增强红色文化育人实效性

习近平指出："思想政治工作从根本上说是做人的工作，必须围绕学生、关照学生、服务学生，不断提高学生思想水平、政治觉悟、道德品质、文化素养，让学生成为德才兼备、全面发展的人才。"提高红色文化育人的实效性，必须把红色文化教育与社会实际相契合，与大学生的思维发展相契合，适应学生思想观念的变化，帮助大学生确立和实现理想目标。要针对大学生成长阶段所面对的具体思想问题，既要通过理论说服教育来解决，也要结合实际问题，通过帮助解决大学生在学习、生活和成长成才等方面的问题，使大学生相信红色文化所蕴含的科学理论、价值理念能够帮助他们解决现实生活中遇到的难题。要尽量引导大学生保持对社会现实的全面、正确的认识，使其能把个人理想和社会需要相统一把个人抱负与追求引向同社会和人民利益需要相结合，把个人理想融入于社会理想之中，用自己的努力奋斗实现自己的人生价值。

（一）理论性与实践性相结合

理论和实践相结合可以解决当前高校红色文化课堂教学中过于重视理论灌输，忽视对学生的启发教育以及教学内容与学生实际生活相脱节的问题。大学生喜欢生动活泼的红色文化教育，迫切要求坚持理论与实践的相结合。许多高校成功的教育实践也证明，红色文化如果不与现实相结合便是空头理论。现在的大学生并不是不喜爱红色文化，也不是不关心理论，只是他们对单调的理论说教不感兴趣。这就要求红色文化教育在注重理论灌输的同时，还要坚持理论与实践的统一，这主要体现在两方面：一是红色文化教育绝不能单就理论讲理论，应从人文历史、社会经济的结合上还原红色文化的本质内涵，引导大学生透过现实生活中看得见、摸得着的红色文化资源，去理解和感受中国革命的历史进程、优良的革命传统和深厚的文化精神，加深大学生对红色文化基本概念的丰富内涵的理解把握。要通过丰富多彩的红色文化实践活动，增加活动地形式、丰富文化的载体，让大学生在潜移默化、耳濡目染中感悟真实、得到启迪、获得成长。二是红色文化育人要正视并正确回答大学生提出的疑问，解决他们的实际问题，理论只有运用于实践，解决问题才是有意义的。当代大学生受多元文化和价值观的影响，教育者在教育过程中听到不同的声音并不奇怪，这是就需要教育者发挥引导作用，在平时善于总结大学生遇到的难点、热点问题，积累经验，在遇到不同看法甚至是错误见解时，能够从容不迫对大学生做出正面、积极的解答，既体现教育者的引导力和影响力，也使得学生在主动交流沟通，思想碰撞中接受主流价值观的洗礼，从而形成共识，产生共鸣。

教育者在阐述红色文化理论时需要把理论与实践相结合，以丰富的史实加强学生对理论的理解，及时回应学生的疑问，解决学生现实生活中遇到的难题。与此同时，红色文化产生于革命实践过程中，本身就是实践的成果。大学生一方面要加强红色文化理论学习，另一方面也要参与到实践活动中来。因此，红色文化育人不能游离于生动丰富的社会生活之外。实践教育基地是实践教学的基本保障，高校要重视红色文化实践教育基地的建设。实践基地拥有大量的体现民族精神和时代精神的红色教育资源，浓缩了革命先进文化和中华民族的理想与追求，高校可以在假期组织学生在实践基地开展夏令营、冬令营等活动，使大学生更加全面系统介绍红色文化教育，让实践教育基地成为学生学习红色文化的第二课堂。"革命教育基地还可开设一些体验式、参与式教育项目，这既是品味老一辈革命者那段'激情燃烧的岁月'的良好载体，又可增加红色资源教育的趣味性和可参与性，扩展红色资源的教育内容，达到寓教于游、寓教于乐、潜移默化地教育目的。"社会实践是课堂教学的重要补充，高校可在寒暑假期间组织学生深入红色文化资源丰富的地区开展调研；组建以红色精神为主题的宣讲小分队赴社区宣讲；开展"三下乡"实践活动，走进基层、走进农村，亲身体验中国社会发展的历史与现实，正确定位自己的社会责任。此外还可以把红色文化学习与学雷锋活动、志愿者活动、主题班会、入党入团仪式等相结合，在实践中学习革命精神，用民族英雄人格魅力鼓舞自己，用中国梦来引导自己自觉树立远大理想，感受体会新时代的中国精神。高校只有将红色文化育人扎根于生动的实践活动中，让大学生在践行红色文化的过程中体悟红色精神，才能进一步提高红色文化育人的效果，使当代大学生继承革命先烈遗志，展现新时代大学生的光彩。

（二）内容性与形式性相结合

高校红色文化课堂教学和实践教学在注重红色文化精神内涵教育的同时，也要注重教学形式和活动形式的丰富性和多样性，这样才能解决高校红色文化育人工作中课堂教学过程枯燥单一，实践活动缺乏吸引力的问题。加强大学生红色文化教育，要始终弘扬马克思主义意识形态主旋律，培育和践行社会主义核心观。红色文化承载着中国共产党领导下的波澜壮阔的革命史、艰苦卓绝的斗争史、可歌可泣的英雄史，是一笔非常宝贵的精神财富。弘扬红色文化，传承革命精神，是高校培育大学生社会主义核心价值观的重要手段。

红色文化教育要有强烈的感染力，在表现形式上要增强"时尚性"，贴近学生，贴近实际。教育者在红色文化课堂教学过程中要改变枯燥说教、教育模式单一的缺陷，除了讲授式教学模式以外，在教学模式上还可采取音像式教学、参与式教学、体验式教学、研究式教学等等，丰富教育手段。课堂多媒体技术已经普及，思想政治理论课教师在讲授革命历史知识时可以"通过利用虚拟技术，融声、光、电、影等现代技术手段为一体，将史实以图片、音频、视频和动画等方式搬回到了讲堂，让学生如同身临其境，视觉和听觉都受到了震撼，对学生的感染和冲击非常强烈。"现代科技技术与传统课堂教学相结合可以寓教于乐，让学生在体验中深刻领会红色精神的真谛，潜移默化中加深对红色精神的理解。现代技术的发展的确可以提高课堂教育的吸引力，但一部分教师只在公开课、教学比赛时才会使用，往往是公开课精彩纷呈，理念先进，模式新颖，日常上课却依然是模式守旧、单调乏味。公开课与常规课的两张皮现象也说明有时并非教育者不懂得提高课堂教学的吸引力，而是不能持之以恒。因此教育者要提高责任意识，不仅要认识到丰富课堂教学形式，提高趣味性、感染力的重要性，还要付之于行动，切实提升教学质量。

教育部 2017 年底颁布的《高校思想政治工作质量提升工程实施纲要》中指出："挖掘革命文化的育人内涵，'实施革命文化教育资源库建设工程'，开展'传承红色基因、担当复兴重任'主题教育活动，组织编排展演一批以革命先驱为原型的舞台剧、以革命精神为主题的歌舞音乐、以革命文化为内涵的网络作品；有效利用重大纪念日契机和重点文化基础设施开展革命文化教育。"因此高校红色文化育人实践活动要以创新、新颖的艺术形式，根植于大众视角，运用大学生喜闻乐见的形式和手法，激发大学生的兴趣，提高红色文化的感染力和吸引力。高校红色文化育人实践活动要打破形式主义的弊端，不能只是走马观花似的参观一遍革命纪念场馆，却毫无感悟，这种应付差事的实践活动不仅未能让学生接受革命精神的熏陶和教育，还会让学生产生反感情绪。红色文化育人的方式有多种多样，只有不断创新形式，教育者认真投入教学环节中，才能取得良好的实践教学效果。实践活动本身能打破课堂教学时空局限，在参观革命纪念馆，去革命教育基地学习的同时，教育者还可以在现场组织演讲、朗诵、重温入党入团誓词仪式教育等多种形式，进一步巩固和加强大学生对红色文化的理解。教育者在实践教学过程中既要陪同学生一起学习，组织一次现场教学，讲解革命故事，分析革命理论，也要留出自由时间让大学生自我组织学习红色精神，发挥学生的主观能动性。在实践结束后，学生可以通过写感悟体会、拍微电影、手绘画、访谈录、照片展等丰富多彩、表现力强的形式反映所学所得，巩固对中国革命精神的领悟。

同时必须要注意的是，增强红色文化形式表现上的"时尚性"并非去刻意迎合大学生的兴趣点，而降低红色文化的权威性，更不是歪曲中国革命的历史，使红色文化"娱乐化"。促进红色文化教育形式的时尚化，不仅要让红色文化研究成为学校和社会的热潮，也能够让弘扬红色文化流行于大学生群体之间，成为一种时尚，使大学生不再认为红色文化已经过时，或是认为红色文化"乡土气息"过重。

（三）历史性和时代性相结合

高校红色文化教育过程中要注重引导学生辩证统一地认识红色文化历史价值和当代价值，解决当前大学生对红色文化当代价值认识不足的问题。同时高校也要认识到当前大学生知识需求以及心理需求的变化，科学合理地采用正确的教学方法，满足新时期大学生实际需求和价值追求。

历史事实当然不容改变，然而对红色文化的解释和认识却应随着时代的发展、理论的进步，不断与时俱进，不能永远停留在某个层次的认识水平上，这就是红色文化的时代性。红色文化产生于20世纪，在不同的历史时期形成了丰富的内涵，呈现出多样的特点。高校在红色文化教育时，要善于从红色文化精神的传承角度出发，使大学生从动态的思维看清红色文化的发展，在红色文化发展的历程中挖掘精神实质。大学生如果以静态、停滞的眼光看待红色文化，就不可避免地局限于只看到红色文化的历史价值，造成对红色文化当代价值认识不足，因而会错误认为红色文化是一种过时的文化，只适用于革命战争年代，不适用于和平年代。对红色文化教育要坚持历史性与时代性相结合，用与时俱进的眼光科学地认识红色文化，引导大学生正确认识红色文化的历史价值内涵和当代价值内涵。红色文化教育要坚持古今结合、相得益彰，高校在运用红色文化育人的过程中，不应把红色文化与其他文化割裂开来。红色文化起源于中华优秀传统文化，同时又是社会主义先进文化的基础，因而在红色文化教育过程中，应当以历史性与时代性的辩证关系看待红色文化，使大学生了解中国特色社会主义文化的三个维度：中华优秀传统文化，革命文化和社会主义先进文化之间的联系，从而有利于大学生更好理解红色文化蕴含的精神价值。

"事实证明大学生对任何红色文化的认识，都不是一次完成的，而是经过多次的探求认知，从肤浅到深刻、片面到全面、从错误到正确，逐渐完成的。"高校教育者在红色文化育人过程中要耐心引导学生回到正确的认知路径上来，深入发掘红色文化中的历史人物故事，同时又紧密联系现代社会，找到红色文化精神在现实生活中的投射，使大学生明白红色精神代代相传，持久不息。要使大学生在红色文化育人过程中，既正确审视中华民族近现代历史所遭受的苦难，又能从革命先烈坚定的理想信念中领悟到只有将革命精神世世代代传承下去，应用于中国特色社会主义的伟大实践之中，才能创造更美好的未来。大学生在接受红色文化教育中，教育者要注重启发式教育，红色文化不是凭空产生的，革命年代特殊的历史环境是红色文化的孕育产生的土壤，随着时代的变化，红色文化的内涵也在变化，不断丰富，大学生要由浅入深、由表及里，由现象到本质地研究和学习，才能发现红色文化的核心精神并不会随着时代而改变。比如艰苦奋斗的作风在不同历史时期的表现形式上的确不同，但其提倡的不奢侈浪费的精神本质未曾发生改变。只有从历史和时代相结合的角度审视红色文化，大学生才能更好理解红色文化的价值内涵，才能产生时代的共鸣。

　　教育者在教育过程在也要认识到当代大学生对红色文化的认识必然要受其所处时代的制约，他们无法切身体会到战争时期物质极度匮乏的艰辛。经济基础决定上层建筑，随着社会经济的发展，大学生的思想观念也会随之改变，呈现更加多元化的特点。"当代大学生大都是在改革开放以后出生、成长的一代，物质充裕，生活条件优越，对于先辈的奋斗历程缺乏切身的感受。"教育者要清楚认清这些变化，在红色文化教育过程中，既要认识到红色文化随着时代的变化被赋予新的内涵，同时也要看到当代大学生思想、心理、行为的变化，要深入分析大学生成长发展新的规律，根据教育对象的特点，融合体现时代特色的教育内容和教育方法，不断满足大学生的实际需求和内在价值追求。

第四章　高校榜样文化育人

第一节　高校榜样文化概述

一、高校榜样文化的相关概念厘定

（一）榜样

榜样作为一个时代的标杆，深深影响着人们的品德养成以及行为实践。榜样指引我们前行，以什么为榜样决定了我们自身是什么模样。2016年起，由中央组织部和中央电视台联合录制的"两优一先""两学一做"系列节目《榜样》一经播出，又一次引起了人们对于榜样问题的深刻思考。究竟什么是榜样？新时代榜样的标准应该是什么？人们在日常生活中已经形成了对榜样的感性、直观的认识，而要想获得对榜样的本质认识，还必须上升至理性层面，对榜样进行学理性的探讨和研究。

首先，从词源的角度看，"榜样"一词最早出自宋代张磁的《俯镜亭》："唤作大圆镜，波纹从此生。何妨云影杂，榜样自天成。"此处是作样子、模样之意。明代的李贽在其《续焚书·李善长》一文中言："其不私亲，以为天下榜样，亦大昭揭明白矣。"这里的"榜样"就有了楷模的意思，是指值得学习的人或事物。这与《现代汉语词典》对"榜样"的释义几近相同，即榜样是指"作为仿效的人或事例（多指好的）"。其次，当前学术界针对榜样的内涵这一问题也进行了许多探讨。例如，彭怀祖、姜朝晖等学者突出强调了榜样的主流价值性，认为榜样一定是被社会主流意识形态认可并倡导的、先进的人或者事，并进一步指明："榜样是在一定历史时期经组织认定，公众舆论认可和公共传媒广泛传播，体现时代精神和人民意愿，代表先进生产力的发展要求，代表先进文化的发展方向，代表最广大人民群众的根本利益，值得公众效仿和学习的先进典型。"张茹粉教授则重点论述了榜样作为一种人格范式，对他人的教育、示范属性，指出："榜样就是人的某一实际的行为实践活动及其活动的成果或行为实践中蕴涵、体现、彰显出来的、对于其他社会成员具有借鉴、激励、警示作用的东西。"此外，还有许多学者侧重于探讨榜样的道德品性，在他们看来，榜样一定是崇高道德品质和先进行为事迹的代名词。张国臣教授认为："所谓榜样，就是指具有崇高的理想和道德境界、高尚的道德品质、做出被人们广泛认可的事迹或业绩、在一定时期内能够被群众学习和模仿，从而对提升人们的素质和道德水平产生重大影响的先进典型。"

综上所述，不难看出学者们各自从不同的方面给予了"榜样"以独到的内涵界定，无论是从意识形态的角度将榜样定义为体现社会主流价值的正能量，还是突出榜样对于他人及社会的示范效应、教育作用，亦或是重点论述榜样自身所具备以及展现出来的崇高道德和优秀行为，其实质都是对"榜样是值得学习的人或事物"这一内涵的延伸解读，都是对榜样之于个体道德提升、社会规范养成的价值的着重强调。由此，结合学术界已有认知，笔者认为榜样就是指那些在一定时期内为社会大众所尊崇、学习和效仿，能够对他人起到示范、教育作用，具备崇高道德品质和先进行为事迹的人或者事。可以从四个方面来对榜样的内涵做进一步的理解：

第一，榜样是特定时代的产物。每个时代都有符合当时社会特定要求、展现当时时代特征的先锋典范。第二，榜样一定是符合社会主流意识形态要求的价值载体。在当下社会主义新时期，就突出体现为榜样对社会主义核心价值观的自觉践行和弘扬。第三，榜样是德行兼备的统一体。于内而言，榜样一定具备崇高的德性，于外则表现为先进的言行。第四，榜样来源于生活，同时又高于生活。榜样扎根于平凡生活的沃土之中，不是凭空捏造的，是真实存在而且可信、可学的；但榜样又是脱颖而出的代表，其品质、行为较之于常人一定是崇高、先进的。榜样所呈现出来的崇高道德品质以及先进的行为事迹，在一定程度上对他人和社会起着示范作用，能够激励人们去学习、效仿和弘扬，因而可以使人们在耳濡目染中不断得到教化，达到提升自我素质，规范社会言行的良好效果。

（二）榜样文化

榜样文化基于一定的榜样而形成，是构成社会主义先进文化的重要部分。在日常生活中，人们常常会受到先进典范的影响和教化。新时期党和政府也愈发重视发挥榜样的育人效应，一直致力于在社会中选树、宣传先进的典范，例如，不忘初心，廉洁奉公，为社会主义事业鞠躬尽瘁的新时代好干部廖俊波；甘于奉献、撑起深山教育希望的支教老师支月英；又或者是为人民脱贫致富，年过七旬仍奋战在基层一线的"太行公仆"吴金印，等等……一大批的先进榜样人物和事迹，其内在蕴含的崇高精神和优秀道德品质，在社会生活中不断地被人们加以宣传、弘扬以及学习、效仿，逐渐汇集壮大，形成了一种浓厚的文化氛围和体系，就称之为榜样文化。然而，我们虽然在不同程度上深受榜样文化的熏陶、影响，但当我们去深究榜样文化的含义、特点等问题，试图构建关于充分发挥榜样文化功用的理论体系时，往往却不得而知。当前，围绕"榜样文化"这一主题的研究，逐渐得到了学术界的重视，越来越多的学者针对"榜样文化"的理论探索，为本文厘清榜样文化的概念，进一步探讨高校榜样文化及其育人功能的实现问题奠定了基础。

首先，学术界最早对榜样文化进行界定的是杨继昭教授，他在阐述榜样巨大作用的基础之上，指出了我们对待榜样文化建设应有的态度，在他看来，榜样文化作为社会价值体系的核心，对于群体素质的提升起着引领、带动的作用，可以促使人们将榜样的崇高道德品质和先进的事迹不断地内化为自己的行为准则，从而不断地提升人们的思想道德素质。其次，到了 2014 年，全国首届"中国共产党榜样文化研究"学术研讨会在浙江召开。这次会议第一次以"榜样文化"为主题，与会 80 多位专家学者共同对榜样文化的基本属性、功能等理论问题进行了研讨，为榜样文化的相关内容研究打下了扎实的理论基础。其中，张耀灿教授着眼文化形态，指出榜样文化包含榜样物质文化、榜样精神文化、榜样制度文化和榜样活动文化，"是在长期社会生活实践中将凡人善事、平民英雄等道德楷模所蕴含的品格、美德作为价值目标来追求、弘扬而形成的一种文化样态"。渠长根等学者着眼于榜样文化的形成过程，认为榜样文化形成于一定国家或者民族的社会发展过程之中,是关于"培树、宣传、运用和研究榜样的各种相关文化要素的综合体,是动态进程和静态结果的统一,是一定历史阶段社会文化的重要组成部分"。

李蕊教授则着眼于榜样文化的作用,将榜样文化看作是推进社会进步和时代发展的精神资源和思想动力。

综上,关于榜样文化的概念,学者们从不同的角度给出了自己的界定,或者侧重于文化形态、或者是榜样文化的形成过程,又或者是榜样文化的外在功用,尚未有统一且固定的说法。总结学者们关于榜样文化的界定,笔者认为:所谓榜样文化,即指以一定的榜样作为传承社会先进价值理念的载体,围绕榜样而形成的有关榜样物质、精神、制度和行为文化的总和。具体来说,是指人们在长期的社会实践过程中,对榜样的先进行为事迹、优秀品德和崇高精神加以总结、宣传、弘扬和学习,而形成的一种能够对他人和社会产生积极影响的先进文化。

(三)高校榜样文化

积极推进高校榜样文化建设,在教书育人过程中充分发掘并运用榜样文化的育人作用,对于强化高校思想政治工作、实现立德树人根本任务大有裨益。所谓高校榜样文化,就是指系统总结高校教育教学和管理实践中树立出来的先进集体或人物的优秀行为、事迹、先进品德和崇高精神,而形成的一种对全体师生具有积极影响和作用的文化。可以从以下两个方面来理解高校榜样文化的涵义:

第一,高校榜样文化是高校加强校园文化建设的一个重要内容,它同其他优秀的校园文化一样,共同作为育人的载体,承担着教化全体师生的重任。徐显明教授说:"任何一所大学,由于她的语言的民族性,她的育人的目的性,她的与知识发生联系的生活方式,她的组成者对至善的追求等因素,决定了其自诞生之日起,就在承担着文化使命。"高校作为文化传承与创新的前沿阵地,以自身优秀的文化赋予了广大师生以特殊的气质和精神风貌。高校文化所具有的包容性、创造性,在一定程度上推动了榜样文化在大学校园内的形成、创新与发展。榜样文化与校园内各种文化相互融通,互相作用,不仅充实了高校文化的内涵,而且拓宽了高校文化育人的载体。高校在开展育人工作中,一向重视运用榜样去引领学生的价值取向、凝聚奋进的力量,从而促进高校育人效果的实现,并由此形成了关于榜样的培育、弘扬、学习和保护等各种思想、宣传、制度体系,打造了具有大学自身特色和魅力的高校榜样文化。

第二，高校榜样文化一定是基于高校自身教育教学管理实践中的榜样而形成的文化。高校需要加强榜样文化建设，需要发掘存在于高校范围内、贴近师生学习、生活日常的榜样人物或先进事迹，继而充分发挥这些榜样的引领、带动作用。潘光林等学者就探讨了以"青春榜样"命名的朋辈榜样在大学生群体中的影响及作用，强调要建设具备高校自身特色的榜样育人校园文化。在校园内凸显、树立出来的榜样，是全体师生精神风貌和良好德行的彰显，这些榜样更加贴近师生的学习和生活实际，其示范、感染、教化作用就越发容易得到实现。高校重视榜样的育人效应，在全校范围内营造出了一种选树、宣传、学习榜样的浓郁的文化氛围。全体师生在这种文化氛围影响之下，不断地加以宣传、弘扬，学习榜样展现出来的崇高道德品质、良好精神风貌以及先进的行为事迹，就构成了高校特有的榜样文化。

二、高校榜样文化的表现形态

分析高校榜样文化的表现形态，实质上是从基本内容、结构层次等方面来对高校榜样文化做进一步的了解。学术界关于文化的形态，按照不同的角度、标准，往往有多种不同的划分，其中较为普遍的一种划分是将广义的文化分为物质、精神、制度和行为四个层面。笔者认同这种对文化的划分方式，在本课题研究中，认为高校榜样文化究其结构层次来看，可以进一步划分为榜样物质文化、榜样精神文化、榜样制度文化以及榜样行为文化这四种表现形态。

（一）高校榜样物质文化

高校榜样物质文化即指在高校范围内以物质的形式反映榜样内在特质、彰显榜样示范、感染、教育、引领价值的一种文化形态。关于"物质"的定义，列宁在《唯物主义和经验批判主义》一文中指出："物质是标志客观实在的哲学范畴，这种客观实在是人通过感觉感知的，它不依赖于我们的感觉而存在，为我们的感觉所复写、摄影、反映。"物质是客观存在的，不为人的意志所转移。因而，高校围绕榜样而形成的物质文化就必然通过一种有形的方式去反映榜样的内在特质，表现为各种可以为人们所看见、感知、接触和认识的物态实体。主要包括那些在榜样的选培、宣传和教育等实践活动过程中衍生出来的各种客观存在物，李辽宁教授强调，榜样在物质层面就包括"榜样人物、榜样人物的活动场所及相关设施、榜样人物使用的器物和工具等"。由此，不难看出，高校榜样物质文化就主要包含有在高校范围内建设的各类相关榜样、英雄的雕塑、纪念碑等；校史馆、纪念馆、文化园等纪念和宣传榜样的教学建筑、实验设备和基础设施等；各类记录榜样人物及其事迹的实物展品，以及以校史、校报等为代表的各种书籍、文献等一切可以作为学校实现育人目标基础保障的物质资源。

（二）高校榜样精神文化

高校榜样精神文化即指以高校所选树和培育的榜样人物所信守的思想意识、价值观念、道德品质、精神特质以及群体心理特征等为主要内容的一种文化形态。高校榜样精神文化作为高校榜样文化的核心，是形成高校其他层面文化的精神动力。精神文化作为精神在文化领域中的表现样态，即指"个人和社会群体的所有精神活动及其成果，是以意识、观念、心理、理论等形态而存在的文化"。由此看来，高校榜样文化在精神层面就突出表现为围绕榜样的思想意识、价值观念、道德品质、精神风貌以及心理特征等形成的精神财富。具体包括：一些记载和传颂榜样人物精神的文学作品，如：民间传说、人物传记、寓言故事、悼念文章、学术报告等；以弘扬榜样人物精神为主题而创作的戏曲、电视、歌曲、新闻报道、学习纪念活动等影视节目；以及针对榜样人物彰显的崇高精神而进行的各种叙述、阐释、评价、赞颂、宣传和学习等精神文化形态。

需要注意的是，我们党和政府一向重视挖掘和宣传榜样人物蕴含的崇高精神和品质，更是将榜样精神文化纳入社会主义精神文明的建设行列之中，在全社会形成了一种崇德向善的精神文化氛围。高校在日常教育教学工作的开展和管理实践中，也十分重视选取恰当且贴近师生学习、生活实际的榜样，去重点挖掘他们背后的精神内涵，不论是历久弥新的雷锋精神、"铁人"精神、焦裕禄精神等，还是新时期所积极倡导的劳模精神、"工匠精神"等精神范式，都在高校日常教学工作的开展过程中，发挥了巨大的教育作用。这些崇高精神和优秀品质，逐步转化成为高校榜样精神文化育人的宝贵财富，又因其贴近师生学习和生活实际的优势，在广大师生间形成了巨大的激励、教育和带动效应，在不断提升师生思想道德素质的同时，更是极大地丰富了高校榜样精神文化的内涵。

（三）高校榜样制度文化

高校榜样制度文化是指高校关于榜样的评选、培育、表彰等相关制度规范而形成的一种文化形态。所谓制度是指有效规范个人行为，协调人与人、人与社会之间关系的规范、准则和章程，以强制性、规范性为其主要特征。高校榜样文化以制度的形式存在，榜样精神文化中所蕴含的思想观念和价值体系转化为了具有普遍约束力和强制执行力的制度规范，日渐成为了引领全体师生的行动指南，在指引、规范师生行为举止和品德素质方面起着不可或缺的保障作用。一方面，高校的榜样制度文化包含了那些能够保障榜样的发掘、选培、宣传、教育和学习等实践活动得以良好开展的各项规章制度在内的一系列规范体系和运行机制，如榜样的选树、培育、评价、奖惩机制等这些具体的规章制度。另一方面，高校榜样制度文化又包含着高校全体师生在学习生活中，对存在于自己身边的模范之人、先进之事所形成的一些约定俗成的日常习惯、行为规范、价值倾向或者文化传统等，诸如围绕榜样定期开展的表彰大会；各类创先争优制度；"三好学生"、道德模范的评选表彰制度；学习榜样的纪念日；为表彰、帮扶榜样而制定的各项举措等，这些都是高校榜样文化融于制度体系之中的具体体现。邓小平同志曾说："制度好可以使坏人无法任意横行，制度不好可以使好人无法充分做好事，甚至会走向反面。"高校榜样制度文化在规范个人行为，调节人际关系，保障全体师生的凝聚力方面都助益颇多。高校加强和完善榜样制度的相关建设，为宣传、弘扬和学习榜样建立起坚实的制度堡垒，必将使榜样文化的示范、教育和带动价值得到最大程度的发挥，收获最明显的育人效果。

（四）高校榜样行为文化

高校榜样行为文化就是指围绕榜样人物的模范行为和先进事迹而形成的一种文化形态。高校榜样行为文化是高校榜样文化的载体以及外在表现形式，作为沟通榜样人物与普通师生间关系的纽带，它通过直观地向大众展示榜样在日常生活中的所作所为，间接地体现了榜样内在的价值观念取向以及崇高的精神品质。前苏联著名教育家苏霍姆林斯基在《青年一代的道德理想》中曾说："一个人在努力向模范人物学习，作出高尚行为的时候，也对自己从情感和道德上作出了深刻的评价。"人人学习、践行榜样，最先映入眼帘的都是这些榜样的一举一动，然后才能由表及里，通过学习、模仿榜样的言行举止，才能进一步感染榜样的崇高精神品质，不断提升自己的品德素质和道德修养。榜样人物可以使一定群体内的价值观人格化，榜样作为优秀的范本、先进的表率，他们的行为常常会被校园内全体师生作为仿效的行为规范。首先，高校榜样行为文化就呈现为一系列受"学榜样、做榜样"的观念、榜样相关行为规范支配而表现出来的外在举止及行为。校园内个体在学习、践行榜样过程中，逐渐形成和建立了一套固定的行为习惯、行为模式、行为准则及规范。其次，高校榜样行为文化还突出体现在各类围绕榜样而开展的实践活动当中，诸如榜样的道德实践活动；不同部门和各级组织发掘、选树、培育以及宣传榜样的活动；全体师生学习、弘扬榜样精神的各类活动，等等。榜样的先进行为事迹在不同的实践活动中得到彰显的同时，又不断地发挥着其独特的示范作用，起到了规范广大师生乃至学校各管理人员言行的良好效果，对于深化且落实榜样精神文化的育人效力同样大有裨益。

三、高校榜样文化的基本特点

高校榜样文化以榜样为核心，借由榜样所具有的育人效力，向广大师生传递榜样精神，提出榜样要求，不断地达到化育师生的教育目的。在此基础上而形成的榜样文化，必然具有以下几个基本特点。

（一）先进性

榜样文化最本质的特点即为先进性。我们通常讲先进就包含有先行、超前、优秀、先锋之意。所谓高校榜样文化的先进性，即是指高校榜样文化能够顺应时代发展要求，体现时代崇高精神，代表社会主流价值取向，传递真善美价值的特性。张耀灿教授指出，可以称之为榜样的人必然具备先进的特征，"榜样文化所反映的楷模无不代表了先进生产力的发展要求，代表了广大人民群众的根本利益，代表了先进文化的前进方向"。高校选取来化育师生的榜样，无论是身处战火纷飞的年代，不惧危险，英勇就义的刘胡兰；还是在社会主义建设时期，乐于奉献，一心为人民服务的雷锋；亦或是当前社会主义新时期，48年光阴荏苒，但仍旧坚守信仰，为民披荆斩棘的"新时代好干部的样板"廖俊波同志；心系家国，鞠躬尽瘁，将个人命运、尊严同祖国利益紧密相连，深刻践行社会主义核心价值观的优秀知识分子黄大年……又或者是校园里选树出来的，一个个彰显师德、化育万千学子的教师榜样，一个个德行兼备的"三好学生""道德标兵"，等等……他们无不拥有优秀的能力素质，高尚的道德情操，时时刻刻践行着社会主义核心价值观的深刻要求，成为了当前社会主流意识形态的鲜活缩影，体现出先进的特性，并能够以其自身的崇高道德品质、感人行为事迹、先进思想观念，不断地去感染、教化众人，引领更多的人成为优秀，走向先进。

（二）教育性

高校榜样文化的教育性是指高校建设榜样文化的价值旨归就在于教人、育人，立足于学生德智体美全方面发展，运用榜样文化有计划、有目的、有组织的对受教育者的成长与发展进行教化、培育，通过传递先进的知识理念，塑造积极的思想观念，规范学生的一言一行，提升学生的能力素质与品德修养，以实现立德树人的教育使命，促进个体身心全面发展的教育特性。高校育人的根本属性和功能，决定了高校榜样文化的教育性。高校榜样文化是基于高校这一特定环境而生成的一种文化现象，是校园文化的创新和发展，肩负着教育人、培养人的重要使命，因而其教育性特征尤为显著。高校榜样文化不仅代表着社会主流价值取向的基本要求，而且融合了学校教育管理的育人目标，在校园这个特定范围内，其教育特征就体现在它作用于校园内的每一个个体，可以在无形中将社会主义核心价值观的基本要求和学校的教育目标渗透至课堂教学、管理工作、日常生活等各个环节，创造出一种崇德向善、积极进取的文化氛围，使每一个个体在潜移默化中受到感染和教育，在传播先进知识理念，涵养崇高道德品质，规范个体言行的同时，不断地促进学生成长成才。正是在这个意义上，高校建设和发展榜样文化，可以为学校范围内个体的思想和行为提供一定的价值导向，从而产生巨大的感召力、吸引力和凝聚力，实现教书育人的根本使命。

（三）实践性

高校榜样文化具有实践性的特征，就是指其不是随意捏造的，它来源于高校的教育教学和管理实践过程中，在广大师生和教学管理人员的具体实践过程中形成、发展，并最终指导着学校教学和管理工作的开展和落实。高校榜样文化的实践性可以从以下两方面进行理解：

第一，高校榜样文化的实践性主要体现在榜样人物及其事迹的实践特征上。榜样是在不断参与实践的过程中磨练出来的，"生活是榜样的温床，实践活动是榜样实现价值的主要方法"。榜样文化的核心是榜样，每一个真正称得上榜样的典型，都是一步一步、脚踏实地做出来的，许多榜样的感人或者先进行为事迹都是靠着艰苦奋斗乃至以生命为代价才得以实现的。榜样是先进思想、崇高道德和主流价值观念的人格化、具体化和现实化，高校在建设榜样文化、充分运用榜样文化发挥育人效力的过程中，必须借助一定载体和媒介，通过榜样的具体实践，去引导价值观的养成和践行，去感染、激励更多的师生，不断促进其高尚人格和良好言行的实现。第二，高校榜样文化的实践性还体现在学校组织开展的各种培育、践行榜样的实践活动中。学校运用榜样文化开展教育，是依靠各种教育实践活动来实现教书育人的目的的。教职人员通过各种组织、培育、奖评榜样的实践活动，营造出浓厚的榜样文化氛围，不断宣传、弘扬着榜样的先进思想、崇高品质和感人事迹；广大受教育者通过参与各类教育教学以及学习、践行榜样的实践活动，逐渐将榜样的崇高精神和优良品质内化于心、外化于行。有言道"实践出真知"，无论是榜样自身的成长经历，亦或是我们学习榜样的过程，点点滴滴都离不开实践的作用。

第二节　高校榜样文化的育人功能

高校榜样文化的育人功能，就突出表现在高校加强榜样文化的建设，能够营造出一种浓厚的学习、文化氛围，再借由相关的物质与人文环境、教育实践活动等因素，不断地发挥榜样的作用，去感染、激励、规范、引领、塑造每一个个体，最终实现培养人、教育人的根本价值追求，为社会培育更多德才兼备的高素质人才。高校构建优秀的榜样文化，能够将大学自身的精神理念以及社会主义核心价值观的要求都融入其中，在引领价值取向、彰显榜样力量、涵养优秀品质、激励受众行为、约束个体言行等方面发挥独特的育人功能，对于社会主义核心价值观的弘扬、对于高校思想政治教育工作的有效开展、对于全面发展人才的培养都助益良多。由此看来，在厘清高校榜样文化相关知识的基础上，充分挖掘高校榜样文化育人的思想资源，着重分析高校榜样文化的育人功能，就显得十分必要。

一、高校榜样文化育人功能的思想探源

榜样文化育人的思想并不是凭空产生的，它在人类社会历史发展的进程中深根发芽，在人们认识、树立、宣传、弘扬以及运用榜样的实践沃土之中不断丰富并得以完善。为此，本章将立足中国传统儒家德育思想，从马克思、恩格斯、列宁以及中国共产党人关于榜样的思想出发，挖掘有关榜样的思想内容，丰富高校榜样文化育人的理论，为高校充分发挥榜样文化的育人功能提供更多的思想资源和经验借鉴。

（一）中国传统德育文化中关于榜样的思想

中国传统文化作为中华民族宝贵的精神财富，蕴含着许多关于榜样的思想，是当前榜样文化建设以及研究高校榜样文化育人极其珍贵的思想资源。中国传统文化中关于榜样的思想，主要体现在以下方面：

第一，十分强调榜样的身教示范。传统文化中关于榜样的思想通常是与道德教育紧密联系在一起的，榜样拥有着崇高的道德品质，承载着当时社会要求的主流价值观念，展示了真、善、美的客观标准，在对广大受众进行道德教育，引导人们不断提升自我品德修养的过程中，具有良好的示范、教化价值，因而受到了古代仁人志士乃至诸多明君的广泛重视。古代的仁君、明主为了教化民众，规范人们的言行，通过制定用人、择才的标准，招贤纳士，实际上就是试图向人们树立一种榜样，借此去宣扬其所要求的价值理念来指引当时的广大民众，进而达到推行自己德政的目的。

"中国传统社会非常重视以'言传身教'来进行道德教育，而榜样的出现就是作为一种具有价值指向和精神导引意义的客观实体，是可亲、可敬、可信的榜样形象，更是可触、可感、可学的榜样范式。"无论是儒家学者所追求的"圣人""君子"，还是道家学派尊崇的"神仙""真人"，亦或是墨家学者口中的"贤人"……

这些圣贤、先哲，作为一种理想目标，成为了当时社会特定价值观念和理想人格的鲜明导向，向人们揭示了真、善、美的客观标准，发挥着重要的示范、引领作用。孔子讲正己以正人，他曾劝戒统治者："其身正，不令而行；其身不正，虽令不从"，"政者，正也。子帅以正，孰敢不正？"荀子讲上行下效，所谓："上好礼仪，尚贤使能，无贪利之心，则下亦将篡辞让，致忠信，而谨于臣子矣。"在他看来君主自身德行端正，才能使民众信服，受到感召，才能进一步实现统领人们的目标。老子也言圣人当"处无为之事，行不言之教"，这就是看到了榜样之于大众的示范价值，意在说明榜样要严于律己，切实发挥自身的示范作用，用自己的一言一行去影响、教化人们。此外，一代明君唐太宗就十分注重榜样的身教示范效用，在谈及魏征对自己的影响时就曾言："以铜为镜，可以正衣冠；以古为镜，可以知兴替；以人为镜，可以明得失。"

第二，关于如何成为榜样的论述。中国传统文化中包含许多关于如何成为圣贤之人，即榜样的论述，这是古代君主施行德政，开展道德教化的关键之所在。也就是说，通过向大众树立一定标准的榜样，借由榜样的示范作用，来对人们产生影响，进行教育，不断提升人们的品德素质和思想修养。树立榜样是前提，发挥榜样的示范作用，引领更多的人践行并成为榜样才是重中之重。关于如何成为榜样，一是要朝榜样看齐，向榜样学习；二就是要严以修身，所谓内自省，修己身。孔子言："三人行，必有我师焉。择其善者而从之，其不善者而改之。"又言："见贤思齐焉，见不贤而内自省也。"这就是要求人们要善于发现生活中的榜样，向榜样看齐，学习榜样的良好德行和崇高品质，并且逐渐地矫正、规范自己的一言一行。当然，在向榜样看齐的同时，还要求人们要自己做成榜样，即时刻以榜样的标准要求自己，不断地修炼己身，提升自己的品德修养。孔子教育自己的学生，多次提及并极力倡导尧、舜、禹的高尚德行，孟子讲"人皆可以为尧、舜"，荀子讲"涂之人可以为禹"，榜样为人们指明了行动的方向，每个人都有成为榜样的机会，只有不断地学习、修炼自我，才能达到齐家、治国、平天下的目的，才能实现"修己以敬""修己以安人""修己以安百姓"的追求，成为真正的圣贤、哲人。

中国传统文化中蕴含着丰富的榜样思想，对于当前高校充分挖掘和发挥榜样文化的育人功能具有重要的启示：首先，要重视榜样对正确价值观念养成的重要作用。无论任何时代、任何社会，榜样都代表了当时社会主流的价值取向，对于引导大众养成正确的、符合社会主流意识形态要求的价值观意义重大。当前我们所宣传和弘扬的榜样，无一不是社会主流意识形态的鲜活缩影，体现着社会主流价值的客观要求，是社会主义核心价值观的现实呈现和人格展示。高校作为国家培养人才的主阵地，正确认识并能充分发挥榜样在价值引导等方面的育人功能，对于广大受教育者社会主义核心价值观的培育和践行都将助益颇多。其次，高校在运用榜样文化开展育人工作的过程中，要重视发挥榜样的示范作用。榜样作为广大师生走向优秀、成为先进的优良表率，少说、多做，身教示范，以自己良好的德行为广大师生树立典范，能够使受教育者在潜移默化中受到感化和教育，接受并身体力行正确的思想道德观念，以此达到"不教而教"、无为自化的目的，为社会主义事业的建设和发展培养出更多道德高尚，全面发展的人才。再者，高校运用榜样文化育人，也要注重发挥受教育者的主观能动性。受教育者的成长、发展必然少不了各种内在和外在因素的影响、制约，即个人品性的养成是"内化"和"外化"辩证统一的结果。个体从学榜样到做榜样的过程，必然少不了自身的不断磨砺与修养，通过学习、效仿榜样的优秀言行，不断地内化、涵养自身的道德，并以崇高的道德标准和先进的行为表现来严格要求自己，自我提升，自我养成，这样才能早日成为榜样中的一员。

（二）马克思、恩格斯、列宁关于榜样的思想

马克思主义并没有直接关于榜样文化的论述，但在大量相关著作中我们仍旧可以发现许多关于榜样的思想。马克思、恩格斯、列宁等革命导师在领导无产阶级进行革命和建设的过程中，立足于唯物史观的立场，总结理论创作和实践工作中的经验教训，形成了许多关于榜样的思想，为我们当前榜样文化的理论研究和创新提供了可靠的理论基石以及科学的经验借鉴。

马克思主义关于人的本质和发展的相关论述，回答了榜样产生的基础以及榜样作为一个什么样的"人"的问题，奠定了当前高校榜样文化育人相关研究的理论基础，为高校榜样文化育人的实践指明了方向。马克思指出："人的本质不是单个人所固有的抽象物，在其现实性上，它是一切社会关系的总和。"这也就从

本质上说明榜样是现实的人，是基于一定的社会历史条件、从广大人民群众中脱颖而出的，我们选树、宣传榜样一定要真实可信、贴近现实，切忌一昧推崇高、大、全的形象，而忽略榜样产生的群众基础。恩格斯说："每一个社会时代都需要有自己的伟大人物，如果没有这样的人物，它就要把他们创造出来。""18世纪伟大的思想家们，也同他们的一切先驱者一样，没有能超出他们自己的时代使他们受到的限制。"在马克思和恩格斯看来，时势造英雄，伟大的人物是由特定的时代造就的，任何一个伟大人物的产生都离不开特定的社会环境、历史条件以及现实的需要，离不开广大人民群众的社会实践活动。与此同时，马克思和恩格斯充分肯定了无产阶级领袖的榜样示范价值，着重强调了共产党人在带领人们进行无产阶级解放斗争中所起的先锋带头作用，指出："在无产阶级和资产阶级的斗争所经历的各个发展阶段上，共产党人始终代表整个运动的利益。……在理论方面，他们胜过其余无产阶级群众的地方，在于他们了解无产阶级运动的条件、进程和一般结果。"

列宁作为马克思主义理论忠实的继承者和实践者，在领导广大无产阶级进行社会主义革命和建设的过程中，不断丰富并发展了马克思主义关于榜样的相关思想，对于榜样的力量、共产党榜样教育的相关内容都做了大量精辟的论述。首先，列宁对榜样的价值给予了充分的肯定，他意识到了榜样之于俄国社会主义革命和建设的重大价值，指出："在无产阶级夺取政权后，榜样的力量第一次有可能产生广大影响，应该成为而且一定会成为辅导者、教师和促进者。"列宁曾不止一次谈及榜样的巨大力量，透过《怎样组织竞赛》《关于生产宣传的提纲》《伟大的创举》等众多文章，我们仍旧能够探寻到其关于榜样引领、典型示范的相关思想。此外，列宁还特别强调了共产党人重视榜样价值、发挥先锋作用、进行榜样教育的重要性，指出："只有工人阶级的政党，即共产党，才能团结、教育和组织无产阶级和全体劳动群众的先锋队，而只有这个先锋队才能抵制这些群众中不可避免的小资产阶级动摇性，抵制无产阶级中不可避免的种种行业狭隘性或行业偏见的传统和恶习的复发，并领导全体无产阶级的一切联合行动，也就是说在政治上领导无产阶级，并通过无产阶级领导全体劳动群众。"在他看来，共产党人承担着引领广大人民去建设并且发展社会主义的重要使命，他们身上所具备的先锋性质是其他所有阶级都无法比拟的。能否更加积极地发挥共产党人的模范带头作用，对于坚定人们对建设社会主义国家的信念、进行社会主义革命和建设，对于指引人们的劳动生产与实践，都发挥着不可磨灭的积极作用。

（三）中国共产党人关于榜样的思想

我们党和国家的领导人一向重视运用并发挥榜样的教育和影响作用，在中国化的马克思主义理论体系之中，紧扣选树、宣传、弘扬和学习榜样这一主题，形成了自己特有的榜样文化思想。在社会主义革命、建设和改革的长期过程中，开展了形式多样的学习和践行榜样相关实践活动，培养了一批又一批的先进典范。无论是战争年代舍生忘死的李大钊、方志敏以及黄继光、董存瑞等英雄人物；还是社会主义建设时期的雷锋、王进喜等在自己普通岗位上无私奉献的模范标兵；或者是改革开放后作为领导干部的楷模以及广大人民公仆的焦裕禄，作为时代先锋，成为我们学习路上好榜样的孔繁森；又或者是在社会主义现代化建设事业蓬勃发展的今天，存在于各个领域、各个行业当中的先进典范，像是优秀党员干部廖俊波，"知识分子的榜样"李保国、"白衣圣人"吴登云、"中国航空发动机之父"吴大观，等等……这些榜样具备优秀的道德品质和良好的行为习惯，不断地用自己的行动实践着社会发展的客观要求，都是值得我们全体人民去热烈尊崇、努力效仿和积极学习的先进典范。

1. 毛泽东关于榜样的相关思想

毛泽东同志十分重视榜样力量的发挥，在参加全国战斗英雄和劳动模范代表会议时，曾盛赞那些英雄、楷模"是全中华民族的模范人物，是推动各方面人民事业胜利前进的骨干，是人民政府的可靠支柱和人民政府联系广大群众的桥梁"。在他看来，榜样的思想和行为是引导大众言行、鼓舞人民斗志、服务社会主义事业的鲜明旗帜和标杆，曾亲自向全国人民树立了像张思德、雷锋、焦裕禄、王进喜这样的榜样人物，无论是为张思德同志亲笔题词"为人民服务"，亦或是对全国人民发出"向雷锋同志学习"的号召，都在引导人们进行社会主义事业的建设和发展中发挥了榜样人物所特有的引领和激励作用。与此同时，毛泽东同志又十分注重共产党员自身先锋模范价值的培养及发挥，曾花大篇幅论述了共产党员在民族战争中的先锋模范作用，指出："共产党员应在民族战争中表现其高度的积极性；而这种积极性，应使之具体地表现于各方面，即应在各方面起先锋的模范的作用。"无论是在军队中、在和友军发生关系时、在政府工作中、在民众运动中……在他看来，要成为一名合格的共产党员，一定要能在群众当中起带头作用，"应是实事求是的模范，又是具有远见卓识的模范"，要努力"成为坚决勇敢、刻苦耐劳、急公好义、礼义廉耻的模范"。

2. 中国特色社会主义理论体系关于榜样的思想

十一届三中全会以来，面对世情、国情、党情的深刻变化，历届领导人都结合自身所处时代的特点和现实要求，将榜样力量运用于社会主义事业建设和发展之中，形成了许多关于榜样文化的思想。我们国家社会主义改革开放和现代化建设的总设计师邓小平同样十分重视发挥榜样的作用，指出："宣传好的典型时，一定要讲清楚他们是在什么条件下，怎样根据自己的情况搞起来的，不能把他们说得什么都好，什么问题都解决了，更不能要求别人生搬硬套。"他强调一定要结合时代的变化和需求选树恰当的榜样，这些榜样不仅要在思想方面，更要在实践方面都能对社会主义物质和精神文明的建设起到先锋带头的作用，要发挥榜样的示范、带动效应，从而引导大家自觉遵守并维护党的各项方针、政策和路线，不断投身于现代化建设的进程当中。除此之外，邓小平同志同样着重强调了我们党以及每一位共产党员自身的模范表率作用，指出："党是整个社会的表率，党的各级领导同志又是全党的表率。"在他看来，每一位共产党员都应该以身作则，尤其是各级领导干部作为群众在劳动和实践中的带头人，更应该发挥标杆、旗帜的作用，因而他一再强调："领导干部，特别是高级干部以身作则非常重要，群众对干部总是要听其言，观其行的。"

江泽民同志同样极其关注先锋模范的道德榜样作用，曾高度赞扬那些在自己平凡的岗位上兢兢业业，为社会主义物质和精神文明建设而努力工作的先锋人物是"全国劳动模范和先进工作者，是亿万劳动群众的杰出代表"，在他看来，"学习先进模范人物的活动，是社会主义精神文明建设的重要组成部分，要贯穿于我国现代化建设的全部进程"，广大人民群众都应该把先进模范人物当作自己的榜样，去努力学习、效仿他们的言行，提升自己的精神品质，努力为社会主义事业贡献自己的力量。以胡锦涛同志为代表的领导集体在继承前人的基础上，同样多次强调并肯定了榜样之于人们自身成长以及社会事业发展的重要意义。胡锦涛同志强调："新中国成立以来，我国不同时期涌现出来的千千万万先进模范人物，为国家发展、民族振兴、人民幸福建立了卓越功勋。他们不仅创造了巨大的物质财富，而且创造了巨大的精神财富。"这些劳动模范和先进工作者都是"民族的精英、国家的栋梁、社会的中坚、人民的楷模"，因此，他极力主张要不遗余力的弘扬劳模精神，广大人民群众都要"尊重劳模、关心劳模、学习劳模"，将他们的崇高精神和优良工作作风都贯彻落实到自己的一言一行之中，努力为全面建设小康社会贡献自己的力量。

以习近平同志为核心的党中央治国理政有一个鲜明的特点，就是从我做起的表率精神。常言道："教者，效也，上为之，下效之。"习近平同志高度重视榜样价值的发挥，他极力主张发挥劳模精神，充分肯定了劳动模范的作用，指出："长期以来，广大劳模以平凡的劳动创造了不平凡的业绩，铸就了'爱岗敬业、争创一流，艰苦奋斗、勇于创新，淡泊名利、甘于奉献'的劳模精神，丰富了民族精神和时代精神的内涵，是我们极为宝贵的精神财富。"在出席第五届全国道德模范座谈会时，针对榜样的重要性以及如何学习、宣传榜样作了强调："道德模范是道德实践的榜样。要深入开展宣传学习活动，创新形式、注重实效，把道德模范的榜样力量转化为亿万群众的生动实践，在全社会形成崇德向善、见贤思齐、德行天下的浓厚氛围。"在他看来，榜样作为先进典型，代表着社会的主流价值取向，在人们和社会中间起着广泛的示范和引领作用，"抓什么样的典型，就能体现什么样的导向，就会收到什么样的效果"，"要大力弘扬和宣传先进典型，充分发挥其示范引导作用"。与此同时，习近平同志从未放松过对广大党员干部的要求，认为中央和国家机关各级党组织和广大党员干部应该在三个方面做到表率："在深入学习贯彻新时代中国特色社会主义思想上作表率，在始终同党中央保持高度一致上作表率，在坚决贯彻落实党中央各项决策部署上作表率。"

二、高校榜样文化育人功能的主要内容

高校榜样文化的育人功能是高校榜样文化对受教育者成长与发展所能发挥的积极、有利的作用和影响，具体是指高校通过建设榜样文化，形成浓厚的榜样文

化环境和氛围，能够使置身其中的广大师生受到榜样的引领与感召，耳濡目染中不断提升自己的道德品质，优化自己的一言一行，从而形成符合时代发展要求的价值观、人生观的教育人、感化人的功能。习近平总书记在全国高校思想政治工作会议上着重强调："要更加注重以文化人以文育人，广泛开展文明校园创建，开展形式多样、健康向上、格调高雅的校园文化活动。"高等学校作为培养人才的主要阵地，承担着传承和创新优秀文化的重要责任，理应充分挖掘文化育人的相关资源，以文化育人作为教育教学的重要抓手，不断推动思想政治工作实现创新发展，培育德才兼备、全面发展的人才。榜样文化作为当前社会文化中愈发受到关注的一种文化形态，运用于高校能够发挥其独特的育人功能，主要体现在引领价值取向、彰显榜样力量、涵养优秀品质、推动受众行为以及约束个体言行等方面。

（一）引领价值取向的导向功能

高校榜样文化具有引领价值取向的导向功能。高校榜样文化彰显着社会主流的思想观念、价值观点和道德规范，可以提高人们对社会主义核心价值观的理解和认同，能够引导广大师生朝着正确的方向努力，树立起正确的世界观、价值观和人生观。按马克思主义所讲，人是一切社会关系的总和，社会性是人的本质属性。每个人总是处于一定群体之中，受到该群体的共同价值以及特定文化的熏陶。在高校范围内，榜样文化发挥了独特的育人功用，它通过宣传和弘扬那些模范人物和先进事迹，向广大师生传达着社会主义核心价值观的现实要求，彰显着人们对真、善、美的崇高追求，为大家的工作、学习以及生活指明了努力的方向，为大家的成长与发展提供了参考的标准。众所周知，方向是关乎未来发展蓝图的重大问题，只有在正确方向的引领下，广大师生才能心往一处想、劲往一处使，共同助力于实现高校立德树人的教育任务，为社会培养出更多高素质的人才。当前社会中文化多元化发展带来价值观念的多元存在，大学生思维活跃，猎奇心强，极易受到多元价值观念的冲击和影响，高校建设榜样文化，运用榜样文化开展育人工作，能够凝聚更多的社会正能量，发挥榜样的正面引导作用，指引全体师生摒弃各种错误思想和观念，形成与社会主流意识形态相一致的先进价值观念和人生理想，从而推动校园知荣辱、明是非的良好风尚以及社会先进价值导向的形成。

（二）彰显榜样力量的示范功能

高校榜样文化具有示范功能，向个体彰显着榜样的力量。榜样作为先进典型，代表着社会的主流价值取向，在人们和社会中间起着广泛的示范作用。高校通过榜样文化，经由一系列选树并宣传先进典型、模范的教育和实践活动，将榜样的先进价值理念、崇高精神品质、先进行为表现都呈现了出来，以一种"参照物"的形式，向广大受众传达着榜样的要求，潜移默化中影响并教育着每一个人，促使他们不断改进自我，提高自身的思想认识和道德水平。习近平总书记强调："要大力弘扬和宣传先进典型，充分发挥其示范引导作用。"我们党曾在革命、建设和改革的不同历史时期，树立了像刘胡兰、雷锋、焦裕禄、孔繁森这样的先进典型，通过他们的言传身教来对广大人民群众进行示范、宣传教育，在引领社会风尚、塑造个体人格方面都起到了重大作用。常言道："以人为镜，可以正衣冠。"每一位榜样都是一面映照着崇高精神、良好言行、先进事迹等各种优秀特质的镜子，它向我们示范着优秀的人应该是何种模样，勾勒出一幅崇高而有价值的未来人生图景，指引着我们不断地去效仿先进，成为优秀。在高校，榜样文化发挥了其特有的示范功能，无论是存在于日常学习、生活中的每一位在教职岗位上兢兢业业工作的"先进教师"，品学兼优的"三好学生"，还是社会生活中选树出来的各种先锋人物，例如"感动中国"评选出来的各种先进典范，他们都身体力行的向每一位受教育者做了优秀的人生示范，启示着大家该学习什么、该成为何种模样，以及什么该做什么又不该做，彰显着当前社会的崇高精神、道德规范以及先进价值追求，在高校的教育教学和管理以及学生的学习和生活中起到了巨大的示范、引领作用。

（三）涵养优秀品质的熏陶功能

高校榜样文化具有熏陶功能，涵养着个体的优秀品质。高校榜样文化作为社会先进文化的一个重要组成部分，它同众多优秀的文化一样，为全校师生及所有教职工作人员，打造出了一个浓郁的榜样文化"场"，营造出一种崇德向善的良好氛围，不断地感染着大家的习性，熏陶着大家的品行，提升了大家的思想认识水平，涵养了大家优秀的道德品质。"熏陶"在现代汉语词典中的释义为："长期接触的人或事物对人的生活习惯、思想行为、品行学问等逐渐产生某种影响（多指好的）。"高校榜样文化所反映的精神、事迹、行为等，都是社会正能量以及美好事物的具体展现，是真、善、美这些崇高价值理念以及社会主义核心价值观在校园学习、生活中的现实呈现，广大师生每天在学校参与关于榜样的课堂教学以及实践活动，耳濡目染身边先进模范的一言一行，又从关于榜样的雕塑、展览中感受榜样的精神品质，久而久之，便会被榜样先进的思想、优秀的品行和习惯等品质所感染而渐趋优秀，不断实现提升自己思想道德素质的目的。俗话讲"近朱者赤，近墨者黑"，高校榜样文化为全校师生都提供了一个良好的成长环境，每一个人身处这种环境氛围之下，无一不被榜样的崇高精神以及优秀道德品质所打动、所感染，长期以往，自身的思想道德素质也不断地得到了提升。

（四）推动受众行为的激励功能

高校榜样文化具有推动受众行为的激励功能。高校榜样文化具有强大的精神感染和行为激发力量，能够激发个体学习及工作的内在动力，促使广大师生去积极行动，不断地赶超先进，有所作为。众所周知，激励就是通过满足人们切实的精神需要，去提高个体学习及工作的热情，使其在心理上形成一种乐观积极的思想情感和态度体验，进而去引导他们的行为，推动他们的进步。高校榜样文化具有推动个体行为的激励功能，就主要体现在以下两个方面：

第一，榜样精神与事迹的激励。高校榜样文化能发挥激励的功能，主要是因为一个个榜样人物内在的精神品质以及优秀言行等先进的特质，能够激发个体去做出模仿榜样、改进自身、超越优秀等行为。高校在进行榜样教育的过程中，选树了一大批先进的模范人物，无论是历史上一个个受尊崇的伟大人物，还是当前社会生活中被人们广为称颂的先进典范，亦或是存在于广大师生身边的优秀教师、学生标兵，他们都是在面对挫折时，能够做到不畏艰难，勇往直前、顽强拼搏的优秀代表。他们在为个人进步以及社会发展作出努力的过程中展现出来的光辉事迹以及崇高精神，能够引起广大受众强烈的情感共鸣以及价值认同，继而促使更多的师生将其作为自己的行为动力，推动自身不断的向前进步与发展。第二，先进榜样制度的激励。高校建立了一系列关于榜样的制度体系，以奖惩的方式用以维护榜样文化的育人功能。当受教育者在看到对榜样的各种实质性的奖励，诸如给予榜样奖金、荣誉等物质奖励之后，往往更能激发他们的行为动机，调动出更多的积极性、创造性，去促使自己以这些榜样为目标，朝着成为先进、得到肯定的方向不断努力。"人的行为受动机直接支配，而动机的形成受到人的内在需要和外部刺激的制约。"切实的利益满足了个体的内在需要，激发了广大师生的行为动机，进而激励着他们不断地向着榜样靠拢，以榜样的力量砥砺前行。

（五）约束个体言行的规范功能

高校榜样文化具有规范功能，起着约束个体言行的育人作用。高校榜样文化为广大师生的行为方式提供了一种内在的价值尺度和行动准则，其规范功能主要体现在对个体的道德约束以及行为约束方面。高校通过发挥榜样的育人作用，建设并形成自己特有的榜样文化，良好的颂榜样、学榜样、做榜样的文化氛围，能够在无形中对校园内广大师生产生某种约束和规范的效力，促使他们感知、认同并最终接受榜样文化所倡导的价值理念、道德追求和行为规范，并逐渐将其内化为自我的思想意识和行动主张，自觉按照学校以及整个社会的要求去提升自己的思想道德素质，规范自己的一言一行。高校通过榜样文化去约束和规范个体的言行，是学校长期以来在学习、践行榜样的过程中形成的榜样制度文化、精神文化、行为文化共同作用的结果。健全的规章制度以及在此基础上形成榜样制度文化是规范个体行为的外力，校园中广受推崇的榜样精神、学做榜样的良好风气、先进的价值理念以及确立的道德规范则是个体行为的内力，而各种践行榜样的教育、实践活动，以及围绕榜样的行为表现而形成的榜样行为文化则架起了榜样与普通受众之间"示范－模仿"的桥梁，通过向广大师生展现榜样在日常生活及学习工作中的行为举止，促使他们不断地去以榜样为标准，展开模仿，不断地改进、规范和完善着自己的一言一行。

三、强化高校榜样文化育人功能的重要意义

（一）助力社会主义核心价值观的践行

榜样文化是构成社会主义先进文化的重要部分，在促进社会主义核心价值观的弘扬方面具有至关重要的作用。高校强化榜样文化的育人功能，对于在大学校

园内传播社会正能量、引领个体价值取向，从而推动高校社会主义核心价值观的培育及践行意义十分重大。文化是滋养特定价值观的"温床"，任何一种文化都彰显着某种特定的核心价值观。榜样文化作为社会主义核心价值观的载体，承载并传播着社会主义核心价值观的精神实质和基本要求。高校强化榜样文化的建设，充分运用并发挥榜样文化的育人功能，对社会主义核心价值观在高校的践行大有裨益。其重要意义主要体现在以下两个方面：

首先，榜样文化作为一种先进文化样态，是在主流意识形态的引领和要求下形成的，它汇聚着社会上的正能量，体现了真善美的价值诉求，本身就是社会主义核心价值观在人们现实生活中的鲜明典范。高校通过建设、传播榜样文化，充分运用和发挥其在育人过程中的作用，有助于营造一种浓厚的文化氛围，使得个体在潜移默化之中受到感染，被榜样的崇高精神、优秀品质、先进事迹等所触动，逐渐加深了关于社会主义核心价值观的认识和理解，朝着真善美的价值标准，秉持着一股正能量，在不知不觉中便以自己的实际行动践行着社会主义核心价值观的基本要求。其次，榜样文化以先进人物、道德模范为主体，每一位榜样都是社会主义核心价值观的切实践行者。生活中一个个先进的榜样，一件件感人的事迹，好比一本本践行社会主义核心价值观的生动教科书。高校运用榜样文化育人，引导人们去效仿、学习、争做榜样，实则就是在引导广大师生去践行社会主义核心价值观的基本要求。无论是国家层面选树出来的时代先锋，还是校园里受人尊敬和喜爱的师德标兵、三好学生，他们每个人都凭借其自身的崇高精神品质及优秀行为事迹，生动地体现并诠释着社会主义核心价值观的具体要求，启示着广大师生什么该做，什么不该做，从而促使他们自觉依照榜样去矫正、规范自己的言行，努力朝着社会主义核心价值观的标准去提升自己。正是从这个意义上讲，高校在教育教学过程中充分发挥榜样文化的育人功能，往往能强化社会主义核心价值观在高校范围内的传播和践行。

（二）助力思想政治教育工作的开展

党的十九大报告指出，中国特色社会主义进入了新时代，这也为高校思想政治教育赋予了新的历史使命："要全面贯彻党的教育方针，落实立德树人的根本任务，发展素质教育，推进教育公平，培养德智体美全面发展的社会主义建设者和接班人。"通过积极建设并运用榜样文化的育人功能，为高校实现立德树人的教育任务提供了一种新的思路和方法，为高校思想政治教育工作的顺利开展提供了助益。

思想政治工作本质上是一个解释疑惑的过程，应该帮助受教育者认识到自己应该成为怎样的人。榜样文化所宣传和弘扬的榜样，无一例外不是代表着社会主流的意识形态，有着正确的价值取向，做着无私的奉献，体现出崇高的精神品质，为广大受教育者实现人生目标提供了优秀的范例。因此，高校充分发挥榜样文化的作用，借助榜样文化去实现育人目标，对于思想政治教育工作的开展意义十分重大。此外，2017 年 12 月，中共教育部党组印发《高校思想政治工作质量提升工程实施纲要》，强调要深入推进文化育人，在高校积极开展社会先进文化教育，把高校建设成为社会主义精神文明阵地。榜样文化作为先进文化的一个重要组成部分，在校园内发挥了独特的育人功能，通过选树、宣传一批又一批的践行社会主义核心价值观的先进模范人物，组织各式各样以宣传、学习榜样为主题的教育、实践活动，在广大师生群体间营造了一种积极向上、争做榜样的良好氛围，于无声之中传达着社会主流的价值取向，于无形之中改变着个体的思维方式以及行为习惯，起到了明显的示范、引领和激励作用，收获了显著的育人效力，从而为高校更好进行思想政治教育提供了诸多便利，推动了高校思想政治教育工作的顺利开展。

（三）助力个体综合素质的全面提升

高校运用榜样文化开展育人工作，可以充分发挥高等教育之于个体健康成长和全面发展的教化作用，从而为个体全面提升自我的综合素质提供助益。高校榜样文化育人助力个体综合素质的全面提升，主要体现在以下两个方面：

第一，强化高校榜样文化的育人功能，能够显著提升大学生的思想道德素质，帮助他们树立正确的世界观、人生观、价值观。习近平总书记讲："青年的价值取向决定了未来整个社会的价值取向，而青年又处在价值观形成和确立的时期，抓好这一时期的价值观养成十分重要。"高校学生作为新时期社会主义事业建设和发展的后备力量，他们的价值观以及身上具备的思想道德素质对于国家和民族的未来发展必将产生深刻的影响。而榜样文化深刻践行着社会主义核心价值观的基本要求，无论是像雷锋、焦裕禄这样光辉的人物，还是当前社会中"感动中国"等节目评选出来的先锋模范，又或者是存在于学生学习、生活中的教书育人的楷模、优秀大学生代表，等等……他们作为生活实践中的践行社会主义核心价值观的先进典型，对于引领大学生的价值取向，帮助他们养成正确的价值观，不断地以榜样为标准，去改正、规范自己的言行，提升自己的思想品德修养，都具有独特的引领和教化功效。

第二，强化高校榜样文化的育人功能，对于学校教职员工综合素质的提升也大有裨益。古语言："师者，人之模范也。"教师作为教育者，其一言一行都会对学生产生深刻的影响。高校建设榜样文化，在广大教职员工中形成浓厚的"创先争优"的氛围，社会中先进模范同行的示范、引领，像是在深山撑起教育希望的人民教师支月英；"焦裕禄式的好校长"张伟……这些先进典范身上所传达出来的崇高精神及优秀行为，化作一个个具体的榜样要求，指引着全体教职人员前行的方向；工作和生活中身边优秀同行代表近距离的熏陶、感染，以及学校先进榜样评选、表彰制度的规范、激励，都在潜移默化中影响着每一位教师的思想及言行，推动他们去努力提升自己的思想道德素质，强化自己的知识水平，锻炼自己的学科专业能力，规范约束自己的行为举止，进而不断地改进、完善自身，提升自己的综合素质。

第三节　高校榜样文化育人功能的实现路径

一、强化认知，提升个体对高校榜样文化的认同感

个体对榜样文化的认知情况，在很大程度上决定着个体学习、宣传榜样的意愿，进而影响着榜样文化育人效力的发挥。高校领导层只有清楚地认识到榜样文化育人的效力，才能不断强化建设、推动高校榜样文化育人工作的进行；教师只有深化对榜样文化基本知识的认识，才能更好地运用榜样教育资源，在传播榜样文化知识的同时，引导广大学生不断实现自我的提升；高校学生只有理性地看待榜样的形象、事迹及精神，才能真正学习到榜样文化的精髓，在不断践行榜样文

化价值要求的同时完善自我。

（一）高校领导要强化认知，规划和设计榜样文化建设

高校领导班子应该强化认知，主动作为，合理规划和设计榜样文化的相关建设，充分发挥领导干部在学校榜样文化育人过程中的方向引领作用。作为校园文化的组织者和引领者，高校领导层在榜样文化的建设过程中发挥核心作用，他们承担着把握价值取向，推动文化育人工作进行，培养合格人才的重大责任。领导班子中的每一位成员能否对榜样文化有一个科学的认知和定位，对于学校自身榜样文化的建设、发展，对于能否充分发挥榜样文化的育人功能，实现强大育人效力至关重要。

第一，高校领导要强化对榜样文化的认识，树立榜样文化育人的教育理念。高校领导作为学校榜样文化建设的关键力量，首先自身对于榜样文化育人应该有一个准确、系统而且全面的认知，给予榜样文化在校园文化建设和人才培养中一个科学的定位。要站在理论的高度深刻认识和理解榜样文化的内涵、构成、特点、育人功能、榜样发挥作用的影响因素和途径等基本理论，在科学分析榜样文化育人的目的、内容、任务、原则、方式，掌握高校建设榜样文化之于人才培养的重要价值和意义的基础上，开拓文化育人的视野，树立榜样文化育人的教育理念，并能够将这种理念逐渐推广、应用、渗透于学校日常的教育教学活动过程中，使其成为指导学校榜样文化建设和发展、培养社会所需合格人才的思想引领。

第二，高校领导要重视榜样文化的建设、发展，做好榜样文化育人的顶层规划和设计。领导干部作为大学制度的设计和执行者，在科学理解和掌握榜样文化基本理论的基础上，一定要将榜样文化的建设和发展这一问题重视起来，把榜样文化建设和榜样文化育人作为培养新时代所需人才的重要抓手，不断做好榜样文化育人相关工作的顶层设计及实施规划。具体来讲，高校领导应该明确榜样文化的育人功能，统筹规划、设计榜样文化的建设、发展，将榜样文化育人的具体规划作为学校文化建设、发展和培养人才的长期战略目标来抓，号召全校上下、各院系师生共同参与，构建起党委统一领导、党政分工负责、部门协作联动的榜样文化育人的工作机制，打造高校榜样文化育人的良好格局。无论是成立专门的榜样文化管理小组，负责具体的榜样文化建设工作部署；或者是合理规划学校榜样

文化育人的人力、物力和财力，从师资力量、载体建设、环境营造、制度设计等方面着手，科学设计和安排榜样文化育人的相关工作，等等……这些都与学校领导对榜样文化的认知和定位息息相关。

（二）高校教师要加深认知，教授和传播榜样文化知识

高校教师应该加深认知，积极引导，主动教授和传播榜样文化相关知识，充分发挥教师这一教育主体在学校榜样文化育人过程中的教育引导作用。习近平总书记在全国高校思想政治工作会议中就曾强调："高校教师要坚持教育者先受教育，努力成为先进思想文化的传播者、党执政的坚定支持者，更好担起学生健康成长指导者和引路人的责任。"高校教师是大学文化的主要创造者、传播者，是高校开展榜样文化育人工作的重要力量，在很大程度上对学生科学文化知识的增长、思想道德素质的提升以及行为规范的养成起着直接的、深刻的示范和引导作用。教师能否对榜样文化育人有一个深刻的认知，能否在教学工作开展过程中充分运用榜样的力量，对于实现自己教书育人的重要使命，对于学生成长发展的作用非同小可。

第一，教师应强化对榜样文化基本理论的认知，强化研究，积极宣传，介绍榜样的优秀事迹、崇高精神及先进价值理念。榜样文化包含着丰富的知识，彰显出巨大的育人能量。身为一名教师，其本职工作就是教书育人，将自己的所学、所知教授给广大学生，教师"昏昏"，则断不能"使人昭昭"。教师要讲得通、讲得明，将榜样的相关知识介绍、教授给广大学生，就一定要加深对榜样文化的认识、学习和理解，不断提升自己的理论功底。在对榜样的形象、事迹、精神，对榜样文化所传导的价值观有一个科学认知的基础上，才能进一步更加客观地将相关知识内容、价值理念教授、传递给自己的学生。当前国家和社会为我们提供了丰富的接触、学习榜样的素材，无论是带给我们诸多温暖与美好的"感动中国十大人物"，还是新时期传递社会正能量的"榜样"系列节目中弘扬的先锋、典范，或是每五年评选一次的"全国模范教师""全国优秀教师"，亦或是从 2006 年起至今每年一届的"中国大学生年度人物"评选活动中涌现出来的同辈优秀代表，等等……教师都应该对这些榜样精神和事迹有一个科学的认知和理解，挖掘其背后传递的价值观念，总结其成功的相关故事，再进一步介绍、讲授给广大学生，

不断引导学生去认识榜样、尊重榜样，参与到学习榜样的过程之中。

第二，教师应该强化对自身榜样作用的认知，以身作则，率先垂范，引导学生高尚品质和优秀品行的塑造。常言道："行为世范，学为人师。"教师的知识水平、能力素质、品德修养以及言行举止，总是在潜移默化中对学生产生直接且深刻的影响，教师本身就应该成为学生的典范。高校教师应该清楚地认识到自己身上所蕴含的榜样力量，充分挖掘并运用自己的榜样价值。在教学工作和日常生活中，注意规范自己的一言一行，不断提升自身的素质，通过自己的言传身教，时时处处事事为学生做出表率，引导广大学生朝自己看齐、向自己学习，使他们都能切切实实地感受到榜样的力量，认认真真地领悟并学习到榜样的精神，不断提升自我的素质，实现自我的完善和发展。例如，中国人民大学的陈先达教授，从事马哲研究六十余载，在不断提升理论水平的同时，仍不忘体察自身的言行修养，以自己良好的学行示众，激励、感染着每一位校园个体，成为了全校师生的学习标杆。高校教师要重视自身的榜样效力，强化师德养成，在做精学问的同时不忘砥砺德行，成为受人敬爱、可被效仿的典范，争取以自己的能量助力他人之发展，不断引导学生自我品德和修养的提升。

（三）高校学生要理性认知，学习和践行榜样文化要求

高校学生要理性认知，争当先进，不断学习榜样的优秀品行，践行榜样的相关要求，充分发挥学生个体在学校榜样文化育人过程中的内驱推动作用。大学生不仅是高校榜样文化育人的重要对象，同时也是学校榜样文化建设的主要参与者，其思维活跃、崇尚独立，具有很强的自我意识，在很大程度上影响、制约着高校榜样文化良好育人效果的实现。马克思讲："任何人如果不同时为了自己的某种需要和为这种需要的器官而做事，他就什么也不能做。"由此看来，考量大学生自身的认知水平就显得格外重要，高校学生能否对榜样有一个理性的认知，能否真正理解自己内在的价值需求，主动参与进学校榜样文化的建设、发展进程之中，自觉自愿地接受来自榜样文化的影响，对于助力高校榜样文化育人工作的开展，对于自身的成长成才意义十分重大。

首先，高校学生应该不断提升自己的认知水平，理性看待学校推进榜样文化建设和运用榜样文化育人的各种规划、各项举措，主动融入、参与到高校的榜样

文化育人工作之中。高校学生应正确认知自己的主体地位，尽可能地发挥自身在学校文化建设过程中的积极性、主动性和创造性：认真配合学校有关榜样的教育、宣传和实践活动，主动参与学校关于先进集体、三好标兵等活动的组织和评选，自觉遵守学校建立的有关榜样的行为规范以及各种保障制度，积极为高校强化榜样文化建设和育人工作建言献策，等等。在亲自参与高校榜样文化育人工作的过程中，不断耳濡目染来自榜样的一言一行，接收来自榜样文化的熏陶和感染，推动个人素质的全面提升。

其次，高校学生要客观认知社会和学校生活中呈现出来的各种有关榜样的现象，理性区分榜样和明星偶像。这就要求高校学生应该立足于个体价值追求多元化的现实状况，去充分考量自己的内在需求，寻求、树立与自己价值理念相适合的榜样。要客观看待和分析社会以及学校生活中的各类真、善、美现象，向崇高品德学习，向正能量行为看齐。一方面，学生自己要养成"看齐榜样""学习榜样"的自觉意识。社会生活和学习日常中涌现出众多的先进典范，上到为科学进步和社会发展作出巨大贡献的科学家，下到各行各业勤勤恳恳、努力工作的普通职工，亦或者是存在于我们身边的先进教师、优秀同学，有很多是值得我们学习的优秀典范。高校学生要自觉自愿、积极主动地去了解榜样背后的故事，客观看待榜样的行为事迹，深刻体悟榜样的精神追求，不断强化和加深自己对各类道德模范、先进典范等榜样人物和事迹的理解和认知。善于考量自己的不足，寻找榜样身上的闪光之处，加以学习、效仿、改正，不断提升和发展自我。另一方面，高校学生应该理性追星，认真考量自己追随的明星是否真正传递着社会的正能量，要能够看到偶像的榜样价值。不一昧追随偶像的时尚外表和穿搭，不盲目追捧一些品行不端的明星，但也不忽略明星的正能量一面，要善于发现明星的榜样价值。例如，2018年，央视电影频道主办"脱贫攻坚战星光行动"公益活动，吸引了成龙、周迅、黄晓明、王力宏等一众明星、偶像的参与，他们积极行动，到各贫困地区参与调研，助力脱贫。这种明星积极参与公益，助力脱贫致富的正能量行为，强化了公益传播的效力，能够帮助贫困地区获取更多关注和社会投资。明星的这些正面的、积极的行为就应该得到我们的关注，值得我们宣传和学习。

高校学生要合理看待和认知榜样与偶像，清楚该追随什么"星"，学做什么事，成为什么人。自觉选择榜样身上的高尚品德、和优秀行为，加以学习、效仿，不断提高自己的精神追求、改善自己的一言一行。只有这样，高校学生才能在理性认知榜样的基础上，将榜样文化相关知识真正内化到自己的知识理论体系之中，真正感动于榜样的优秀品行，实现对榜样的心理认同和接纳，从而受到榜样的感召，自觉去尊重榜样、学习榜样，积极践行榜样文化所传递出来的价值要求，进一步将自己对榜样的认识和理解转化为日常的学习、生活及工作行为，促使个人的素质和能力得到最大程度的实现，最终成为学校榜样文化育人的最大受益者。

二、拓展载体，强化高校榜样文化育人的平台建设

高校运用榜样文化开展育人工作，总要通过一定的载体才能够顺利进行，载体是推动高校榜样文化育人功能实现的重要因素。作为高校榜样文化育人的载体，必须要同时满足以下两个基本条件：首先，这些载体需要承载着高校榜样文化育人的目的、任务、内容等信息，并能够为教育工作者所运用和操作；其次，这些载体一定是能够对教育者和教育对象、高校榜样文化与广大个体起到联系作用的一种形式、一种平台。这就启发高校一定要科学把握载体在高校榜样文化育人过程中的重要作用，选择恰当的载体，搭建合适的平台，去推动高校榜样文化育人工作的开展：既要重视课堂这个主渠道的教育引导，又要开辟实践教学的"第二课堂"，加之网络媒体的推动作用，实现多平台榜样文化育人的融合发展，共同助力高校榜样文化建设工作的开展，促进高校榜样文化育人功能得到最大程度的实现。

（一）重视课堂教学的教育引导

高校实现榜样文化的育人功能，离不开课堂教学的教育引导。大学课堂是大学实现育人任务、培养人才的主要渠道。课堂不仅要通过学业育人，更要实现文化上育人的教育目的。高校要注重强化课堂教学育人的整体意识，积极探索各门课程实现榜样文化育人功能的行之有效的方法及途径，加强教学过程融入榜样文化的相关课程体系建设。

一方面，要有效开展榜样文化教育，实现榜样文化与课堂教学的有机融合。高校榜样文化育人功能要借由课堂教学这个途径得到良好的实现，就要求用好课

堂教学这个主渠道，把榜样文化育人工作贯穿教育教学全过程之中。充分挖掘学校开设的各门课程中所蕴含的榜样资源，将榜样文化基因以及榜样的价值范式合理地融入日常课堂教学之中。例如，学习党史、党建的相关课程，教师可以在教授党的相关知识、帮助同学厘清党的建设和发展历程的同时，合理运用榜样相关知识，适时地更新自己的教学内容。以不同时代背景下、在党的建设和发展历程中作出突出贡献的英雄人物、优秀共产党员为切入点，介绍他们的成长故事和先进行为事迹，于无形之中传播榜样的精神和价值要求，从而达到"润物细无声"的良好育人效果。

另一方面，积极开设专门的学习榜样的相关课程，营造榜样文化育人的课堂教学氛围。结合广大青年学生的心理、性格、兴趣爱好等特征，选择富含时代精神且为他们所喜爱的鲜活榜样素材，去展开宣传、教育，传授榜样知识，渗透榜样精神。诸如，学校可以打造专门介绍和讲授榜样、榜样文化相关知识的理论课堂；可以以社会和学校涌现出来的各类榜样为研究主题，组织专门的课程学习；可以成立榜样文化研究中心站，收集、整合各种榜样相关知识，为学生提供学习、研究的机会；等等。通过专门的榜样课堂以及系统的课程学习，研究榜样的感人事迹和成功背后的经历，凝练和总结榜样身上的崇高精神品质，可以使广大学生能够在专门的榜样教育教学过程中，加深对榜样形象、精神、行为等的认识和理解，正确选择和树立自己成长成才之路上的榜样，在榜样的引领、熏陶以及激励作用下，不断实现自我的素质提升和身心的全方面发展。

（二）开展践行榜样的实践活动

高校实现榜样文化的育人功能，需要加强实践载体建设，积极开展各种践行榜样的实践活动。马克思主义认识论告诉我们，认识和实践是辩证统一的关系。这就要求高校一定要处理好榜样文化建设和具体实践活动间的内在联系，充分运用好实践这个载体，组织广大师生积极开展各种形式多样的践行榜样的实践活动。

首先，要明确理论与实践之间的关系，理顺课堂教学传授榜样理论知识与通过实践活动践行榜样、强化行为习惯间的内在关联。思想政治教育学原理指出："实践活动是人们认同、接受正确的思想观念并使之内化为自身品德意识的重要环节。"也就是说，受教育者除了通过接受来自课堂教学中有关榜样的理论灌输，还需要在具体的实践当中去不断地践行榜样的相关要求，进而提升并巩固自己的思想道德素质。高校一定要强化对践行榜样的各项活动的重视，将实践活动育人也纳入思想政治教育的范围之内，纳入榜样教育教学的过程之中。

其次，高校要合理设计、规划和组织践行榜样的相关活动，提高活动的教育含量。所谓活动的教育含量，就是指学校组织的各项践行榜样的活动，是否真正意义上达到了教育人、感化人的效果。这就为高校合理运用活动载体，去推动榜样文化育人功能的实现提出了一些具体的操作要求：第一，要强化对学习、践行榜样相关活动的支持，加大投入，在经费、场地、设施等各方面为活动的开展创造条件；第二，各项活动一定要明确主题，时刻以学习榜样精神、践行榜样要求为目的，不断地加强对广大学生的教育引导；第三，活动的设计要充分考量受教育者的心理特征和思想特点，选择贴近学生生活、思想实际的方式，充分调动他们参与学习榜样活动的主动性和创造性，不断强化对榜样事迹及精神的宣传、教育。例如，西华师范大学数十年的探索和实践，投入了诸多人力、物力、财力，每学年都组织大批学生到邓小平故里、朱德故居等地参观学习，这种带领学生亲身体验伟人、领袖成长之路，感悟革命榜样的熏陶、教育，将崇高革命精神融入高校育人过程的系列实践活动，对于激励学生继承先辈崇高理想和精神，培养学生良好的行为习惯，建立特色鲜明的校园文化的效果十分显著。

最后，高校要寓榜样教育内容于具体实践活动之中，积极创建形式多样的践行榜样的实践活动。以国家和社会表彰榜样的各项活动为契机、以纪念榜样的各个时间为节点，结合高校自身教学规律和育人特色，围绕对榜样的宣传、学习、践行，精心设计和组织各类具有鲜明特色、立意深远的榜样文化活动，诸如开展"学雷锋"系列活动、组织"三好学生"的表彰活动、举行致敬榜样的典礼仪式、举办以榜样为主题的校园文艺汇演，参观名人故居等实践活动，等等……让学生能够在参与各种形式不同的具体活动实践过程中，深刻感受榜样的精神感召和价值引领，在榜样文化的熏陶之下，自觉去按照榜样的要求去规范自己的言行，锻炼自己的才干，锤炼高尚的品格，实现人生的价值。例如，北京大学推出的"青春的榜样北京大学优秀研究生系列报道"系列活动，由在校学生自己去寻找、采访自己身边的榜样，进一步去剖析优秀研究生成功背后的经历。这种活动形式就考量到了学生参与榜样选树的主体意识，由学生自己去发现身边的榜样，在寻找、了解同辈榜样的过程中，不知不觉就受到了感染和激励，更加有助于学生的快速成长与发展。

（三）发挥网络媒体的推动作用

网络媒体作为高校开展榜样教育工作的一个重要渠道，极大地拓展了高校榜样文化育人的时空场域，以其强大的影响力、广阔的辐射力和深刻的感染力，为提升榜样文化育人的实效性创造了条件，对于实现高校榜样文化的育人功能起到极大的推动作用。在推动高校榜样文化育人功能实现的过程中，高校一定要立足实际，创新思维，积极开拓和占领榜样文化育人的网络阵地，以其为载体开展榜样文化育人相关工作，充分发挥网络媒体在宣传榜样故事和精神、弘扬社会正能量以及传播榜样文化过程中的正面作用，不断强化榜样文化的育人效果。

一方面，高校要加强网络平台的建设，努力构建榜样文化育人的网络系统。网络媒体包罗万象，以其信息的海量化特点，为高校开展榜样育人工作提供了丰富的资源；又以其传播和更新信息的快捷性、便利性，使得教育者可以第一时间且卓有效率地将榜样的最新信息、资料传授给广大受教育者。高校要充分利用校园网站、校园论坛、校园广播、校园"双微"平台（微博、微信）、各种学生自媒体等网络媒介，大力宣传历史英雄人物、时代先锋楷模、身边先进代表的事迹和精神，要以丰富的、生动的榜样教育内容吸引受教育者的注意力，借由文字、图片、视频、音乐、动画等喜闻乐见的方式激发教育对象的学习兴趣。例如，可以选取一些当下广受社会关注的榜样，像是改革开放 40 周年庆祝大会上表彰的改革先锋人员，诸如"雷锋精神"的优秀传承者郭明义，又或者弘扬社会主义核心价值观的优秀表演艺术家李雪健……等等，及时组织学生去观看网络直播，通过校园广播报道他们的先进事迹，定时通过校园微博、微信等平台去讲述他们的故事，宣传他们的崇高品质和精神追求。只有这样，才能在潜移默化中加深学生对各类榜样的认识和理解，才能进一步激发他们学习、践行榜样的动力，从而为发挥榜样对个体的引领、感染、激励作用创造条件，助力榜样文化育人功能的实现。

另一方面，高校要认清网络媒体的局限之处，加强对网络模式下榜样教育的管理和指导。基于互联网资源的共享性、内容的丰富性等特点，我们可以通过网络媒体获取大量的榜样相关资源，但与此同时，也难免会受到许多不良信息的影响和干扰，削弱榜样教育的正面影响，弱化学校榜样文化的育人效果。这就要求高校要加强对校园网络相关媒介的宏观管理和指导，建立健全网络榜样文化育人的管理和运行制度，强化专门的网络榜样教育教师队伍的建设。要在大方向上做好把控，努力优化传播的内容，要时刻把握弘扬崇高榜样精神这个主题，传播社会的真善美等一切正能量，营造一种积极健康、崇德向善的浓厚榜样文化氛围；要做好校园网络的舆情监控，及时做出合理的引导，过滤掉不良的网络信息；要组织专门的人才在网络模式下开展榜样文化的育人工作，要大力倡导和积极要求榜样教育工作者通过各种网络平台与广大受教育者强化联系，围绕榜样相关问题展开双方的互动、交流，及时接受学生们在学习、践行榜样过程中的问题反馈，准确做好教育引导，帮助他们提高辨别是非善恶的能力，不断树立优秀的人生榜样，去促进自己思想品德素质的提升和个人行为规范的优化。

三、优化环境，营造高校榜样文化育人的良好氛围

营造良好的环境氛围，是实现榜样文化育人功能的前提。马克思讲："人们的观念、观点和概念，一句话，人们的意识，随着人们的生活条件、人们的社会关系、人们的社会存在的改变而改变。"因而，高校若想最大化地实现榜样文化的育人功能，就需要大力优化榜样相关环境，营造良好育人氛围。只有这样，才能将榜样教育的目的和内容融入师生生活、学习、工作的日常环境之中，使得榜样文化的引导、示范、熏陶、激励等功能在悄无声息间得到发挥和实现，进一步促使个体在不知不觉中养成社会所要求的思想道德品质。高校榜样文化育人，体现的是高校榜样文化四个方面即榜样精神文化、榜样物质文化、榜样制度文化、榜样行为文化整体效能的发挥。因此，优化榜样相关环境，营造育人的文化氛围，就要求高校从这四个方面着手改进。

（一）挖掘和凝练榜样精神，优化高校榜样文化育人的精神环境

在榜样文化环境的营造与建设过程中，精神环境直接作用于高校师生的观念、思想和意识层面，浸润在高校师生的思维与行为之中，体现在高校师生工作、学

习与生活的各个层面，潜移默化中影响着他们的思想与灵魂，不断指引、熏陶、激励、规范着每一位师生向上、向善，去努力实现人生的理想与价值。习近平总书记曾经指出："抓典型，更具意义的是要树立精神上的榜样，让人们学习典型所体现的精神，让典型身上的精神发扬光大。"因此，高校开展榜样文化育人，发挥榜样文化的育人功能，就要积极挖掘和凝练榜样精神，优化榜样文化育人的精神环境，营造塑造师生灵魂的榜样精神文化氛围。

首先，高校要善于挖掘和运用榜样精神文化资源，将榜样精神文化育人的理念融入学校立德树人的各个环节。高校应该将榜样精神文化运用、贯穿于学校人才培养的全过程，善于运用榜样精神去示范、感化、引领、激励每一个人。例如，张思德的为人民服务精神，我们所熟知的"雷锋精神""铁人精神"，又或者当下的"焦裕禄精神""工匠精神"等等，都是我们党在长期的榜样教育过程中，将榜样人物身上所具有的优秀品质和道德加以凝练、弘扬而形成、积淀下来的宝贵精神财富，这些榜样在引领不同时代的主流价值的同时，又体现着中华民族长久不变的价值追求。高校要积极响应国家关于榜样文化建设的号召，充分发挥榜样精神文化的导向功能，按照主流价值观的指引，加强对榜样精神资源的运用，在日常管理和教育教学过程中，注重对榜样相关事迹的搜集、筛选、整理、研究和阐释，运用好诸如电视、广播、书籍、报刊、学术讲座、人物报告会之类的传播形式，积极地宣传、弘扬英雄模范、时代榜样的崇高精神品质和先进价值追求，引导学生形成主流的价值取向，培养他们自强不息、无私奉献、锐意进取的精神。

其次，高校要注重凝练本校的榜样精神，建设具有学校自身文化底蕴的榜样精神文化。高校应该积极挖掘校内蕴含榜样精神的标志性人物、事件、器物等，加强自身榜样精神文化的培育和建设。要善于发现并凝练校内师辈榜样、朋辈榜样身上所彰显出来的先进价值观念、高尚道德品质，积极发掘每一件先进事迹、感人经历背后所传递的思想观点、价值理念；努力探寻和阐发校内榜样相关器物，如各类榜样人物的雕塑、展品等的精神内核及其所具有的榜样历史文化传统，从而提炼学校榜样精神文化的实质，形成独具鲜明本校特色且贴近师生学习生活实际的榜样精神文化，不断丰富高校榜样文化的内涵。在广大师生间进行全面的宣传和教育，积极弘扬这些榜样的精神及价值追求，营造出一种全校共同崇尚、弘扬榜样精神，学习、践行榜样要求的良好文化氛围，从而更好地激发全体师生的情感共鸣以及参与学习榜样的热情，使每个人可以在不知不觉中就能被榜样精神所感染、激励和引领，将榜样的价值理念融入自己的精神世界，最终树立起自身正确的世界观、价值观和人生观。例如，四川大学"感动川大"系列活动，以发掘大学生先进事迹和高尚品格为初衷，历经数十载光阴，已然成为川大优秀的校园文化品牌。在向一众川大学子宣传感动事迹的同时，不仅引导着他们积极向榜样看齐，而且无数川大优秀学子、老师的崇高精神汇聚，也形成了本校独具特色的榜样精神文化，推动了校园精神文明的建设和进步。

（二）加强榜样的硬件建设，优化高校榜样文化育人的物态环境

榜样物质文化承载着榜样的精神品质，是榜样精神的物质形态。生活在校园里的师生，接触最多、感受最直观的莫过于大学的物质环境。高校的榜样物质文化，是高校师生感知榜样的精神力量、接受榜样熏陶影响的硬环境。高校推动榜样文化育人功能的实现，就必须加强榜样物质文化的建设，完善承载榜样精神的相关物态实体，营造榜样物质文化育人的良好环境氛围，使其能够更好地呈现榜样故事、传承榜样精神，实现对个体的良好熏陶和激励。

高校优化榜样文化育人的物质环境，一要强化榜样相关人文设施的建设和维护。榜样物态资源承载着榜样的精神，具有丰富的文化意蕴，对个体的成长成才具有重要的感染和熏陶作用。榜样相关物质实体的建设，将榜样精神加以"物化"，通过直观明了的物质载体呈现了出来，使得有些"远离"我们生活空间的榜样无形中变得可见、可触、可感、可亲、可近，如春风化雨般感染、熏陶着校园内每一位个体，将榜样的价值观念、崇高道德追求融入他们的精神世界，渐渐成为了广大师生思想行为的自觉遵循。前苏联著名教育家苏霍姆林斯基在其著作《帕弗雷什中学》中曾说："要使学校的每一面墙壁说话，发挥出人们期望的教育功能。"这就启发高校运用榜样文化育人，一定要重视榜样文化物态环境的营造，加大投入力度，完善校园榜样相关的物质载体、人文景观的建设及维护。要在校园内建设以榜样为主题的博物馆、展览馆、纪念馆、文化长廊等，以供师生随时参观、了解、学习榜样的事迹、精神等相关知识；要强化榜样人物的雕塑、石碑、画像

等物态实体的建设及修缮，使师生可以随处感受榜样的气息及能量；要遴选社会上尤其大学师生身边的先进典型，以宣传册、画报、书籍等形式，向师生宣传、展示榜样的故事及先进行为，使得榜样的精神可以更加形象、直观地为大家所认知、学习和践行。

高校优化榜样文化育人的物质环境，二要加强对榜样相关文化产品的创新及运用。榜样文化产品是指那些围绕榜样而创作的、以榜样文化为主要内容，能够满足人们精神需求，传递社会主流价值观念的文化载体。它以物质形态的方式记载并传承着榜样的事迹及精神，使得广大师生在学习的过程中，不知不觉加深了对榜样的理解和认识，提升了自己的思想道德素质和修养。一方面，高校在榜样物质文化建设的过程中，要充分运用当前社会上的榜样文化产品资源。丰富榜样文化育人的物质文化载体，打造榜样文化育人的良好物质环境。例如，要好好利用各类以榜样为主题创作的文学、音乐、电影、电视、戏曲等作品，像是《学习雷锋好榜样》一类的歌曲；《焦裕禄》之类的正能量电影；《感动中国》《榜样》《榜样的力量》等同样类型的电视节目……使得广大师生可以在潜移默化中受到来自榜样的感染、熏陶和激励。另一方面，高校要在学校范围内创新和发展关于榜样的文化产品，打造具有自身特色的榜样文化品牌。在社会主义核心价值观的指引下，从发掘师生身边的榜样人物和事迹开始，在校园内创办榜样相关报刊、杂志，出版榜样相关文章、书籍，创作榜样相关歌曲、校园剧等文艺作品，通过宣传栏、张贴画等形式及时将这些师生身边的先进典范展示出来，以供广大师生认识、了解、讨论、学习和效仿，不断在浓郁的榜样物质文化氛围下，去濡染榜样的精神品质，内化为自己的价值追求，实现进一步的成长与发展。

（三）强化榜样的制度建设，优化高校榜样文化育人的制度环境

高校开展榜样文化育人工作，不仅需要相应的物质基础，而且离不开强有力的制度管理。科学的制度为高校实现榜样文化的育人功能提供了坚实的保障。从制度建设着手，把榜样文化育人工作通过一定程序、规则固化为相应的制度，并依靠制度来规范促进榜样文化育人健康运行，营造确保师生学习、践行榜样的良好制度文化氛围，对于推动高校实现榜样文化的育人功能，落实榜样文化育人的

效力至关重要。

第一，应建立和完善各类制度。高校强化榜样的制度建设，就要加强榜样相关的选拔、培育、宣传、奖惩等各类具体的政策、制度、规则。科学、合理的制度集中反映了高校榜样文化建设的内在规范性，维系着榜样文化育人工作的顺利开展和有序运行。高校要注重榜样活动各个环节的制度建设，建立一整套相互衔接、匹配和完善的榜样制度体系。通过建立合法、民主的榜样选培制度，完善榜样的评选标准，为广大师生发掘、选树传递主流价值观念、体现积极能量的目标参照和奋斗标杆；通过建立科学、规范的榜样宣传制度，强化榜样先进事迹和崇高精神在广大师生间的传播和弘扬，营造浓郁的宣传、学习、践行榜样的制度文化氛围；通过建立公开、透明的榜样奖惩制度，确保榜样的价值得到应有的肯定和尊重，充分调动个体参与学习、效仿、争做榜样的积极性。高校积极制定并强化执行这些宣传、学习榜样的制度、规则，保证了校园榜样文化育人工作和各类榜样践行活动的开展有章可循、有法可依。广大师生在各项制度的规范、制约及影响下，不断地接受来自榜样精神及行为的引导，进而激发了自身高尚的情感和道德，实现了自我德行的不断发展和完善。

第二，要强化"以人为本"的制度设计理念。高校强化榜样文化的制度建设，必须坚持"以人为本"的教育和管理理念，加强榜样相关各种制度的科学化和人性化。人是最为宝贵的资源和财富，高校文化育人的根本使命就在于教育人、培养人、塑造人，榜样相关制度的建设，归根结底也是服务于个体的全面发展与成长成才的。这就要求高校在围绕榜样设计和建设各项制度、规章时，要注重"以人为本"理念的贯彻和落实。一方面，高校榜样制度文化建设要体现"以人为本"的思想，就必须以广大师生的意愿为基本出发点，体现对他们的人文关怀。要在充分考量师生的个性特征和发展诉求的基础上，进行榜样制度的设计、建设和创新。高校的榜样制度既要保证自身的权威性，又要保持适度的张力，不能仅仅用硬性的规则去限制个体的个性发展，要适当地给予他们自我选择、自我教育和自我成长的空间。确保以科学、合理的规章制度，推动高校师生综合素质的全面提升。另一方面，高校榜样制度文化建设要体现"以人为本"的思想，就要调动个体的民主参与意识，充分发挥广大师生在榜样制度文化建设中的主体地位，尊重他们在榜样文化育人过程中的参与、知情、建议以及监督等权利的行使和运用。高校在榜样制度文化建设时人尽其才,调动广大师生参与榜样制度设计的积极性,建立起更加民主、科学、极具认同感和说服力的制度规范,有利于营造更加健康和谐的榜样制度文化氛围,促使个体更加自觉地去遵守榜样制度的相关安排,践行榜样的相关要求,不断地实现自身的道德素质提升和优秀行为习惯的养成。

第三,应建立和健全对榜样文化育人功能发挥和育人效果实现的监督、评价制度。高校建立、健全榜样文化育人的监督、评价制度,能够有效地检验榜样制度建设的科学性以及榜样文化育人效果的实现程度,为进一步优化榜样文化育人功能的发挥、提升榜样文化的育人效力提出参考意见、作出整改建议。高校建立、健全这类监督、评价制度,一定要注重制度设计本身的合理性。要以榜样文化育人功能的发挥程度、育人效果的实现程度、个体对榜样文化的认识和践行程度为参照进行相关制度设计和建设,要在形式和内容上保证评价、监督制度的科学性和可行性,形成高校自身关于榜样文化育人的价值评判和原则性规范。只有这样,才能够为榜样文化育人工作的顺利开展提供科学的评价标准和评价原则,发挥榜样文化育人制度对于高校教育、教学实践活动的规范和指引,才能最大程度上强化对榜样文化育人工作各个环节的监督效力,防止诸如制度形同虚设、榜样育人效力难以实现之类现象的产生,确保榜样文化的育人功能可以得到真正的发挥,从而引导个体不断地提升和实现自我的全面发展。

(四) 注重榜样的行为示范,优化高校榜样文化育人的行为环境

高校榜样行为文化是榜样精神和价值观的外在表现。高校师生浸润在浓厚的榜样行为文化氛围内,在榜样的行为示范之下,通过参与、践行各类榜样文化活动,不断地提升着自己的道德修养,规范着自己的一言一行。为此,高校必须注重榜样在广大师生群体间的行为示范作用,不断优化榜样文化育人的行为环境,以推动个体能够按照榜样的行为准则,展开积极行动,养成良好行为,实现更大作为。

第一,高校优化榜样文化育人的行为环境,要注重发挥榜样行为的影响力,积极传播榜样的先进行为事迹。榜样的行为以其直观、先进的特点,最先映入个体的眼帘。人们总是最先看到榜样的一举一动,进而才会受到感召,由表及里,

由外至内地去了解榜样的内在，濡染榜样的崇高品质，提升自己的精神追求。一方面，高校在运用榜样文化开展育人工作过程中，要积极宣传榜样行为，将社会上各种道德楷模、时代先锋、最美人物等这些各行各业里先进代表的优秀行为及事迹，通过视频、广播、讲座等多种形式呈现、介绍给广大师生，使得个体可以在榜样先进行为表现的示范、引领下，有所行为，实现更大作为；另一方面，高校要注重强化几个关键群体榜样行为的影响力。教育部印发的《高等学校教师职业道德规范》《高等学校学生行为准则》等行为规范，就为高校强化教师、学生等的行为养成提供了参照标准。高校要加强对这些规范的宣传教育，将其运用到具体的教育和学习过程中，使其成为广大教师和学生普遍认同和自觉践行的行为准则。通过注重教师榜样的言传身教，向广大学生彰显榜样的价值，教育和引导他们正确行为动力的产生；通过表彰学生群体间凸显出来的榜样行为，督促并激励更多学生良好行为习惯的养成。师辈、朋辈群体间榜样因为贴近师生的日常，具有可见、可感、可亲、可近等一系列特点，其良好的言行、优秀的习惯直观地呈现在广大师生眼前，往往更能激发他们的情感共鸣，产生更大的"模仿效应"，促使个体去正视、纠改自己的言行举止，努力朝身边的优秀看齐，养成良好的行为习惯。

第二，高校优化榜样文化育人的行为环境，要加强榜样行为规范的养成教育，大力培养个体的优秀行为习惯。叶圣陶先生讲，教育就是习惯的培养。榜样作为一定群体内人们品行的先进表率，其一言一行，都在向人们昭示着什么该做，什么不该做。高校一定要承担起立德树人的重要使命，充分利用好榜样的示范、引领功能，将学生的行为规范养成教育工作作为学校开展德育工作的一项重任，加强对学生榜样行为规范的养成教育，大力培养他们的优秀行为习惯。首先，高校要注重学生践行榜样行为的相关规章制度、行为守则的建立，规范养成教育，训练学生行为。良好行为习惯的养成，绝不是一朝一夕的事，必须构建相应的榜样行为养成制度。例如，建立优秀榜样的评比规则，榜样行为守则等等，以制度的形式保障行为养成教育工作的顺利进行，向学生明确榜样行为的具体标准，以激励广大学生以榜样为参照，去不断规范自己的日常行为。其次，高校要强化践行榜样的各种实践活动，落实养成教育，培养学生的行为习惯。实践活动是个体接受榜样影响、实现全面发展必不可少的渠道之一。高校要积极组织、开展各种学习榜样、模仿榜样，保持和固化先进理念和行为的系列校园文化活动和教育实践活动。要教育和督促广大学生立说立行，在不断的行动中逐渐形成自己的行为模式，实现榜样品质和行为在自己身上的复制、传递和保持，继而去规范自己的一言一行，养成良好的行为习惯，最终成为他人行动的榜样。

第五章 高校体育文化育人

第一节 高校体育文化育人概述

一、高校体育文化的内涵

育人是教育的基本要义，也是高校教育的基本任务，无论是对人德、智、体、美的培养，还是对德、能、勤、技的训练，都是促进教育对象自由全面的发展，使人身心健康地应对社会需要。

（一）体育文化的内涵

尽管中国早在公元前两千多年就已开始进行体育运动，但"体育"一词却是清末一批留学生从日本引进的。1904 年，一个湖北幼稚园在开办章程中提出："保全身体之健旺，体育发达基地。"在中国第一次使用"体育"一词；随后的 1905 年，《湖南蒙养院教课说略》中也有"体育功夫，体操发达其表，乐歌发达其里。"的记录；1923 年《中小学课程纲要草案》中有"体育课"的记载。由此可见，"体育"一词的使用几乎是伴随学校教育而行的，也是身体教育的一个专门术语。随着教育和生产力的发展，体育的概念已经逐渐由学校身体教育扩展到体育教育、个体身体锻炼和竞技运动，甚至有人直接将体育概括为一种文化活动，如杨文轩，杨霆将体育定义为："体育是以身体运动为基本手段促进身心发展的文化活动。"当然，也有人坚持体育为教育活动的本质，如何维民，苏义民的定义是："体育是人类以游戏为主要形式，以促进生命发展，提高生活质量，实现生存价值和意义，并最大限度地发掘人体潜能的有意识、有目的的特殊教育活动。"可以肯定的是，随着时代的变迁和研究的深入，体育的定义还会有不同的表述形式，但不管体育的范围有多广，体育是"以身体运动或活动为基本手段，以增强体质和提高能力为目标进行的一项有意识、有目的的活动"这一基本要义不变。

根据《辞海》对文化的定义，将"体育"加进来，则体育文化应该表述为，"人们在从事体育活动中所获得的物质、精神的生产能力和创造的物质、精神财富的总和"。因而体育文化应该包含体育物质文化、体育精神文化和保障体育物质文化、体育精神文化与人类体育实践结合的体育制度文化。

当然，不同程度、不同范围内形成的体育文化又可作不同的分类，如按体育文化形成的范围可将体育文化划分为社会体育文化、民间体育文化、校园体育文化、地方体育文化、民族体育文化等；按运动程度和体育价值差异形成的体育文化划分可分为休闲体育文化、竞技体育文化等。

（二）高校体育文化的内涵

"高校体育文化"这一论题源于二十世纪九十年代初提出的"校园体育文化"，尽管近年来研究者众多，但对"高校体育文化"这一概念定义仍然是五花八门，众口不一。然而总结近年来人们对高校体育文化的研究，还是可以发现在以下方面取得了较高程度的共识：第一，高校体育文化是人们在体育活动中创造、积累和传承的物质和精神财富，以体育为中心，是体育文化的一个亚种类；第二，高校体育文化是在高校这个特定群体内产生的群体文化，属于群体文化的一个亚种类；第三，高校体育文化中高校的地域局限性，将其局限在校园范围内，是校园文化的从属种类；第四，高校体育文化是社会体育文化在高校范围内与高校校园文化结合的一种社会文化的亚形态；第五，高校体育文化属于校园体育文化的范畴，但是高等教育校园的特定环境，具有高等级教育，偏成年人教育的特征；第六，高校体育文化是在学校体育教学和体育活动中产生和发展的，与学校的教育教学紧密联系，为实现学校教育目的服务，本身就自带育人属性。高校体育文化是一种从属文化，是社会文化中体育文化与校园文化结合，在高校这个特定范围内的一种特殊文化形式，是能促进高等教育育人目标实现的一种亚文化。

这些共识有利于我们更好地理解高校体育文化的内涵，据此我们大致可将高校体育文化表述为：高校体育文化是体育文化与高校教学相结合，在高校范围内以体育为中心，以完成学校教学和培养任务为目标，通过进行体育教学活动、体育硬件建设、体育精神弘扬、体育制度规范，以及举办与体育相关的赛事、会议、活动而创造的物质、精神及制度文化的总和。

二、高校体育文化育人的本质

高校体育文化既是文化在体育行业里的一种特殊形态，也是文化在高校范围内的一种亚形态，既是行业文化，又是校园文化，还是人类行为文化，其不光具有文化的本质属性，也具备体育的典型特征，还受到高校的范围限制，其本质内容离不开以下四方面：首先，高校体育文化具备文化的本质特征，即本身就具有"以文化人""以文育人""文治教化"的功能，引导人、培养人、塑造人、锻炼人是其固有属性；其次，高校是高校体育文化发挥育人功能的基地，高校师生是高校体育文化育人的主体和对象，高校体育文化育人育的人主要是大学生；再者，体育实践是高校体育文化的本质载体，离开了体育实践，就不成为体育文化，也无法发挥高校体育文化的育人功能；最后，高校体育文化是高校校园文化的基础成分之一，高校在育体育心方面的育体功能发挥主要由高校体育文化担任。体育是高校体育文化关注的中心。

习近平总书记说："体育是社会发展和人类进步的重要标志，是综合国力和社会文明程度的重要体现。体育在提高人民身体素质和健康水平、促进人的全面发展，丰富人民精神文化生活、推动经济社会发展，激励全国各族人民弘扬追求卓越、突破自我的精神方面，都有着不可替代的重要作用。"

高校体育文化育人就是要以体育实践为中心，充分利用高校体育物质资源，结合高校教学和育人工作，通过进行体育教学活动、体育硬件建设、体育精神弘扬、体育制度规范，引导高校师生员工健康生活，合理学习，修德集能，砥砺师生员工意志，努力促进高校师生员工身体素质和健康水平的提高，促进高校师生员工，尤其是大学生全面发展，为祖国提供人才竞争力。

三、高校体育文化育人的特征

高校体育文化作为高校校园文化的基础成分之一，在高校文化育人过程中产生着有形或无形的影响。积极的高校体育文化不仅能让高校师生健身健心，传播

127

积极的体育知识，培养良好的体育观念，训练良好的体育技能，锻炼强健的体魄，还能增强他们的参与感和获得感，增进竞争意识和团结意识，提高审美情趣，提升思想道德品质，完善心理特质，培养人的社会适应能力，更好地发挥高校文化育人的作用。体育文化育人相比高校其他种类文化育人，具有独特的特征。

（一）高校体育文化育人的规制性

规制性通常是指为了维护公共利益而设定条件以控制私人行为。的规制性则是指置身高校体育文化氛围中的师生员工在受到这种文化感染、熏陶和教育的同时，他们的思想观念、价值判断、道德行为也会受到这种文化的规范和制约。高校体育文化倡导体育精神，体育精神既具有竞争性，也具有规制性，既倡导竞争、超越，也要求遵守规则、尊重对手、公平比赛，更讲究团队协作和团队奉献，这些要求具有典型的规制性特征，当然，高校体育文化的规制性，不只是严格的限制和消极的禁止，还包含乐观的鼓励与积极的促进。高校体育文化的规制性特征要求人们遵守规则，尊重法制。体育运动中公平竞赛精神，公正裁判精神，"更高、更快、更强"的体育精神，都体现着非常"正能量"的体育精神文化，在此文化熏陶下，高校师生更容易树立崇高的理想，培养高尚的情感，更好地形成正确的认知，产生良好的行为。高校体育制度文化通过不断完善的规章制度来对大学生的行为进行外部规范。高校体育的制度文化通过规范师生的体育行为，形成师生共同认同的行为规范以及道德规则，形成优良的精神文化传统，来影响和规范个体行为，对高校师生员工的育体行为和日常行为形成广泛的约束，并通过与校园德育的结合，将校园文化中道德教育和法制教育部分的道德原则、道德标准通过道德认知、道德情感的培育，逐渐内化为个体的道德意志和道德行为，成为大学生行为的内部约束力，即内在规范。此外，高校体育物质文化中威武的体育场馆的使用规则，琳琅满目的体育器材的借还手续，都是对高校师生文明习惯和行为的规制。

（二）高校体育文化育人的隐蔽性

高校体育文化与体育实践为中心载体，通过建造丰富多彩的体育场馆和建筑，创造发明各种有利于锻炼身体的器材和方法，利用各种各样渠道进行体育宣传，提高高校师生员工的体育认知、培养他们的体育情感、锻炼他们的体育意志，让体育规则意识、体育运动精神、体育道德风尚等体育精神文化内化于其心，最终让他们形成有利于自身发展和社会进步的体育价值观，强化他们的体魄，影响他们的行为，激励他们树立理想，奋发向上，实现高校育人的目标。而这一切都不同于其他的教育和培养方式。一般的文化育人方式大多通过教学、观察、感悟来实现对人的教化、濡化，一般以视觉、听觉和大脑中枢神经系统的运作来实现知识的传递和能力的培养。而高校体育文化的育人方式则主要通过身体运动，动觉和小脑的参与来获得技能的提高和身心的协调。这种方式不太注重大量信息的摄入，更在于自身机能的自动化训练和培养，他人的影响因素较少，自身的参与因素较多，是较其他文化育人形式更隐蔽的一种方式。

（三）高校体育文化育人的体验性

高校体育文化重心在体育实践，强调参与。体育的特点是通过身体的运动来获得有机体的器官强大和功能协调，发展神经系统能力，提高社会适应力。譬如说体育锻炼能够增加人们的肌肉力量，提高神经系统的灵敏度和反应速度，提升骨骼的耐受度，增进身体器官的韧性和协调性，提高身体素质，提升适应力，促进身心健康；再比如适当的体育休闲、体育娱乐活动，如跳舞、瑜伽、下棋等活动有助于消除疲劳、发展体能、愉悦身心、增强体质、增进健康和培养社会适应能力；还比如军训活动，通过一定量和强度的体育训练，可以锤炼学生的身体，让他们体验"劳体"的辛苦，锻炼他们吃苦耐劳的作风，培养他们艰苦奋斗的精神，以及帮助他们了解军人，增强国防意识，体验军人服从规则的集体主义原则和为国奉献的爱国主义精神，培养他们的责任感；最后，体育场馆设备、图书器材、赛事活动、典礼仪式等物化于形，神化于行的体育文化也时时刻刻在影响着高校师生员工的生活、思想和行为。而这些都是必须得亲身参与，才能体验其中的乐趣和好处，才能得到真正的体会和感悟，他们体验到体育的选择快乐、兴趣快乐、体感快乐，体验体育文化的娱乐性和健身性，享受参与其中后带来的体感刺激和"惊喜"，获得自身的全面发展。

（四）高校体育文化育人的持久性

文化本身是智慧生物在长期的生存和发展中积淀起来的财富，具有延续性、持久性。文化育人更是一项漫长而持久的，有目的、有组织、有计划的社会活动，可以说文化育人是贯穿于个体终身的一项活动，育人的效果是终身的，不可逆的。大学文化的熏陶，对人的影响几乎都是终身的。几乎每一个有大学学习经历的人，都会对大学在学期间的标志性人物、事件、建筑等留下终生的记忆。这就是文化育人影响的持久性。高校体育文化作为社会文化和校园文化的分支，理所当然地具有文化的本质特征，具备传承性、延续性和持久性。高校文化育人虽然在部分育人活动中主要传承和传播科学文化知识，或许只会在人脑记忆库中留下一点印记，或许会很快淡忘，但高校体育文化育人却以培养技能和形成行为习惯为主要方式，学生掌握的技能或形成的习惯，均是在长期的训练中获得的，早已内化于心、外化于形，技能和习惯通过神经记忆，以自动化反应方式内化于心，或以身体组织的形态变化外化于形。高校体育文化对高校师生员工精神意识的渗透，行为习惯的养成，身心状态的改变，影响深刻而持久。

当然，高校体育文化还具有文化的互动性，体育的竞争性，高校的教育性等特征。

第二节　高校体育文化的育人功能

毛主席在《体育之研究》中认为体育能让人"强筋骨""增知识""调感情""强意志"，体育文化有着健身、强心及兴国之重任，高校体育文化的育人功能则主要表现在如下几个方面。

一、健身强心功能

体育作为身体教育的一门学问，不仅在维持身体健康，美化体型方面有突出的贡献，由体育运动发展起来的体育文化，与高校教学相结合，能发挥强身健体，缓解紧张、焦虑、抑郁等情绪的功能。

（一）健身功能

"生命在于运动"，古希腊先哲亚里士多德既已将运动视为生命存在的形式，运动对高校师生身心健康的影响已体现在生活的方方面面。首先，体育运动能够促进人体器官生长发育，美化体型。体育运动让身体各器官参与活动，得到一定的刺激，强化器官的组织结构和功能。一定量的体育锻炼，能让人的神经系统、骨骼、肌肉、皮肤和内脏都得到锻炼而发生形态和功能上的改变，尤其是骨骼和肌肉的成长，对体型的美化起决定性作用。其次，体育运动能促进身体器官功能的强化，让身体各方面功能协调统一，保证身体的正常运作。维持身体健康不仅仅是身体营养的补充，也不只是器官的生长发育，更重要的是人体各器官能各司其职，各负其责，促进身体协调发展，保证身体健康。脑力劳动只有辅以体育运动，才能够让各组织器官联合协调运动，如手眼协调能力，运动感觉，平衡感觉等的获得和强化都需要一定量的体育运动训练。再次，体育运动影响人的健康状态和工作效率。人的健康和高效工作不仅需要身体各个器官的生理健康，还需要各器官系统功能的相互协调运作。生理学家们相信"适量的体育活动不仅能改善血液循环，提高呼吸功能，刺激中枢神经，调节内分泌系统运作，还能促进人体新陈代谢，推迟人体组织器官结构、功能退化，延缓衰老"，这一结论已得到科学实验证明并广为人们接受。高校师生是从事脑力劳动较多但运动量相对较少的群体，长期的肢体运动不足，导致部分人长期处于亚健康状态，身体健康问题已成为影响高校育人质量的重大问题。因而发展先进的体育文化，促进广大师生在工作学习之余，积极进行体育活动，对消除疲劳，增强体质，增进身体健康，改善工作和学习效率起重大作用。

（二）强心功能

高校体育文化活动在促进高校师生身体健康的同时，还对高校师生的心理健康产生重大影响。首先，体育活动有利于减轻人们的生活压力，缓解焦虑、抑郁、紧张等不良情绪。据科学家研究，人在剧烈运动状态下会产生大量的多巴胺、肾上腺素、去甲肾上腺素等有助于人们增强兴奋感、安全感和幸福感的物质。适度的体育运动，对缓解心理压力，减轻焦虑、抑郁、紧张等情绪有明显的帮助。其次，适度的体育运动对人体适应自然环境，产生良好的心境和情绪有显著影响。

体育活动，尤其是户外体育活动，是人们身体与自然密切接触的最佳时机。大部分人在从事体育活动时都穿衣较少，呼吸新鲜空气，享受大自然带来的实惠和美，能让人产生良好的心境和情绪。"生动活泼，健康文明，喜闻乐见的校园体育文化活动，能给参加者带来一定的审美愉悦，从而产生良好的心境和情绪"。再次，参加体育比赛也是治疗心理脆弱，培养坚定意志，培育良好社会人格的方法。因为激动人心的拼搏过程和大起大落的竞争结果的反复刺激，能有效地缓解心理压力，增强人们的抗压能力和处理复杂社会关系的心理能力，促进身心和谐。

二、激励导向功能

高校体育文化除了在育体育心方面作用明显，还在激发动机、激发潜能和引导"三观"，引导政治方向，引导人生方向方面有突出的作用。

（一）激励功能

心理学家马斯洛认为人的精神生活需要安全感、存在感和成就感的满足，而体育文化在社会生活领域中对激励人们奋发向上的精神发挥了巨大作用。首先，高校体育文化能激发高校师生向上的动机，激发他们树立远大目标，激发他们的潜能。高校体育文化包含竞争性成分，包括超越自我、超越对手、超越极限等竞争与超越精神，这些精神能激发高校师生的精神力量，激发师生对体育运动、体育竞赛、体育活动的动机，增强其参与体育活动的兴趣和能力，为实现远大目标而努力。其次，高校体育文化的体验性特征尊重参与，体现参与激励。高校体育文化培养团队意识、团队奉献、团队互信、团队互动、团队互勉、团队互助的团队精神。尊重每一位参与的队员和对手，鼓励他们的参与感和荣誉心，让他们尽享参与的乐趣和团队互助的快乐。再次，高校体育文化的规制性特征体现尊重激励。高校体育文化规制性特征要求遵守规则、尊重对手、公平比赛，培养公平竞争精神，彻底的相互尊重，是公平竞争环境产生的基础。高校学子的学习和生活，大多都是在竞争环境中完成，学会尊重对手，尊重队友，尊重师长，尊重先知与后知，对每一个高校文化育人活动的参与者都以平等对待的态度给予信任、支持和尊重，能让他们获得尊重感和成就感，激发他们的参与意识，提高他们的凝聚力和向心力。高校体育文化倡导的体育精神能激发高校师生的精神力量，满足高校师生的精神需要，使他们有引以为豪的成就感、得到尊重的敬重感和参与其中的归属感。各种运动会中，不管是团体项目上的奋勇拼搏，还是个体项目上的突出表现，无不体现了中华民族的爱国主义精神，强烈的集体荣誉感，自强不息、坚忍不拔的民族精神，这都能极大地激励高校师生的爱国情怀和实现中华民族伟大复兴的使命感、责任感。高校体育文化能体现目标激励，尊重激励和参与激励三层激励平衡发展，实现高校育人目标。

（二）导向功能

高校体育文化积极进取的价值观，注重参与的世界观以及和谐身心的健身观能将高校师生引导到积极进取，乐观向上和奋发有为的精神状态上来，把低俗庸俗、审丑媚世的生活情趣引导到健康文明情怀上来。当今社会一些消极、悲观、颓废心理状态极易弥漫到高校校园，而高校的年轻人身心均处于将熟未熟的状态，可塑性较强，社会化程度不高，极易受到外来因素的影响和干扰，因而高校亟须积极文化的激励，正确文化的引导，高校体育文化中积极进取，公平竞争，团结协作精神正是引导年轻人树立正确世界观、人生观、价值观，坚定理想信念的一剂良方。高校体育活动中凝练出来的爱国爱家、尽职尽责、尽心尽力等精神文化，培养高校师生员工的爱国精神、孝心爱心、事业心、责任感和拼搏进取精神，为他们担负家庭和社会责任鼓气，为他们实现梦想加油，为他们的人生方向导向。

三、规范德育功能

规制性特征是高校体育文化的典型特征，规范功能是高校体育文化的重要育人功能。有规有范，由规而范，有范有德，高校体育文化育人以德为上。

（一）规范功能

规范功能是指置身高校校园环境中的师生在受到这种环境下的文化感染、熏陶和教育的同时，他们的思想观念、价值判断、道德行为也会受到这种文化的规范和制约。尽管高校体育文化包含竞争性成分，包含超越自我、超越对手、超越极限等竞争与超越精神，但遵守规则、尊重对手、公平比赛的公平竞争精神是体育文化的基本原则。在当前市场经济及高校教育体制下，高校培养的人才都得参与市场竞争，公平竞争意识和精神是高校育人的重要方面。高校体育文化的规制性特征要求人们遵守规则，尊重法制。高校体育制度文化通过规范师生的体育行为，形成师生共同认同的行为规范以及道德规则，形成优良的精神文化传统，来影响和规范个体行为，对高校师生员工的育体行为和日常行为形成广泛的约束。校园文化中道德教育和法制教育部分的道德原则、道德标准通过道德认知、道德情感的培育，逐渐内化为个体的道德意志和道德行为，成为大学生行为的内部约束力，即内在规范。而体育制度文化作为校园制度文化的具体体现，通过不断完善的规章制度来对大学生的行为进行外部规范。高校体育文化的规制性特征有利于培养大学生公平竞争意识和精神。

（二）德育功能

学校的德育课程一般进行一些基本的公民道德教育、道德品质教育、道德理想教育以及行为规范和文明习惯教育，而德育的关键在道德实践，高校体育物质文化中威武的体育场馆的使用规则，琳琅满目的体育器材的借还手续，无时无刻都在进行着文明习惯和行为规范的教育，体育名人胜事也在无形中激励着师生们奋发向上、努力拼搏。体育运动中公平竞赛精神，公正裁判精神，"更高、更快、更强"的体育精神，都体现着非常"正能量"的体育精神文化，在此文化熏陶下，高校师生更容易树立崇高的道德理想，培养高尚的道德情感，更好地形成正确的道德认知，强化坚定的道德意志，产生良好的道德行为，积极践行社会主义的道德原则和道德标准，养成优良的道德品质和个人作风。体育的竞争精神激励人们胜不骄、败不馁，"更高、更快、更强"激励人们挑战极限，超越对手，顽强拼搏，矢志进取，百折不饶，砥砺人们的意志，形成良好的个人道德品质；体育的"公开、公正、公平"精神要求人们"光明磊落"，以正当的手段谋取正当的利益，培养人们良好的职业道德；体育的团队精神，要求人们"心底无私"，提倡奉献精神，提升人们的社会公德水平。

四、能力培养功能

在高等教育大众化的今天，大学是人们开发智力，培养能力的最佳场所之一。高校体育文化能帮助高校师生员工掌握保持身心健康的技能，发展社会性人格，促进人的全面发展。首先，高校体育文化促进高校师生员工掌握保持身心健康的技能。高等教育之前的教育，往往以科学文化知识的传承和传播为主，对人类自身身心健康的知识传播和技能训练较少，只有到了大学，学生才开始普遍发展自己的兴趣爱好，关注自身的身心健康。高校体育文化育人作为大学文化育人的基础成分，通过高校体育教学和体育活动，促进高校师生员工掌握保持身心健康的科学知识以及训练技能，为自己以后踏入社会，接受竞争挑战做好准备。其次，高校体育文化促进高校师生发展社会性人格。高校体育文化的竞争性特征和公平竞赛精神，让高校师生感受到参与和尊重的重要性，增强他们的参与意识；高校体育文化的团队精神，培养他们的团队协作能力，让他们拥有更好融入社会的信心和能力；而且高校体育教学和体育活动，以及体育文化育人的体验性特征，要求高校体育活动的参与者投身组织，亲力亲为，培养他们的动手能力、执行能力、组织协调能力等；高校体育文化的规制性特征，让高校师生，尤其是大学生充分了解社会规则的不可逾越性，尽早地理解社会规则和履行社会功能，发展和完善他们的社会性人格。再次，高校体育文化促进高校师生各方面能力素质的全面发展。高校师生往往脑力劳动居多，体力劳动较少，结果造成高校师生"头脑发达，四肢简单"，思维能力、表达能力和指导能力较强，动手能力和执行能力相对较弱，智力发展水平较高，生理机能发展相对滞后。高校体育文化以体育实践为基本途径，以体育运动、体育锻炼和体育教学为基本手段，结合高校的智育、德育、美育，在高校师生的亲身实践中，丰富他们的科学文化知识，全面发展他们的各种技能，增长他们的社会经验，提高他们驾驭自我和适应社会的能力。

总而言之，高校体育文化在高校育人活动中，与其他校园文化一起，担任着锻炼人、塑造人、培养人等重要育人功能。

第三节　高校体育文化育人功能的实现路径

探寻高效的育人途径，保障高校体育文化完整发挥其育人功能，必须制定亲先进的高校体育文化育人目标，以目标引领育人；必须凝练并弘扬内容丰富的高校体育精神文化，以精神指导育人；必须建设殷实的体育物质文化，以物质保障育人；必须健全严谨的体育制度文化，以制度促进育人。

一、制定高校体育文化育人目标

要发挥体育学科和体育文化在高校的育人功能，就要把体育文化包含的理念、价值"贯彻到高校教书育人的全过程"，引导高校师生员工正确认识体育，积极体验体育，合理评价体育，培养体育习惯。发挥体育文化的育人功能，高校要以体育为核心，在体育文化的引导、浸润、濡化下，"加强国家意识、法治意识、社会责任意识教育，加强民族团结进步教育、国家安全教育、科学精神教育，以诚信建设为重点，加强社会公德、职业道德、家庭美德、个人品德教育，提升师生道德素养。"

制定高校体育文化育人目标，需要考虑以下几个方面的问题：第一，要以什么样的文化育人。现代体育以竞技和娱乐为主要体现形式，培养的是竞争精神，商业意识。目前国内体育的举国体制，也是以竞技体育为主。尽管高校大力倡导大众体育，全民体育，国家领导人也一向重视全民体育，但中国高校的体育文化，受中华传统体育精神影响，走养生体育路线，注重娱人自娱、健体养生，注重体育道德，讲究修身养性，有向养生体育文化、德育体育文化发展之势。因此，在高校发挥体育文化的育人功能，以什么样的体育文化来育人，是大众体育文化，还是专业体育文化；是传统体育文化，还是现代体育文化；是社会传统体育文化，还是先进体育文化，这些问题要首先确定。第二，要育什么样的人。高校是个小社会，包括教师、学生和员工，要发挥体育文化在高校的育人功能，需要搞清楚拿体育文化去育谁。是高校教师员工，还是高校学生；是全体学生，还是个别学生；是育传统人，还是育现代人等。第三，要育人的哪些方面。众所周知，体育能育体，但作为高校育人的基本手段之一，体育不光能促进身体机能的发展，在愉悦精神和提升社会化功能方面也有显著的影响。因而以体育文化育人，是只育人的身体方面，还是身心俱育；是培养"单向度"的人，还是培育全面发展的人等问题也需要搞清楚。第四，体育与人的关系。确立一个目标，以什么为导向很重要。譬如，体育文化育人目标的制定，需要搞清楚是体育为人，还是人为体育，是体育文化化人，还是人化体育文化。如果是体育为人，就把促进人的发展作为体育文化育人的目标；如果是人为体育，就会把集中力量发展体育作为目标。如果确立体育文化化人目标，就会把体育文化当作一种工具和手段，来促进人的发展；如果确立人化体育文化目标，就会在体育文化中加入人文化精神，以促进体育文化的发展。回答了以上问题，就能制定好高校体育文化育人的目标。

根据当前我国高校体育发展的实际情况，我们对以上问题的回答应该是：第一，高校体育文化育人要以具有民族特色的，"面向大众、面向世界、面向未来"的先进的体育文化育人。第二，高校体育文化育人要育高校的所有人，包括高校教师、学生和员工。第三，高校体育文化育人要育人的身体、心理、精神、个性、能力、素质、社会化功能等方面，实现全方位的育人。第四，高校体育文化育人是体育为育人服务，以促进高校师生的超越与发展为目标，在育人活动中体现体育文化的价值，同时也发展体育文化。

基于对以上几个问题的回答，我国高校体育文化育人的目标是：在高校建设民族的、大众的、开放的、可持续发展的先进体育文化，发挥先进体育文化的育人功能，以促进高校师生员工身心健康，精神愉悦，以发展个性，培养能力，提高素质为途径来提高他们的社会功能，促进人的全面发展。其中建设先进的高校体育文化是基础，发挥先进体育文化的育人功能是途径，促进人的全面发展是目的。

二、弘扬高校体育精神文化

作为高校体育文化育人的核心和灵魂，高校体育精神文化决定高校体育文化能否在高校体育活动中完整的发挥育人功能，主导高校体育文化育人的方向，决定高校体育文化育人的目标。建设高校体育精神文化需树立正确的体育观，把体育看作是生活的重要组成部分，体育既是休闲娱乐、日常消费，也是竞争；既是健身的途径，也是个性形成的重要手段。体育锻炼既是一种健康的、文明的、科学的生活方式，也是获得身心健康的重要源泉。培养高校师生良好的体育道德和体育行为习惯，增强他们的体育意识，使其树立终身体育观。在高校凝练和弘扬高尚的体育精神，如奥运精神，女排精神，男足"小强"精神，发掘其中的爱国主义精神、弘扬民族精神、提倡进取精神、推崇奉献精神、倡导参与精神和竞争精神、发扬开放精神和包容精神，提高高校师生的体育文化素养，促进高校体育文化充分发挥其育体育心、激励导向、规范德育功能。

三、建设高校体育物质文化

作为高校体育文化育人的物质基础，高校体育物质文化是体育文化的直接载体，是高校体育文化中可直接感知的部分，从根本上保障体育文化在高校发挥育人功能。高校校园内的体育场馆及体育器械，体育建筑及设施，可感知的视听觉材料都体现着大学人的价值观念、意志情操，只有加大经费投入，创造具有亲和力的校园体育物质文化环境，才能让广大高校师生对体育活动产生热情和冲动，增加兴趣，提升参与度，提高体育物质设施设备的利用率。尤其在体育物质设施的建设过程中，应特别注意整体性、层次性、民族性、大众性，既要充分体现一定的文化底蕴，又要照顾到高校师生的层次水平，既要能激发广大师生参与体育活动，又要避免体育场馆、体育设施因文化氛围而令一部分人不能参与其中。如建设过于"高大上"的高尔夫球场，只能令高校人员产生分层，既不能体现高校体育文化的先进性，也不能体现高校体育文化的包容性，更不能令学校体育文化环境达到使用功能和审美需要的和谐统一。

四、完善高校体育制度文化

作为高校体育文化育人的制度保障，高校体育制度文化是桥梁，将高校体育物质文化和体育精神文化联系起来，共同发挥育人作用。一定的精神文化有赖于物质文化的支撑，但物质文化和精神文化的结合还需要制度化作为保障。体育制度的建设是一项长期的、探索性、创造性的工作。高校体育制度文化的建设需要贯彻落实各项体育法规，把体育工作法治化、规范化、程序化，改进管理理念和管理手段。这些制度不仅要涉及体育教学，还要把体育设施设备的建设和管理、体育人员的安排和管理、体育活动及竞赛的流程和执行、体育宣传的管理等，以及其他体育事务的建设和管理统筹起来，要把高校体育制度文化系统化，高校师生才能更好地享受高校的体育物质文化，更积极地创造高校体育精神文化，在遵守规则，提高自我道德修养的同时，保障身心健康，享受自我，服务社会。

此外，"组建体育俱乐部""打造高校体育文化节"等，也是高校体育文化育人功能发挥的重要途径。

第六章 高校校园文化育人功能的发挥

第一节 高校校园文化育人功能发挥的内在机理

高校校园文化育人是高校人才培养体系的重要组成部分。深入探析新时代高校校园文化育人功能发挥的内在机理对于把握校园文化育人规律，强化校园文化育人效果具有重要意义。本章节从高校校园文化育人功能发挥的育人实践特质出发，论述了高校校园文化育人功能发挥的要素构成，以及各要素在功能发挥中具体作用；分析了高校校园文化育人功能发挥的基本环节；在明确要素关系的基础上，论述了高校校园文化育人功能发挥的作用机制。

一、高校校园文化育人功能发挥的要素分析

高校校园文化育人功能发挥从本质上来说是育人实践活动，包含育人主体、客体、介体等基本要素。首先，从高校校园文化的形成过程来看，高校师生都是影响高校校园文化生成与发展的文化主体，都在一定程度上影响着高校校园文化育人功能的发挥过程。二者在其中的所处的位置却并不相同。高校教师和行政管理人员是高校校园文化育人活动的发起者，在其中起着主导作用；大学生则是高校校园文化的主要"化""育"对象，是接受校园文化影响的一方。其次，高校校园文化在育人功能发挥中扮演着双重角色。高校校园文化既有"文化价值"意义上的育人力量，又作为联系各种育人要素的育人媒介存在。高校校园文化能够以其内在的精神力量和价值体系去引导大学生形成正确的思想、意识，也能够充当育人的文化载体，通过各种各样的文化活动提升文化育人的吸引力。最后，高校校园文化育人功能发挥有着特殊的作用方式，它具有整体性、渗透性和内隐性的特征。高校校园文化环境的熏陶感染是高校校园文化育人功能发挥的主要方式。

基于以上分析，本文在对高校校园文化育人功能发挥进行要素分析时，借用了思想政治教育接受理论中，"教育主体、接受主体、接受客体、接受媒介、接受环境"五要素分析的基本框架，对高校校园文化育人功能发挥的教育者、育人对象、育人内容、育人媒介、育人环境进行了分析，以期借助对要素关系的分析，明确五要素对高校校园文化育人功能发挥效果的影响。

（一）教育者

在高校校园文化育人功能发挥中，教育者的主导地位主要体现在，他是确立育人标准、选择育人内容、实施育人环节的主动行为者，起着保证方向、把握时机、消除障碍、人格感染等作用。在高校复杂的文化构成中，不止存在着积极向上的文化内容，也会有不和谐的文化因素存在。为了保证高校校园文化育人的先进性，就必须借助教育者的力量，从顶层设计的高度对高校校园文化的进行整体规划与建设，形成健康向上的文化氛围，从而对大学生进行正确的引导。从根本上来说，一所高校的办学理念是影响其高校整体文化氛围形成的核心因素，对高校办学理念的确立，精神文化的建设，都离不开教育者的重视与构建。同时，教育者的自身素养也会对其文化引导力产生影响。高校思想政治教育工作者的理论水平、思想观念、价值态度，以及运用校园文化实施育人的自觉性和操作能力等，都会在一定程度上影响大学生对校园文化育人的感知和接收。从育人的角度来说，教育者承担着价值引导的根本职能，即"以社会的要求为准绳，科学地影响教育对象，不断把教育对象的思想政治品德提升到社会需要的水平"。教育者的主导地位毋庸置疑，没有教育者，整个文化育人过程就不能自觉进行，也就不是基于思想政治教育目的而实施的高校校园文化育人。

（二）育人对象

在思想政治教育中，教育对象可以是全社会的人。而在高校校园文化育人功能发挥中，教育对象特指接受高校校园文化熏陶感染的大学生。严格意义上来讲，高校校园文化不仅影响着大学生的成长与发展，对高校组织的其他成员也发挥着文化的熏陶作用。而大学生是高校人才培养体系的主要作用对象，也是在教育者的引导下接受高校校园文化的熏陶、感染的育人对象。大学生能够通过自身心理运动的过程内化教育影响，提高自身综合素质。而从文化对人影响的非强制性来说，高校校园文化育人功能发挥，不能忽视教育对象的主体性。只有教育对象的文化感知力提升，并主动接受文化的影响，内化教育信息，高校校园文化育人功能发挥才能真正产生效果，实现价值。教育者应该在育人过程中积极调动教育对象的"主体性"，发挥其能动性与创造性，强化育人功能发挥效果。从根本上来讲，大学生的成长发展是检验新时代高校校园文化育人功能发挥效果的关键所在。只有受教育者对高校校园文化育人内容产生认同，并在此基础上，内化于心、外化于行，高校校园文化育人功能才最终得以发挥。

（三）育人内容

高校校园文化在思想政治教育中通常是以文化载体的形式存在的，教育者常常忽略高校校园文化在一定程度上也是作为教育内容发挥着育人作用。高校校园文化在几十年的发展中形成了厚重的文化积淀，其本身就具有丰富的育人内涵。大学的办学理念和大学精神是高校校园文化中最为核心的部分，能够产生精神动力，引导大学师生的思想观念、道德观点、学术理念等。例如，东北师范大学以"勤奋创新为人师表"为校训，将时代的精神内涵结合师范院校的特色进行凝练，为学子的求学与成人之路提供精神引领与价值追求，有助于塑造大学生的健康人格与学术品格，并约束其遵循职业道德。高校校园文化能够以其特有的精神内核去引导大学生按照其要求去完善自我，在满足大学生精神文化需求的同时致力于提升大学生的思想道德素养。高等教育的政治属性要求高校校园文化育人功能发挥要服务于国家文化发展和高校人才培养的要求。因此，在育人内容要素上，除了高校校园文化内在的育人要求，也应该包括中国特色社会主义文化的丰富内容。教育者总是要传达一定的教育信息给受教育者，因此教育内容的选择也会对高校校园文化育人功能发挥产生重要影响。对于高校校园文化育人功能发挥来说，选择什么样的文化来育人，直接决定着育人的导向问题。从实践过程来讲，育人内容的选择在很大程度上制约着育人的实际方向，是影响高校校园文化育人功能发挥的重要因素。

（四）文化载体

文化载体在高校校园文化育人功能发挥的实践过程中，充当着媒介的作用。校规校训、宣传标语与形式多样的文化活动，都是大学生日常生活中频繁接触的文化载体。大学生对文化育人内容的选择、接受与内化、外化都得在现实的校园文化生活中实现。高校校园文化作为育人载体存在，能够承载思想政治教育信息，成为教育者传导教育信息的媒介，从而起到一定的育人功能。对文化载体的建设是强化高校校园文化育人效果的主要途径，包括凝练大学精神，培养良好的校风、学风，营造良好的文化氛围；注重文化活动的主题性融入与平台化建设；加强校园网络文化载体建设等。作为高校校园文化育人过程中不可或缺的媒介要素，文化载体一方面能够承载和传导校园文化中的育人内容，另一方面能够为文化育人过程中各要素的相互作用和相互影响提供平台支撑。时代的发展要求高校要加强文化载体建设，创新文化育人形式。高校"育人为本"的教育理念要求思想政治教育工作者要关心大学生的身心发展，了解大学生对各种文化载体的喜好和接受程度，充分考虑各种文化载体的特性，灵活运用载体，更好的呈现教育内容。因此，教育者需要通过校园文化建设，不断丰富和发展文化育人载体，综合运用的文化育人方法和手段，增强高校校园文化育人形式的新颖性，吸引大学生主动参与文化活动，接受文化熏陶，从而更好地发挥高校校园文化育人功能。

（五）文化环境

由于文化育人主要是以浸润、熏陶、感染的方式去影响受教育者，校园人文环境不仅对高校校园文化育人功能发挥效果产生重要影响，而且直接以"环境熏陶"方式参与到其实践过程中。因此，文化环境也应成为高校校园文化育人功能发挥的一部分，作为其要素存在。高校校园文化环境具有显性文化与隐性文化的双重性质，包括由一定的文化基础设施和人文景观组成的物质文化环境，也包括由大学精神、办学理念、校风校训、规章制度等内容构成的校园文化"软环境"。马克思的教育环境理论认为"人创造环境，同样环境也创造人"。通过高校校园文化环境的浸染，大学生能够在不知不觉中转变其思想观念与行为习惯。高校校园文化环境作为重要影响因素，对高校校园文化育人功能发挥起着双重作用，健康向上的校园文化环境能够以潜移默化的方式，对大学生的思想观念、道德品质等产生积极影响，进而对高校校园文化育人功能的发挥起到促进作用。而高校如果不注重构建健康向上的校园文化环境则会对文化育人效果产生负面影响。新时代背景下，高校校园文化环境的营造应该在硬件设施、基础设备建设的基础上，更加注重校园文化"软环境"的打造，彻底避免出现文化活动开展走形式轻内容，文化环境建设重物质文化建设轻精神文化建设的现象。

二、高校校园文化育人功能发挥的运行过程

上述我们对高校校园文化育人功能发挥构成要素的分析仅限于一种静态的思考，要深入高校校园文化育人功能发挥的内在机理，产生较为全面的认知，必须运用动态的思维来分析其运行过程，研究这一过程中所包含的彼此联系的若干环节。恩格斯指出，"世界不是既成事物的集合体，而是过程的集合体，其中各个似乎稳定的事物同它们在我们头脑中的思想映象即概念一样都处在生成和灭亡的不断变化中。"高校校园文化育人功能发挥作为一个实践活动，必然有其发展变化的过程，它在微观上表现为一个具体的教育活动过程。由于文化育人具有特殊性，是在文化传承与创新的过程中实现人的自我完善与自我超越的，高校校园文化育人功能发挥又具有区别于一般教育过程的特点，在育人过程中，更加强调文化的柔性，注重文化氛围的营造，通过文化环境的感染熏陶，潜移默化地影响大学生，达成育人目的。从上文对高校校园文化育人功能发挥过程中五要素的分析来看，这一过程主要是教育者挖掘校园文化育人内涵、丰富校园文化育人载体、打造校园文化育人环境的过程，与大学生对育人内容的内部处理过程的内在统一。新形势下，高等教育对人才培养质量越来越重视，对高校校园文化育人功能发挥进行反馈调节成为整个运行过程中一个重要环节。基于以上分析，我们将高校校园文化育人功能发挥的运行过程分为前期规划、具体实施与反馈调节三个主要阶段进行深入研究。

（一）前期规划

教育者对高校校园文化育人功能发挥的前期规划与设计能够保障育人过程的正确方向与育人要素的合理配置。在前期规划阶段，教育者要对高校校园文化育

人功能发挥进行整体设计，并且要了解育人对象的特征与其思想品德发展规律。

1. 教育者要了解大学生的思想特点与成长规律，对其文化价值倾向进行初步认识

观察育人对象，深入了解育人对象的文化蕴涵，是高校校园文化育人功能发挥的首要环节。高校校园文化育人说到底与一般的教学、育人过程不同，具有潜隐性的特质，教育对象能否接收到教育信息，并整合内化为自己的思想观点，取决于教育对象对文化的感知力和主动性。出生于经济腾飞的改革开放时期，在国家各项事业取得全面发展的新时代环境下步入大学生活，新时代青年成长经历丰富，眼界开阔，有利于大学生产生对中国特色社会主义文化的文化自觉与文化自信，这为高校校园文化育人功能发挥奠定了良好基础。但是，现代信息技术的发展，营造出一个虚拟社会与现实社会交织的社会，各种不良文化有着更为隐蔽的传播渠道，大学阶段又是大学生成长的关键时期，其心智尚未成熟，价值观还没有完全形成，容易受到大众文化、网络文化中不良因素的影响。因而，深刻认识和把握当前大学生的学习特点、思想特点和心理特点显得尤为重要。

2. 大学领导要组织专门师资队伍对高校校园文化育人功能发挥进行整体规划与顶层设计

高校应该从高校校园文化育人功能发挥的整体性出发，整合校内校外两种文化资源，带动社会文化与校园文化育人的良性互动；整合校内育人人力资源，发挥多元主体的教育力量，通过合力育人方式强化育人功能。高校校园文化育人主体的共同参与和相互协作，能够有效加强育人规划的科学性与合理性。从教育者的角度来说，在实际教育教学过程中，他们分别隶属于不同的学校部门和学院。高校层面的整体规划能够有效突破部门之间、学院之间的隐形壁垒，更好的发挥教育者之间的协同作用，发挥多重主体的整体效应。从而避免在实际工作中，把校园文化育人附属于某一部门，局限于管理层面或思想政治教育层面。总之，在高校校园文化育人功能发挥的实践中，包括大学领导与一线教育与管理人员在内的教育者要发挥学校作为文化组织的统领作用，实现各种校园文化资源的合理利用。

（二）具体实施

高校校园文化育人功能发挥的具体实施阶段更加凸显育人对象的主体作用，大学生对高校校园文化育人功能发挥的内容解读与整合内化是整个过程的关键环节。因此，本节从大学生对育人内容的内容解读、整合内化、外化践行三个彼此关联的环节展开论述。强调高校校园文化育人具体实施阶段中，教育对象对育人内容的处理，并不是弱化教育者对这一育人过程的主导和引领，而是由于文化影响的特殊方式，使得育人对象的主动性，对精神文化提升的内在需要成为高校校园文化育人过程的内在动力，是决定育人效果的关键所在。与知识教育不同，文化育人并不是一般意义上教与学的过程，而是侧重于教育对象对育人内容的接受吸收、内化整合并外化于行的过程。

1. 内容解读

内容解读是高校校园文化育人功能发挥中，教育对象接受文化影响的第一步。教育对象运用自己现有的文化认知能力，依据一定的评价标准，对所接触到的文化育人内容进行价值判断与取舍。大学生对文化育人内容的解读是基于自己原有的文化认知能力与提升自身素养的需求之上的。其主体性决定教育对象会采用自己的一套价值标准来对育人内容进行解读与筛选。个体的内在精神需要和对文化的基本认识能力，制约着大学生对于教育内容的解读。大学生对高校校园文化育人内容的解读一般具有两种结果。当教育内容所传达的信息满足大学生的个体需要，并且大学生的文化自觉能力较强时，大学生对教育内容的解读是全面的、客观的；当教育内容不满足大学生的个体需求，或者大学生的认知能力较差，那么，他对教育内容的解读则是局部的、主观的。对教育内容进行初步解读后，接受主体会采用带有个人主观性的接受标准衡量接受客体，确定是否接受，接受多少。然后进入筛选步骤。大学生作为接受主体，会依据自己的内在需要对教育内容进行分解、取舍。

2. 整合内化

文化育人内容进行解读之后，教育对象从中筛选出符合自己内在精神文化需要的文化内容，而这些文化内容必须通过教育对象内部整合之后才能内化为自己意识的有机组成部分，成为大学生内在的思想认识。它是教育对象运用思维将高校校园文化育人功能发挥中的教育信息整理、融合，进而归置为自身思想观念的建构活动。对于高校校园文化育人功能发挥来说，整合，意味着找出新获取的文化内容与原有的文化认知之间的内在关联性，经过思维加工，产生新的认知结构。大学生在建立新的育人内容与原有的思想体系的共同联系之后，还必须经过大学生自身心理活动，才能内化为自己思想认识的有机组成部分，促进思想品德的发展。教育者所传达的教育信息，只有经过了教育对象的整合内化，才能触动教育对象的内心世界，使其思想意识变化发展。这一环节是高校校园文化育人功能发挥最为关键的环节，教育内容能否被教育对象真正接受，还是被排除在教育对象的心灵世界之外，主要取决于此。对于符合大学生原来文化认知的部分，大学生更易于接受。

3. 外化践行

经历过整合内化环节后，教育对象将社会要求的思想观念、价值观点、道德标准转化为自身意识的一部分。还要经过外化进行环节强化认识，并将之转化为思想道德行为表现和行为习惯。人们的认知能力与实践能力有时候并不在一个水平上，判断一个人的品质优劣、素养高低，需要考察其具体行为。在外化践行环节中，大学生不仅道德观点与道德实践结合起来，把思想认知与具体行为统一起来，而且，还扩大了社会交往的范围，在实践中检验了所接受的教育影响，增强了自身的判断能力。这一环节对于大学生巩固良好的思想道德素养具有重要的意义。外化践行环节除了可以强化刚刚融入自我意识体系的教育内容，还是下一环节检验高校校园文化育人功能发挥效果的重要依据。各种文化活动的开展为巩固高校校园文化育人效果提供了丰富平台。在各种校园文化交往与活动中，大学生能够将获取的教育影响以言行的方式表现出来，在满足精神文化需求中得以进步。

（三）反馈调节

新时代背景下，建立高水平人才培养体系是高等教育提升教育质量和效果的必然要求，高校对人才培养质量的重视也就要求高校校园文化育人功能发挥必须注重育人效果。从高校校园文化育人的整体性来说，教育实施的完成并不是意味着高校校园文化育人活动的结束。虽然思想观念、道德观点是抽象的，但是可以通过语言、行为等外显出来，对育人的反馈与调整也应该纳入高校校园文化育人过程。经过了教育者实施育人过程的准备阶段与教育对象接受教育信息的育人实施阶段，教育内容内化为教育对象的意识，外化为其行为习惯，育人功能得以发挥，教育效果得以显现。这些信息一方面反馈给教育者，有利于其调整教育目标，优化育人方案，进行下一步的育人实践活动；另一方面，反馈给教育对象，使其审视自身的价值标准和观念体系。

高校校园文化育人从整体规划到具体实施，包含众多复杂的环节与影响因素，这就导致最终效果可能与预期存在偏差。为了了解功能发挥中的效果差异和具体问题，教育者应该在反馈调节阶段投入更多精力。而在反馈调节中，关键的环节是建立一定的评估体系，评估是反馈的前提与基础，只有恰当的评估才能提供正确的、有用的反馈信息。所以这一阶段包含评估、反馈、调节三个紧密联系的环节。总的来说，在反馈调节阶段，高校要以建立健全校园文化建设评估机制，疏通信息反馈渠道为重点。

首先，高校要在国家政策文件的指导下完善校园文化建设的评价标准。对高校校园文化育人效果的进行评估，需要建立在一定的评估标准基础之上。这就要求高校要建立并完善校园文化建设的评价体系，将复杂的、抽象的，不便测评的育人效果具化为具象的、可测量的指标体系。进入新时代以来，国家越来越重视教育的质量问题。针对校园文化建设问题，国家于2017年6月出台了《全国高校文明校园测评细则》。这一细则对校园文化建设和校园环境建设进行了测评指标划分并提供了细致的测评标准，为高校进行校园文化建设质量测评提供了标准与依据。高校应该在细则的指导下，结合学校自身的发展特色，细化并完善校园文化建设的评价体系，使高校校园文化育人功能发挥的效果评估有具体的标准与依据。

其次，高校要发挥校园文化建设工作组在评估与反馈中的方向指导与沟通协调作用。成立专门的校园文化建设工作组，不仅能够加强对高校校园文化育人功能发挥的整体规划，为实施阶段提供保障，而且便于对效果进行评估与反馈。校园文化建设工作组要承担起组织实施功能发挥效果评估、疏通信息反馈渠道、优化校园文化建设规划的重要职责，从而奖优惩劣，推动高校校园文化育人功能发挥的进一步发展，真正将反馈调节的优势发挥出来。

之所以将高校校园文化育人功能发挥过程划分为各个阶段和环节，是为了对整个实践运行过程有一个更为清晰深入的了解。但是，高校校园文化育人功能发挥毕竟是一个整体的实践活动，各个部分不是割裂开的，而是相互衔接，彼此作用的有机整体。说到底，教育者对教育内容的传导和教育对象对教育内容的接受是在同一育人过程中实现的，在实践中还是要进行整体把握。

三、高校校园文化育人功能发挥的作用机制

《现代汉语词典》对机制的含义作出如下解释："机器的构造和工作原理；机体的构造、功能和相互关系；某些自然现象的物理、化学规律；泛指一个工作系统的组织或部分之间相互作用的过程和方式"。本文取用机制的最后一种含义作衍生理解，认为高校校园文化育人功能发挥的作用机制是指其运行系统内部各组成部分的相互联系与作用关系。高校校园文化育人功能发挥的作用机制主要表现为"人化"与"文化"的互动机制、文化引导与自我教育相结合的机制、内化与外化相统一的机制。

（一）"人化"与"化人"的互动机制

高校校园文化与文化主体在高校校园文化育人功能发挥中存在相互作用的关系。首先，从高校校园文化的形成与发展来看，它是高校师生员工在办学实践中共同创造的。而高校校园文化一经形成，便会以文化的方式作用于人自身，对人产生正面或负面的影响。因此高校校园文化育人功能发挥遵循着"人化"与"化人"的互动机制。

高校校园文化育人功能发挥的实践过程中，一方面高校人作为实践活动的主体，在实践过程中以育人目的为指引，将外部世界对象化，创造出丰富多样的文化成果，在这一过程中丰富和发展了高校校园文化，有意识的创建了有利于育人实践开展的文化环境，实现了"人化"过程。另一方面，文化育人包含着以"文""化"人的含义，人们创造了文化，文化也在塑造人。从高校校园文化育人功能发挥的内容来看，高校精神文化作为其重要内容也发挥着价值涵养和文化熏陶的重要作用。高校精神文化体现了高校的办学理念与价值追求，是高校在长期的办学实践中多重因素相互融合的结果，是高校校园文化的精髓，也是高校赖以生存和发展

的精神动力。高校精神文化所包含的以学术创新精神、学术诚信意识、学术责任意识、学术合作精神为内容的高校学术精神，以及以人文本的教育理念，在很大程度上体现了高校的人才培养理念和文化价值取向，是高校营造校园氛围、塑造价值理念的集合体，也是高校规范师生言行，引导大学生在学术生活中进行正确的价值选择和价值判断的重要力量。高校校园文化具有"在而无在"的特征。大学生受到高校校园文化氛围的长期熏染，能够在不知不觉中受到影响，潜移默化地完成自身思想观念的转化。而高校校园文化育人功能发挥的前提是良好校园文化环境的建设。从这个意义上讲，高校校园文化育人功能发挥实质上是"人化"与"化人"双向建构的过程。

（二）文化引导与自我教育相结合的机制

从教育者与大学生在高校校园文化育人功能发挥中的作用来看，文化引导与自我教育相结合是其内在机制的表现形式之一。教育者的教育引导和教育对象的自我教育在高校校园文化育人中具有内在联系。从文化对人的影响的自发性来说，由人的实践活动所产生的文化在长期熏染中对人的思想与行为产生无意识的、自发的影响。而这种影响本身来说有正面影响与负面影响之分。文化本身有先进与落后之分，先进的健康的文化会对人产生积极影响，使人的思想品质向好的方向发展；而落后的腐朽的文化，主要是传统文化中的糟粕和外来文化中的有害成分，则会对人的全面发展起阻碍作用，不利于其思想品德形成发展。而教育能够通过主体实践的自觉性，将文化影响人的自发状态转化为文化的自觉育人活动，在活动过程中，凸显文化对人的有利影响。

高校校园文化育人功能发挥是教育者的文化引导与大学生的自我教育共同作用的实践过程。一方面，教育者将教育内容融入高校校园文化建设，利用高校校园文化的功能对大学生进行文化价值观引导。教育者能够利用其主导地位，将时代内涵与时代精神融入高校校园文化，从而达到培养大学生正确价值观念与思想品质的育人目的。教育者是高校校园文化育人过程中的主导者，对文化载体的选择，文化环境的优化起着主导、引领的作用。另一方面，大学生具有主体意识，能够在高校校园文化育人功能发挥中主动学习、自觉接受文化影响，进行自我教育。高校校园文化育人功能的发挥，必须充分考虑大学生在其中的主体地位与能动作用。首先，在高校校园文化育人功能发挥的过程中，只有当教育者通过文化载体传导的教育信息，被大学生个体选择接受、并内化为个人意识，其育人功能才得以真正实现。所以，大学生在高校校园文化育人过程中发挥主动性，形成文化自觉，是这一过程的关键环节。其次，大学生知识丰富、思维活跃、富有朝气、接受能力和创造能力强，是进行高校校园文化创新的主要力量。调动大学生的创造力和创新思维，对于提高各种文化活动的新颖性与吸引力有着重要作用。所以，高校校园文化育人功能的有效发挥，需要充分培养大学生的主体自觉与创新意识。

（三）内化与外化相统一的机制

在高校校园文化育人功能发挥中，在文化认同的基础上，教育对象对高校校园文化育人内容进行内化与外化，是高校校园文化与教育对象之间互动的内在机制。在高校校园文化育人中，教育对象对文化影响的内化与外化建立在文化认同的基础之上。对高校校园文化所传达的思想观念、价值观点、道德规范产生认知与情感上的趋同，自觉接受高校校园文化的影响，是高校校园文化育人功能发挥的关键所在。文化认同是大学生内化高校校园文化影响，并形成自身文化价值观的重要前提。对高校校园文化的"内化"是在文化认同的基础上，个体将先进的文化价值经由个体内化过程，转化为自身相对稳定的认知与态度，融入自身文化价值系统；对高校校园文化的"外化"是指大学生将对高校校园文化所传达的文化价值内化的结果经由实践得以显现的过程。经过这两个环节，大学生形成个体态度转变，从"你要我怎样做""接受你的观点"转化为"我要这样做"。大学生对高校校园文化的"内化"与"外化"辩证统一于高校校园文化育人实践，并在实践中相互转化。在高校校园文化育人实践中，文化的内化与外化实际上是以文化价值构建为基本内容的过程，即文化价值观念的输入与输出。教育者将国家与社会发展所需要的文化价值观念通过校园文化载体传到给教育者，引导大学生将其内化为个体内在的思想意识组成部分；大学生又通过文化交往与文化活动将所获取的文化价值观念外化于行，在文化行为中巩固新的文化内容。二者是互融共通的关系，没有大学生将获得的新的认识内容在实践中的外化，其内化也就失去了存在的意义。

第二节　高校校园文化育人功能发挥的时代要求

高校校园文化育人说到底是高等教育整个人才培养体系中的一部分，必须遵循高等教育的办学原则。总书记在高校思想政治工作会上指出，高等教育要坚持社会主义办学方向，坚持党的领导。因此，党和国家的政策方针决定着高校校园文化育人功能发挥的整体方向。总书记在全国高校思想政治工作会议上强调，"高校思想政治工作关系高校培养什么样的人、如何培养人以及为谁培养人这个根本问题"。从思想政治教育的角度去分析，新时代高校校园文化育人功能发挥主要涉及"以什么文化育人""育什么样的人""怎样育人"这三个核心问题，对这三个问题的论述就展现了高校校园文化育人功能发挥的时代要求。

一、坚持以先进文化育人

高校校园文化育人的首要前提是以先进文化育人，这是由高校校园文化自身性质、社会文化发展的需要、国家人才培养的目标共同决定的。时代不断前进，文化也在不断创新发展，只有坚持以先进文化育人，才能不断丰富高校校园文化育人功能发挥的理论与时代内涵，强化育人效果。

（一）以先进文化育人的必要性

高校校园文化应该坚持以什么样的文化育人，这是决定高校校园文化育人功能发挥的整体方向的前提性问题。在人们的实践活动中，文化一经产生，就反过来对人的思想、意识和行为产生影响。这种影响既可以是正面影响，也可能是负面影响，权由发挥作用的文化本身的性质来决定。先进文化能够对人们的思想观念、价值体系和行为方式产生积极影响，反之，落后文化则会侵蚀人们的内部精神世界，阻碍人的发展。文化对人的影响具有客观性，但是文化育人却有着鲜明的价值取向。文化的育人功能特指文化对人产生的积极影响。只有坚持以先进文化育人才能发挥文化培育人、塑造人的积极作用。从高校校园文化育人的本质来说，它是高校用校园主导文化内在的知识体系、价值体系和行为规范去引导大学生内化特定的文化内容，对大学生进行有意识的文化影响与文化构建的过程。就文化育人的政治性而言，这种文化影响或文化构建活动从根本上来说要符合国家统治阶级的利益要求。用符合社会发展潮流的先进文化进行文化育人活动，才能保障文化育人的正确方向。中国特色社会主义先进文化代表着我国社会文化发展的方向，是推进高校校园文化建设的主导力量。因此，高校必须坚持用中国特色社会主义先进文化培育人，保证高校校园文化育人的正面引导。

高校校园文化能够以其内在的精神动力、制度文化、行为规范去塑造大学生人格，促进其全面发展。高校实施文化育人的核心目标在于实现"立德树人"根本任务。对具有明确的政治属性的高等教育而言，加强文化育人的价值构建，发挥先进文化的育人功能是其内在追求。因而，高校校园文化育人功能发挥也无法脱离社会文化大环境的影响。社会文化大环境会对高校校园文化育人功能发挥能够产生双重影响。一方面，社会需要的主流文化规定着高校校园文化发展的方向，大学也根据文化自身发展的要求及大学对文化的创造、对社会文化的批判活动去丰富社会文化内涵、定向社会价值系统，进而发展社会。另一方面，社会文化中包含的一些亚文化形态，则会对高校校园文化育人功能的发挥造成一定冲击。总书记在文艺工作座谈会上指出"我国社会正处在思想大活跃、观念大碰撞、文化大交融的时代，出现了不少问题。其中比较突出的一个问题就是一些人价值观缺失，观念没有善恶，行为没有底线"。当前我国社会文化发展呈现一元主导与多样发展的格局。马克思主义理论指导下的中国特色社会主义文化事业蓬勃发展，为高校校园文化育人功能发挥提供丰厚的文化滋养。西方文化、大众文化、商业文化等社会非主流文化也占据一定的发展空间。当这些在社会中形成的多元价值观以及各种社会思潮涌入高校后，会通过动摇少部分师生对主流文化的认同，从而对高校校园文化育人功能发挥带来问题。由于大学生思想活跃，对新鲜事物的接受度高，又没有形成稳定的价值判断，很可能会受到社会文化中一些错误观点的影响，产生功能主义、利己主义思想，不利于大学生自身发展，也会对校园文化整体氛围产生不好的影响。从现象上来看，部分高校重物质文化、轻精神文化建设，在硬件设施、基础设备上投入了大量精力，这促进了校园环境的提升与改善，却忽视了精神文化对师生的隐性熏陶和内化作用。有些高校对校园文化建设不够重视，校园文化的功利性、通俗性、娱乐性突出，举办的校园文化活动重形式而非内涵，不仅不能提升学生的文化素养，反而消磨了学生的学习时光。

（二）用先进文化引导高校校园文化建设

从文化育人的本质来讲，高校校园文化育人毕竟是以先进文化去塑造人、引导人、感染人，从而促进大学生文化素养与道德品质的提升。这就要求高校必须要加强校园文化建设，坚持一元主导与多样发展相结合，营造具有深厚传统文化氛围的校园文化环境，在育人中坚持文化自信。高校校园文化只有始终保持自身的文化先进性，才能在培养人、塑造人、影响人上取得成效。新形势下，只有不断加强高校校园文化建设，才能有效发挥高校校园文化的育人功能。

首先，高校校园文化建设要坚持一元主导与多样发展的结合。主流文化在高校校园文化中占主导地位，是文化育人先进性的要求。高校要以中国特色社会主义先进文化为底蕴，加强党的理论教育，开展革命文化相关主题教育，以巩固先进文化在高校校园文化中的主导地位。"国际上，西方敌对势力一直把我国发展壮大视为对西方价值观和制度模式的威胁，一刻也没有停止对我国进行意识形态渗透"，坚持先进文化在高校校园文化中的主导性也是加强高校意识形态工作，维护高校校园文化安全的必然要求。"文明因交流而多彩，文明因互鉴而丰富"。高校具有发展多元文化的潜质与需求。首先，从大学生的组成来看，我国少数民族与国外留学生占据一定数量，我国还有专门的民族学校，这就要求高校校园文化要具有包容性，给予其他民族文化和国家文化一定的发展空间；其次，教育的国际化要求高校要加强对外的学术交流与合作，教育部与高校为拓宽大学生学术视野提供了多种形式的留学服务项目，引智基地的建设为高校引入了具有国际学术地位的著名专家学者，国内外高校的学术交流合作越来越多，为高校发展多元文化提供了土壤。因此，就高校校园文化的发展或建设来说，既要坚持中国立场，以发展中国特色社会主义先进文化为己任，坚持先进文化在高校校园文化建设中的主导性，同时，又要以开放包容的姿态引导多元文化的合理发展。

其次，高校校园文化建设要营造具有深厚传统文化氛围的校园文化环境。习近平总书记指出，"优秀传统文化是一个国家、一个民族传承和发展的根本，如果丢掉了，就割断了精神命脉。"中华优秀传统文化蕴含着丰富的哲学思想、人文精神、教化思想、道德理念等，高校校园文化要深入挖掘优秀传统文化的育人要素，形成具有优秀传统文化基因的高校校园文化育人环境。高校应该创造性运用中华优秀传统文化资源，培育大学生爱国主义情怀与健全人格，坚持以美育人、以文化人，提高大学生的人文素养。高校可以通过邀请名师、大家、传统文化传承人开展讲座，增进大学生对传统文化的认识；通过国学社、汉服社、书法社等学生社团组织，激发大学生对优秀传统文化的兴趣，在传承优秀传统文化中，丰富文化生活；通过设立课题基金加大对优秀传统文化育人的研究，形成丰富的理论研究成果，促进产学研相结合。高校将中华优秀传统文化资源引入高校校园文化育人氛围的营造，对于增强高校校园文化育人效果具有重要意义。

最后，高校校园文化要在育人中坚持文化自信。新时代背景下，我国经济社会进一步发展，"一带一路"建设等经济领域的新举措吸引着世界关注；对外交往也迈入新阶段，建立人类命运共同体的号召获得了更多的国际认可。在中国发展获得国际认可与肯定的同时，提高国家文化的软实力，增强中华文化的影响力是新形势下我国宣传思想工作的主要任务之一。就高校层面而言，在对外的学术交流与合作中，要秉持中国特色社会主义文化立场，传播中国声音，讲好中国故事；在教育教学中，更要树立正确的文化价值观念，认同与发扬本民族文化，要将培育大学生文化自信作为高校校园文化育人的基本目标。能否在育人中坚持文化自信，是检验高校校园文化育人工作好坏的一个基本衡量指标。高校要加强主流媒体建设，掌握文化宣传的话语权，在高校校园文化建设与育人实践中不断强化大学生对中国特色社会主义文化的认同。

总体来说，坚持以先进文化育人要求高校校园文化要不断加强自身建设，在吸收吸纳各种优秀文化资源的同时，也要注重避免被多种社会文化形态中的错误文化价值观念所侵蚀。高校在校园文化育人实践中，要积极学习借鉴先进文化，从中华民族优秀传统文化、革命文化、中国特色社会主义先进文化当中汲取营养，增强运用各种文化资源开展育人活动的能力和水平。

二、遵循文化育人规律

习近平总书记在全国高校思想政治工作会议上强调，做好高校思想政治工作要遵循三个规律，即思想政治工作规律、教书育人规律和学生成长规律。这一要求表明：做好高校思想政治工作不能单一的从具体工作实践入手，而是需要综合考虑各方面的因素，既要从工作本身的规律探寻着手，也要在关照教师和学生互动关系中探寻规律。对规律的把握和运用，同样也是高校校园文化育人功能发挥的要求和保障。从实践中深刻地认识和把握规律，是理论研究中的深层问题。列宁认为"规律和本质是表示人对现象、对世界等等的认识深化的同一类的（同一序列的）概念，或者说得更确切些，是同等程度的概念。"他还说"规律就是关系……本质的关系或本质之间的关系。"高校校园文化育人功能发挥作为一个从属于高校思想政治教育工作的教育实践过程，应该注重对学生思想品德养成规律以及教育规律的把握。在高校校园文化育人过程中，教育者要正确认识校园文化育人规律，了解校园文化育人的特征，通过完善高校校园文化的育人方法来推进高校校园文化育人功能发挥。

（一）正确认识文化育人规律

遵循文化育人规律要求教育者要深入认识高校校园文化育人功能发挥的作用机制。本书较为详细论述了高校校园文化育人功能发挥的作用机制："人化"与"化人"的互动机制、文化引导与自我教育相结合的机制、内化与外化相统一的机制。首先，高校校园文化育人是"人化"与"化人"双向构建的过程，高校校园文化在自身传承与发展的过程中实现对大学生的文化影响。高校校园文化建设与高校校园育人功能发挥是紧密联系、不可分割的，高校教育工作者应当不断推进高校校园文化建设，在传播先进文化过程中发挥文化的浸润、感染作用。其次，高校校园文化育人要正确把握教育者与教育对象之间的互动关系，注重育人过程中文化引导与自我教育的结合。教育者将承担着民族精神与时代内涵的优秀、先进文化融入高校校园文化建设中，为高校校园文化育人创造积极健康的文化氛围。大学生也是高校校园文化创新与发展的主体，能够在高校校园文化育人功能发挥中主动学习、自觉接受文化影响，进行自我教育。最后，高校校园文化育人要遵循大学生对育人内容的内化与外化的辩证统一。高校校园文化育人功能在实践中的最终实现有赖于大学生对教育内容的消化吸收，这一过程教育者要为大学生的内化与外化选择一定的文化活动载体，以便大学生能够在实践中将经由文化熏陶获得的新的思想道德认识转化为相应的道德行为。

（二）运用文化育人规律推进高校校园文化育人功能发挥

对于规律的运用和把握是实践活动有效进行的必要条件。党的十八大以来，习近平总书记反复强调并多次号召"努力用中华民族创造的一切精神财富来以文化人、以文育人"。新形势下，高校校园文化育人要擅于抓住机遇，利用有利条件，不断改进和完善高校校园文化育人方法。高校校园文化育人与实践育人、管理育人不同，它能够以文化特有的力量去塑造人、感染人。新时代，高校校园文化育人要坚持以文"化"人，用文化的丰厚底蕴和独特魅力去熏陶感染教育对象，在潜移默化中将文化所蕴含的思想观念、价值理念等通过各种校园文化载体传导给教育对象。具体来说，高校要在遵循文化育人规律的基础上，认识和处理高校校园文化育人系统的内部要素关系，利用有利条件去不断完善高校校园文化育人的方式方法。新时代，强调思想政治教育的人文关怀，运用高校校园文化的力量与实现培养时代新人的育人目标，就要充分运用"化"这一基本方式，尊重大学生个性发展与思想品德规律，借助中国特色社会主义文化的吸引力与渗透力，发挥社会主义核心价值观对大学生的价值引导作用，化人于无形。高校校园文化要采用环境熏陶、情感渲染等育人方法，最大限度发挥文化育人的优势，润物无声、潜移默化地对大学生进行思想启迪与教育引导，从而促进大学生的全面发展。高校校园文化能够以其精神文化化人于无形，又能以行为文化、物质文化育人于有形，更能通过制度文化达到育人的持久性，对于丰富文化育人方法有重要意义。在育人方式上，高校校园文化育人以隐性教育法、熏陶感染法作为主要方法，同时，也要引导大学生自觉参与文化活动，进行自我教育。新时代条件下，充分发挥高校校园文化的育人功能，必须坚持"化""育"结合，双管齐下，更好运用高校校园文化多种形态文化的力量来实现育人功能。

三、培养时代新人

高校校园文化育人功能发挥要有明确的育人目标，这是协调各要素依据共同目标进行内部组合，更好的发挥育人功能的基本要求。在全国教育大会上，总书记指出，"培养什么人，是教育的首要问题。我国是中国共产党领导的社会主义国家，这就决定了我们的教育必须把培养社会主义建设者和接班人作为根本任务，培养一代又一代拥护中国共产党领导和我国社会主义制度、立志为中国特色社会主义奋斗终身的有用人才"。为中国特色社会主义事业培养人才是教育工作的根本任务，也是高校校园文化育人功能发挥的时代使命。

（一）高校校园文化要坚持育人为本的教育理念

在我国，育人既是促进社会主义现代化事业长远发展，实现中华民族伟大复兴的国家富强、民族复兴的基础性工程；也是培养大学生理想人格，引导其成长成才的主要路径。高校校园文化育人既要满足社会发展需要，又要坚持"以人为本"的教育理念，满足学生的发展需求。高校校园文化育人的主体是大学生，其育人功能的发挥，不能不考虑大学生在其中的主体地位与能动作用。高校校园文化育人功能发挥的成效如何，需要通过对教育者施教过程和受教育者内化外化矛盾转化进行评定。一般而言，当教育者通过文化载体传导的教育信息，被大学生个体选择接受，并通过行为表达呈现出内化的观念时，其育人功能才得以真正实现。所以，大学生在高校校园文化育人过程中发挥主动性，形成文化自觉，是这一过程的关键环节。也就是说，高校校园文化育人目标必须在培养社会主义建设者和接班人的前提下，兼顾大学生作为教育主体的精神需求和个性发展。将个人发展置于时代背景之下进行考察，以社会对高校人才培养的需求为依托，充分考虑大学生作为主体的个体需求，是新时代高校校园文化育人功能发挥的必然要求。

大学生作为高校校园文化育人功能发挥的主体要素，制约着功能发挥的成效。作为高校校园文化育人功能发挥的内在动力，大学生的生存和发展需求在校园文"化"过程中起着重要影响。"发展"是大学生的现实需求，是大学生学习生活的第一要务，也是大学生接受高等教育的内生动力。大学生的发展需求是多样的，而且随着时代和形势的发展变迁，大学生对文化的选择和价值观念的判断，更加具有独立意识。因此，为充分满足大学生多样化的发展需要，高校不仅要努力提升文化的吸引力，而且还要培养大学生具有学习先进文化，适应时代发展的思想品质。

党和国家一直重视青年发展。新形势下，中国特色社会主义事业蓬勃发展，中国特色社会主义理论随时代的发展而深化，青年大学生的成长成才是实现新时代奋斗目标的重要力量。高校校园文化育人要在明确大学生成长成才的时代条件，正确认识新时代青年的特点基础上，明确大学生的培养方向。总书记指出，"每一代青年都有自己的际遇和机缘，都要在自己所处的时代条件下谋划人生、创造历史。"关于新时代青年的特点，总书记用"最富有朝气、最富有梦想""最富有活力、最具有创造性"进行描述。总书记关于青年特点的这些论述，要求教育工作者要正确认识时代赋予青年的责任与使命，激发大学生投身社会主义现代化建设事业的勇气与活力，培养大学生创新意识，为时代发展与社会进步做贡献。新时代条件下，发挥高校校园文化育人功能要求高校要坚持党的教育事业"以人为本"的重要方针，以培养人为高等教育的中心环节，充分发挥大学生的主体性与创造性，满足大学生个性化的发展需求。

（二）高校校园文化育人功能发挥要以培育时代新人为目标导向

高等院校肩负着培养社会主义事业合格建设者和可靠接班人的职责使命。中国特色社会主义进入新时代，这一新的历史方位对高校人才培养提出了新的要求和任务。高校要把育人的中心任务融入到高校建设的各个环节当中，为培养担当民族复兴大任的时代新人作出应有的努力。同时，"育新人"也为高校校园文化育人功能的发挥指明了目标要求。根据总书记的相关论述，我们可以归纳出时代新人的基本含义。首先，时代新人是"社会主义建设者和接班人"在新时代的体现和要求，是指拥护中国共产党的领导，拥护中国特色社会主义事业，能够"担当民族复兴大任"的新时代青年。其次，时代新人是"走在时代前列的奋进者、开拓者、奉献者"，应当具备时代眼光与创新意识。培养时代新人具有丰富的理论内涵，它是在把握教育工作时代意蕴与内在要求的基础上，对育人目标的深度概括。培养时代新人要求教育者要自觉履行好教书育人的重要职责，培育大学生坚定的理想信念、创新意识与社会责任感，通过高校校园文化引导大学生形成责任意识与使命自觉，为实现中华民族伟大复兴而提升自身能力，助力中国发展。将培育时代新人的要求贯穿文化育人功能发挥的全过程，是新时代下高校校园文化育人功能发挥目标规定。新时代高校校园文化育人要引导大学生在实现社会价值与个人的成长成才相结合，培养具备使命担当与责任意识、创新精神与风险意识的新时代大学生。

　　培养具有使命担当与责任意识的时代新人。十九大报告指出，"实现中华民族伟大复兴是近代以来中华民族最伟大的梦想。"实现中国民族的伟大复兴需要中国共产党的领导，也离不开整个中华民族的奋斗。这既是中国共产党的历史使命，也是整个中华民族的历史使命。引导大学生明确历史使命，具备责任意识，是培养时代新人，实现高校校园文化育人目标的具体要求。"中华民族伟大复兴，绝不是轻轻松松、敲锣打鼓就能实现的。"高校校园文化育人要自觉开展实现中华民族伟大复兴相关主题教育活动，将使命担当与责任意识纳入大学精神打造的内容中，在日常生活中融入责任意识教育，使大学生在校园文化的熏陶感染下，提升自身的思想境界，自觉投身中国特色社会主义现代化建设事业。

　　培养具有创新精神的时代新人。"创新意识和创新精神在个体成长和社会进步过程中均发挥着至关重要的作用，是个体完善自我、超越自我以及国家发展和社会进步的巨大推动力量"。培养大学生的创新精神是社会发展进步的必然要求。大学生知识丰富、思维活跃、富有朝气、接受能力和创造能力强，是进行高校校园文化创新的主要力量。教育者是高校校园文化育人过程中的主导者，对文化载体的选择，文化环境的优化起着主导、引领的作用。而作为高校数量上有着绝对优势的大学生群体，他们是高校开展各种文体活动、社会活动的主要参加者，调动大学生的创造力和创新思维，对于提高各种文化活动的新颖性与吸引力有着重要作用。因此，教育者要加强对大学生的主体自觉与创新意识的培育，提升其自觉接受先进文化影响的积极性和主动性。

　　培养具有风险意识的时代新人。习近平总书记在中共十八届五中全会第二次全体会议上明确指出，"今后五年，可能是我国发展面临的各方面风险不断积累甚至集中显露的时期。""必须把防风险摆在突出位置"。社会中的各种风险通过网络等形式逐渐渗透到校园中，给大学生的成长带来了极大危害，大学生网贷、深陷传销、自杀等现象层出不穷，金融风险、就业风险以及情感风险等正在成为大学生人生道路上的新挑战。社会风险的现实存在深刻影响着大学生的价值观，一些价值信仰上不坚定的大学生可能会在风险社会中迷失自我，做出不理智的行为，给自己和家庭带来损失。面对现代社会风险对高校校园文化育人的冲击，高校要善于运用底线思维，加强对大学生的管理和引导，将防范风险纳入高校校园文化育人体系中，加强大学生思想政治教育的人文关怀与管理约束，提升大学生风险防范意识。

综上所述，新时代对高校校园文化育人功能发挥有三重具体规定，即以用先进文化育人为前提，遵循文化育人规律，以培育时代新人为目标，充分发挥高校校园文化的育人、化人功能，使大学生在高校校园文化的熏陶浸染中建构知识体系和价值体系。新时代条件下，高校校园文化育人功能发挥有了新的理论内涵。高校要在习近平总书记提出的"以文化人"理念指导下，坚持以育人为中心环节，正确认识学生成长成才的客观规律，通过文化来塑造人、感染人、培育人。

第三节　高校校园文化育人功能发挥的策略

一、重视校园文化育人体系的整体规划

高校校园文化育人具有整体性、渗透性与潜隐性特征，主要是通过一定的文化环境或氛围，潜移默化地影响大学生的思想意识与价值观念。高校要加强对校园文化育人的引导，保证育人方向，就需要借助高校的组织属性，从顶层设计的高度对高校校园文化育人体系进行整体规划。充分发挥高校党政系统、辅导员队伍、教师等文化主体的育人作用；充分利用各种文化资源，精心营造以大学精神与办学理念为核心，以制度文化为保障，以图书馆、校史馆等场地设施为依托的高校校园文化育人环境。随着《国家教育事业发展"十三五"规划》的出台，高校纷纷响应规划要求，结合各高校特色，制定了"十三五"校园文化建设规划。高校制定校园文化建设规划体现了高校层面对高校校园文化育人功能的重视，也为高校落实校园文化育人提供了思想指导与实践依据，有利于高校校园文化育人功能的发挥。对高校校园文化进行整体规划，能够充分调动文化主体的积极性，合理配置文化资源，使各种育人要素发挥最大功能。

（一）构建多元主体合力育人模式

高校校园文化育人体系中存在着多股育人力量。高校校园文化是由高校师生

员工共同创造的，其文化主体本身就具有多元性。充分发挥高校党政系统、辅导员队伍、教师等文化主体在育人中的不同作用，能够更加有效地推进高校校园文化育人功能发挥。

1. 发挥党政部门对高校校园文化育人的组织领导作用

高校要加强学校党政部门对校园文化建设的组织领导，使高校校园文化育人实践能够有序进行，并得到长效机制的保证。将高校校园文化建设置于高校党委的直接负责下，是保证高校校园文化育人功能发挥坚持社会主义方向的组织保障。一般高校的做法是党委宣传部承担高校校园精神文明建设或校园文化建设。这种做法有利于坚持党对高校校园文化育人功能发挥的领导，保证育人方向的政治性。清华大学明确规定了清华大学党委宣传部（新闻中心）要承担精神文明建设工作和校园网络文化建设的职责。包括综合协调全校精神文明建设活动，组织制定全校精神文明建设年度工作计划和工作总结等具体工作。北京大学党委宣传部（新闻中心）明确自身职责包括负责校园文化的宏观管理，突出精品战略，加强对文化社团及文化活动的指导和支持，营造良好的校园文化氛围。党委宣传部对能够从高站位对高校校园文化建设进行全局谋划与整体设计，能够有效保证高校校园文化育人功能发挥的正确方向。要发挥高校辅导员推进校园文化育人的重要力量。辅导员队伍处在高校思想政治工作一线，与大学生交往密切。高校要加强辅导员队伍建设，增强辅导员政治意识与专业化发展，使其掌握自觉运用高校校园文化对大学生进行价值塑造、行为示范和文化引领的能力。

2. 发挥教师对高校校园文化育人的推动作用

教师作为教育者，在高校校园文化育人中居于主导地位。教师在其教育教学中，以及与学生的交往中所展现的自身形象、所传达的文化价值取向、对事物的态度，都会对大学生的思想观念系统产生直接影响。从根本上来讲，教育者自身综合素质的高低决定其价值引导力的大小。高校要注重发挥教师对大学生成长成才的示范与引导作用。要提升教育者的价值引导力，必须从提高教育者综合素质抓起。新时代背景下，加强教师队伍建设，提升教师的专业水平与师德师风，需要严守教师进入机制，加强对大学教师的培训与考察，建立健全惩处与激励机制。总体来说，教师素质的提升对于树立良好的教风，对大学生养成良好的学术行为具有示范作用，这需要学校与教师自身的共同努力。高校可以通过改善教师晋升制度、开展理论学习活动，以及制定各种考察机制来鼓励和敦促教育者提升科研能力、遵守学术规范，形成良好师德。从学校层面来讲，建立高校师德建设长效机制的主要途径包括对教师进行教育引导、宣传典型、考核监督、激励惩处等多种途径，能够充分发挥学校的组织约束和制度规范约束作用。学校的师德建设机制是促进教师综合素质提升的外部驱动力，教师自身也需要为此做出努力，提升自身理论水平、坚定理想信念、遵守学术规范。

（二）注重校园文化育人环境的打造

高校文化育人环境建设要以社会主义核心价值观为引领，以中国特色社会主义文化为底色，加强高校校园文化建设的整体规划，营造以大学精神与办学理念为核心，以制度文化为保障，以图书馆、校史馆等场地设施为依托的高校校园文化育人环境。

1. 凝练大学精神

大学精神体现着高校校园文化的核心与灵魂。新时代，高校要注重对大学精神的凝练，发挥校园文化"软环境"对大学生价值观念、思想情操与行为习惯的导向、熏陶、感染作用。对于以科研研究与教育教学为主要任务的高等教育来说，形成严谨、求真、务实的学术文化氛围，对于培养大学生学术理想与规范的学术行为有重要意义。因此，高校要着重培育大学的学术精神。学习是大学生当前的第一要务，也是其成长成才的一个重要衡量维度。新时代，高校要结合时代发展要求与学术研究特色，培育学术创新精神、学术诚信意识、学术责任意识与学术合作精神，良好的学术风尚，才能正确引导大学生开展学术活动。高校还应该树立以人为本的教育理念，充分尊重学生个性，正确处理教学与管理中的师生关系，致力于营造教学相长、尊师爱生、相互理解的和谐师生关系。此外，高校还要坚持开放、包容的文化态度，尊重文化的多样性，在多元文化的交流合作中吸收各种文明优秀成果。

2. 强化校园制度文化建设

新形势下，高校思想政治工作要凸显人文关怀，发挥文化的育人作用，就要改变高校制度文化建设中的官本位倾向与功利化现象。一味追求行政权力与晋升速度的制度文化氛围长期发展，会使学术研究变得浮躁与功利，弱化高校师生的学术创新精神与创造能力。高校要始终明确其根本任务是"立德树人"，人才培养才是其中心环节。高校要在制度文化建设中坚持民主化与人文化，促进管理理念的转化，增强服务意识，以大学生的成长成才为指向，维护学校的学术自由。

3. 美化校园物质文化环境

高校校园环境规划要协调统一、规划合理，通过建雕塑、立纪念碑、设计景点的方式来加强高校校园人文景观的建设，强化其熏陶感染功能。重视图书馆、校史馆的等场所的内部设施建设，为大学生提供良好的学习环境，引导大学生充分了解校情校史。通过美化高校的校园物质文化，提升了高校校园景观的可欣赏性与实用性，能够使大学生在舒心怡人的校园环境熏染下，陶冶自身情操，培养爱校护校的思想意识。

二、加强校园文化育人平台建设

高校校园文化育人功能发挥需要借助一定的平台得以进行。加强文化活动、网络文化等校园文化育人平台建设也是高校加强校园文化建设、弘扬先进文化的内在需求。一定程度上说，平台建设的好坏，很大程度上会影响高校校园文化育人功能发挥的效果。因此，新形势下，教育者应该具备阵地意识，加强校园文化育人平台建设，主动掌握文化传播的话语权，这是新时代高校校园文化育人功能发挥的重点策略之一。

（一）加强文化活动平台建设

文化活动是高校校园文化育人功能发挥的重要载体，形式新颖的文化活动能够吸引更多大学生主动参与，从而强化高校校园文化育人功能发挥效果。文化活动在高校校园文化育人功能发挥中承担着重要角色，从高校校园文化育人功能发挥来看，文化活动是教育者与教育对象互动，产生教育影响的重要媒介；从教育对象对教育信息的接受过程来看，文化活动是实现内化向外化转换的关键步骤。因此，高校要以文化活动平台建设为重要内容，组织更多主题鲜明、内容丰富、形式新颖的校园文化活动，从实践活动中做到文化育人，以便更好地发挥校园文化活动的育人功能。高校校园文化活动要兼具形式的新颖性与内涵的丰富性。

1. 拓展主题文化活动

主题教育是传播先进文化的重要途径，高校将主旋律文化与主题文化活动相结合，能够避免文化活动"重形式、轻内涵"的弊端，更好起到高校校园文化育人效果。有学者指出，"准确把握习近平新时代中国特色社会主义思想，领会党的十九大精神，形成高校师生对中国特色社会主义的道路自信、理论自信、制度自信、文化自信，需要在新时代新要求中拓展主题文化活动。"《高校思想政治工作质量提升工程实施纲要》中也明确提出要开展"传承红色基因、担当复兴重任""我的中国梦"等主题教育活动。特色鲜明的主题文化活动更能够准确传达教育内容，提升育人效果。解决文化活动过多过滥，起不到教育效果的问题，就需要教育者在文化活动的主题选择上要下功夫，做到立意鲜明又具有良好的教育意义。在具体操作中，文化活动的主题选择要符合时代精神要求，在时机上要注重把握重要的时间节点，促进主题文化活动的育人功能发挥。

2. 以学生社团为依托

以高校党委统一领导下的高校学生社团为依托丰富校园文化活动，是加强文化活动平台建设的有效途径。高校团委承担着学生社团的主要管理工作。学生社团能够通过开展丰富多彩的文化活动，对大学生进行知识引领、素质养成与价值引领，从而推动高校校园文化育人功能的实现。学生社团种类繁多，思想政治类社团可以引导大学生加强自我理论教育，通过举办红色文化教育活动和先进理论学习研讨会，提升大学生的思想理论修养与政治文化素养；学术科技类的社团可以将专业学习与文化活动相结合，开展专业知识竞赛、趣味实验展示等活动吸引社团甚至全校学生的参与，使大学生在活动参与中感受学术与科技的魅力；创新创业类社团、文化体育类社团等都可以以其丰富的文化活动传统与具有鲜明时代意蕴的活动主题相结合，寓教于乐，使大学生在活动中拓展自身的兴趣爱好，提升文化涵养，锻炼实践能力，为成为时代新人积聚力量。社团文化活动不能成为纯"娱乐化"的产物，而是应该坚持内涵的丰富性与形式的多样化并重。这就需要高校要加强学生社团的管理，明确管理条例；团委要深入挖掘学校以及院系的文化资源，打造凝结着学校育人理念、学院学科特色的精品社团文化活动。

（二）加强网络文化新平台建设

总书记在文艺工作座谈会上指出，"互联网技术和新媒体改变了文艺形态，催生了一大批新的文艺类型，也带来文艺观念和文艺实践的深刻变化"。人们越来越依赖网络进行购物、社交、学习，以及获取外界信息，网络为人们的生活带来便利的同时，也在一定程度上改变了人们的思维方式和行为习惯。就高校思想政治工作而言，互联网已经成为其基本外部环境。高校是学术研究与科学技术发展的重镇，处于先进思想文化传播的前沿阵地，高校师生又是使用互联网频度最高的人群，这就使得网络文化能够迅速渗入高校校园文化，成为影响高校校园文化育人功能发挥效果的一个重要因素。网络语言的多元化与年轻化使得大学生对网络文化接受度普遍较高，充分运用网络文化载体，能够使校园文化育人更具亲和力与吸引力。然而，具有开放性、虚拟性与交互性的新媒体，模糊了虚拟社会与现实社会的界限，网络文化因而更加多元化与复杂化。网络文化所带来的纷繁复杂的思想观念与价值取向有可能对主流校园文化形成威胁，从而对高校校园文化育人效果产生负面影响。另外，网络世界的虚拟性也使得高校对其监管力度较难把握，如果对网络文化平台监管不到位，则会使大学生接受到网络不良信息的负面影响。维护高校意识形态工作安全，也要求高等教育工作者要警惕西方敌对势力以及宗教极端分子利用网络新媒体向大学生散播敌对信息和极端言论。因此，高校教育工作者要具有阵地意识，善于将先进文化与新媒体这种新的传播方式进行结合，加强网络文化新平台建设。

1.优化网络资源配置，加强主流媒体建设

互联网已经成为舆论斗争的主战场，要警惕西方反华势力利用互联网"扳倒中国"的企图，加强网络社会管理，占领宣传思想阵地。在现代社会中，人们的思维方式和行为方式都不断受到网络的影响。尤其对大学生来说，其学习生活中大部分信息靠网络途径获取，又许多大学生的课余生活大多沉浸在网络小说、游戏等休闲方式中。为了大学生的健康成长，高校必须优化网络文化环境，加强主流媒体建设，扩大主流网络媒体的覆盖面、影响力，用社会主义先进文化占领网络文化阵地。争夺宣传舆论话语权，高校才能把校园文化育人的主动权掌握在手中，保证育人方向。高校应该优化网络媒体的资源配置，改进学校官网系统与内

容，除特定的通知与服务管理内容外，增加校园文化相关宣传页面，展示优秀校园文化产品；拓展校园文化育人的网络宣传渠道，利用微信公众号、微博等宣传优秀传统文化与红色文化，用中国特色社会主义文化占领网络文化宣传空间。要按照习近平总书记的要求，"运用各类文化形式，生动具体地表现社会主义核心价值观，用高质量高水平的作品形象地告诉人们什么是真善美，什么是假恶丑"，进而增强网络文化育人的实效性。

2. 强化对网络舆情的监控管理

中共中央、国务院在 2017 年出台的《关于加强和改进新形势下高校思想政治工作的意见》中指出，要"加强校园网络安全管理，营造风清气正的网络环境"。信息碎片化的时代背景下，人们更加趋向于通过网络获取各种信息，而当前网络环境中充斥着各种不良信息，如明星八卦丑闻、不法份子的恶意言论、暴力新闻、低俗图文等，这些信息的发布者不顾社会效益，只求商业利益，使网络世界产生了阴暗面，混淆着信息接收者的试听。大学生正处于成长关键期，本身还没有形成稳定的价值观念体系，因此，对于网络世界的各种文化与信息缺乏一定的甄别能力。面对蜂拥而来的网络信息，他们难以进行文化判断与文化选择，缺乏理性思考的能力，不能看清各种文化现象背后的实质，也就容易被一些哗众取宠的文化吸引，受到不良文化的影响。高校要重视网络安全工作，加强校园网络文化建设，屏蔽不良信息；建立健全网络舆情监控机制，关注网络热点问题与校内师生的线上言论，及时了解舆情动态；组建网络舆情应激处理工作组，早发现早处理，防止网络舆情的进一步扩散，缩小其影响范围。此外，高校还应该着重提升大学生的网络信息素养，针对大学生开展"文明上网""远离校园贷"等相关教育活动，在教育实践中不断增强大学生辨别是非、正确运用网络的能力，避免学生受到不法份子的诱惑或误导，发表负面言论，做出不利于学校形象和自身发展的行为。

三、完善校园文化育人方法

高校校园文化育人功能发挥离不开各种文化育人要素对大学生的影响。不同的文化育人要素对大学生的影响方式有所不同，所运用的育人方法也不尽相同。高校校园文化在育人方法上主要强调文化的柔性力量，强调文化育人的潜隐性，即高校校园文化能够以润物细无声的方式，潜移默化地教化人、影响人；强调在文化环境中对大学生进行熏陶感染；强调高校校园文化的生活化育人，在日常生活实践中完成育人过程。高校校园文化育人的这些特点决定了校园文化育人方法的要具有多样性。新形势下，高校应该在充分了解校园文化育人规律和特征的基础上，充分运用各种文化要素的育人力量，不断完善校园文化育人方法。高校校园文化育人可以通过文化的浸润、感染、激励、体验、约束以及大学生的自我教育等方法促进大学生全面发展。

（一）渗透教育法

渗透教育法是"教育者将教育的内容渗透到受教育者可能接触到的一切事物和活动中，潜移默化地对受教育者产生影响的方法"。高校校园文化育人具有渗透性的特征，能够在育人过程中将其内在的文化价值观念渗透到大学生的日常生活与活动场所中，形成一定的育人氛围，从而潜移默化地转变大学生的思想观念，化人于无形。渗透教育法是一种隐性的教育方式，其育人的目的是藏而不露的，避免了过多过滥的直接教育带给学生的疲惫与倦怠感，是高校校园文化育人的常用方法之一。渗透教育法的重点在于文化环境的营造，教育者应该着力打造良好的校风、班风、学风，将高校的育人理念与人才培养要求渗透到大学生的日常生活中，通过生活化的文化情境潜移默化地对大学生进行价值引导。对于校园文化氛围的营造，可以通过多种育人途径实现。如，学生社团可以通过组织生动活泼的文化活动加强成员联系，培养大学生广泛的兴趣爱好，丰富大学生的文化生活；班级可以通过营造良好班风、学风，培养大学生集体荣誉感与积极进取的精神；学校还可以借助新媒体，扩大主流媒体影响力，通过公众号等传播先进的思想文化，正确引导大学生的精神文化生活。渗透教育法强调对文化氛围的营造，文化氛围的形成需要一定过程，小到宣传标语与环境布置，大到一定规章制度的约束，以及师生间的相互交往都会在一定范围内形成独特的文化氛围。和谐健康的文化氛围，能够带给大学生积极的情感体验，使其不知不觉中受到文化的熏陶和感染。

（二）感染教育法

从字面意思进行理解，感染是指通过语言文字或者其他形式引起他人相同的思想感情。感染教育法意味着从情感入手，借助一定的文化内容或形式来打开大学生的情感世界，从而感染、感化大学生，使其能够从内心深处接受和认同校园文化育人内容。情感上的触动与共鸣是感染教育法发挥作用的关键。一般来说，大学生群体更容易对情感色彩浓厚，表现形式具体生动的文化形式产生情感共鸣，也就更容易接受这种形式下所包含的教育内容，变被动为主动，自觉接受校园文化的影响和熏陶。新时代背景下，开展理想信念教育，培育大学生社会主义核心价值观，特别需要借助具有感染力的育人形式。丰富校园文化载体，借助优秀的文化产品与文化活动的吸引力对大学生进行感化，是有效实施感染教育法的重点策略。组织观看《大国崛起》等震撼人心的主题电影、实地考察英雄人物生平事迹等方式都可以在一定程度上触动大学生的爱国情怀与人生感悟，提升大学生的精神境界。触发大学生情感体验的方式有很多，比如艺术形象感染、故事情境感染、群体互动感染等。教育者要充分利用优秀文化作品、群体性文化活动以及参观访问、实地考察等丰富高校校园文化育人形式，以激发大学生的情感共鸣，使其在校园文化感染中自觉接受文化影响。感染教育法的运用要求教育者要深入了解大学生的成长经历与个人特点，以满足大学生的情感需求、寻求情感共鸣为切入点，有针对性、有选择地开展文化活动。例如，开展感动校园先进人物评选与学习活动，利用先进人物事迹对大学生形成榜样示范作用；组织学生走进敬老院、孤儿院，在志愿服务中培养奉献社会的思想情操；引导学生组织参与形式多样的集体活动，如文艺作品竞赛、校运动会、院系团委活动等，通过文化活动营造生动活泼的校园文化氛围，让大学生在活动参与中感受与维护集体荣誉，受到良好风气的感染，触动内心真实情感，进而实现寓理于情、以情育人的目的。

（三）激励教育法

前文中提到，高校校园文化是一种群体文化，能够利用群体文化的特有力量，激励个体向群体期望的目标行动。激励教育法是利用高校校园文化中的正能量，如优秀学子与道德榜样的示范作用，来激发大学生的主观能动性，强化大学生提升自我文化涵养与道德素养的内在动机，促使其为实现更好的自我而努力。建立具有公平性与稳定性的奖励机制是能够有效促进高校校园文化育人功能的发挥。通过奖学金制度进行评优选优，能够有效促进大学生在学业上积极进取，有利于良好学风的形成；给予品行优秀的学生以荣誉嘉奖能够激励大学生的良好行为，鼓励其将道德认识运用于道德实践。高校校园文化所形成的激励更多地是一种精神激励。精神动力是促进大学生成长成才的深层力量。在高校校园文化育人实践中，激励教育法可以通过多种方式进行：通过引导大学生树立远大理想，激发大学生丰富自身精神世界的内在动力；通过树立典型，奖励先进，惩处不良行为规范大学生在日常生活中的言行；通过培养竞争意识，来激励大学生丰富自身文化涵养，提升综合素质与能力。教育者在运用激励教育法进行校园文化育人活动的过程中，要充分了解当代大学生成长的时代条件，关注其全面发展的内在诉求，要解决和满足大学生的实际需求，使其产生长足的内在动力；还要通过制定合理公正、奖罚有度的激励制度来保障激励教育法的有效实施。

（四）实践教育法

行为文化也是高校校园文化的组成部分和表现形态。开展丰富多彩的实践活动能够加强校园行为文化建设，使大学生在活动体验中提升思想道德素养。对于高校校园文化来说，文化活动是其重要的育人载体。各种主题文化活动、志愿服务活动为促进大学生思想品德的内化与外化提供了实践基础，是新时代高校校园文化育人功能发挥丰富的实践资源。高校校园文化育人要充分运用实践教育法，挖掘实践中蕴涵的文化育人内容，将实践教育的形式与文化育人的内涵相结合，寓教于行，使大学生在精心设计的实践活动中接受文化的熏陶，增强道德实践能力。实践教育法也能够充分发挥大学生的主体意识与创新意识，而培养大学生的主体意识与创新意识是新时代高校校园文化育人功能发挥的教育目标之一。东北师范大学红烛志愿者协会开展了以支教助学、环境保护、社区服务、帮贫济困等为主要内容的多种志愿服务活动，在培养学生、服务社会的过程中为本校的校园文化建设添上了浓墨重彩的一笔，形成了特色的文化品牌，对大学生形成了更加深远、更为广泛的有利影响。大学生能够在实践体验中去获取知识、转化情感、坚定意志、深化信念、巩固行为，有利于其思想品德的内化与外化，是实现高校校园文化育人功能的重要途径。高校可以利用学生会与学生社团等组织，鼓励大学生积极参与班级文明建设、主题鲜明的社团活动、暑期支教活动、志愿者服务活动等，在实践中接受不同文化氛围的影响。

（五）约束教育法

高校的各种规章制度所体现的制度文化与行政管理人员在教学管理过程中所形成的管理文化，能够通过对大学生产生内在或外部的压力来约束大学生的言行。前文中提到，高校校园文化具有约束功能，能够通过一定的制度文化和道德评价标准，对高校师生产生实际生活中的或者心理上的压力，使其迫于这种外界施加的压力，转变自身的言行，使其符合高校校园文化的要求。新形势下，发挥管理载体促进大学生行为规范养成的作用，能够有效发挥对于高校校园文化对大学生思想和行为的约束功能。总的来说，约束教育法要求教育者要改善教学、科研管理和日常生活服务，坚持以学生为本，以调动学生积极性、促进学生成长为目的，借助组织管理、制度管理、生活管理等载体，寓教于管。运用管理教育法实现校园文化育人目标的重点措施是要树立以人为本的管理理念，建立健全学校的管理制度，淡化学校管理部门的行政作风，树立管理理念，形成良好的管理文化，以更好地服务师生为目标，把目标从"管"转向教育，给予大学生尊重与信任，提升大学生自主管理能力，体现思想政治教育的人文关怀。

（六）自我教育法

高校校园文化育人功能发挥是文化引导与自我教育相结合的过程，除了通过文化的浸润、感染、激励、体验、约束外在地发挥作用，大学生的自我教育也是很重要的方法。"所谓自我教育法，是指受教育者根据自身发展的需要，通过自学理论、自我修养、自我调控等方式提高和完善自我的方法"。高校校园文化育人需要依赖大学生对于育人的积极接纳与感悟内化，通过一定文化环境的浸润、感染，以及各种文化活动的实践体验，大学生在接受文化熏陶的过程中，逐渐促进自身思想观点、价值观念、行为习惯等的改变，不断提升自我。从这个意义上来讲，大学生对文化育人内容的主动学习和内化是高校校园文化育人功能发挥的关键环节。教育者在具体实施校园文化育人活动时，要注重培养大学生的主体意识与参与能力，使其能够在文化的熏陶下主动接受先进思想理论的指导，主动吸收内化为自己思想品德的有机组成部分，自觉提高自身的道德素质。教育者要善于激发大学生提升自身人文素养的动机，通过营造良好的校园文化环境，使学生产生自觉学习、自我调控的内在精神动力，促使其主动接受高校校园文化的有利影响。

　　新形势下，文化育人思想有着更为丰富的理论和时代内涵，思想政治教育工作要在把握时代特征与要求的前提下，提高运用高校校园文化开展育人实践的理论自觉，并在实践中通过对高校校园文化育人的整体规划，对高校校园文化育人的平台进行建设，对其育人方式进行综合运用，不断丰富和拓展高校校园文化育人功能发挥的内容和途径。

第七章　文化自信视域下高校育人机制的构建研究

第一节　文化自信视域下高校育人机制现状分析

分析当前高校育人机制的现状有助更好地构建新时代下的高校育人机制。从发展机遇和现状分析这两个方面来分析当前育人现状，既发展了新时代下的高校育人机制构建的发展机遇，也为将来育人过程中所面临的挑战做好准备。

一、新时代文化自信视域下的高校育人机制的发展机遇

蔡元培先生曾说："教育乃养成人格之事业也。使仅仅为灌注知识，练习技能之作用，而不贯之以理想，则是机械之教育，非所以施以人类也。"高校育人机制不是简单地机械化工作，更不是一项对年轻一代进行机械地传授知识技能的活动。高校育人的最终目的必须触及灵魂，而能够唤醒灵魂最有力的方式就要依靠文化的作用。人不可无魂，人无魂则死。国不可无文，无文化则亡。新时代下的高校要立足文化自信为基础来构建育人机制，通过行之有效的育人方式来增强大学生对于本民族文化的自信心，借力于文化自信从根本上为高校树立更为明确的育人理念、理清高校育人的逻辑理路、提升新时代高校育人的创新能力。

（一）文化自信的价值性提升了高校育人理念

习近平总书记指出："办好我国高等教育，必须坚持党的领导，牢牢掌握党对高校工作的领导权，使高校成为坚持党的领导的坚强阵地。"就目前中国高校而言，由于我国独特的国情与文化，决定了新时代高校的育人理念要始终坚持中国特色社会主义道路。我们的高校是党领导下的高校，是中国特色社会主义高校。

高校作为意识形态培育的主要阵地，其办学的主要目标就是为社会主义事业培育优秀人才。列宁曾指出："政治文化、政治教育的目的是培养真正的共产主义者，使他们有本领战胜谎言和偏见，能够帮助劳动群众战胜旧秩序，建设一个没有资本家、没有剥削者、没有地主的国家。"所以，源于中华优秀传统文化的优良基因，我国高校育人理念的树立一定要扎根中国大地，在汲取中国文化的基础上，积极贯彻党的教育方针，树立以马克思主义为指导的育人理念。坚持把高校育人理念与国家发展方向紧密联系在一起，要始终保证高校是培养社会主义事业建设者和接班人的坚强阵地。

（二）文化自信的民族性明确了高校育人逻辑

新时代的今天，以文化自信为视角来探析高校育人机制，不仅能够提高当代大学生对于本民族文化的深刻认识，增强文化辨别能力，树立文化自信心，而且能够进一步理清高校在新时代下如何进行以文化人的育人逻辑，增强高校育人的实效性。以文化自信为视角来研究高校育人机制不是一蹴而就的，它需要经历从文化感知到文化认同再到文化自信的渐进式发展过程。

高校育人机制首先要从文化感知着手，从文化自信的产生来看，因为文化自信不可能凭空产生，文化感知是对本身文化主体进行基本的概念灌输，让学生逐渐了解自身文化的基本特征，从而产生文化共鸣，进而为文化认同建立一个良好的情感基础。如果高校在育人过程中没有在这一阶段对受教育者提供良好的文化体验，那么这就会引起受教育者对本民族文化产生否定乃至抵触的心理状态，使得高校育人工作难以进行下去。所以，高校在育人过程中要强化文化认同，通过强有力的文化感知过程，去积极引导当代大学生对于中华优秀传统文化的认同，使得中华文化本身具备鲜明的文化辨识度，让越来越多的受众体会中华优秀传统文化的魅力所在。新时代高校只有通过从文化感知到文化认同的生成逻辑后，文化自信心才能油然而生。

（三）文化自信的开放性丰富了高校育人渠道

文化自信属于意识形态领域中的内容，而高校教育就是一种主流意识形态的教育，良好的育人机制构建对于提高大学生的文化自信有着非常重要的影响，大学生的文化自信反过来也会作用于高校育人机制的构建，影响到高校教育的效率与质量。以文化自信为视角研究高校育人机制，这对于高校育人工作无疑是一个宝贵的契机。一方面，文化自信的融入为高校育人机制提供了不同的方式，为高校育人增添了许多新的方法和渠道。另一方面，高校育人工作的顺利展开离不开文化这一大环境，良好的文化环境有助于高校育人工作的顺利进行。由于文化本身所具备很强的生动性与直观性，文化自身的这种感染力就使得高校在育人过程中更加地深入人心。所以，以文化自信为视角研究高校育人机制，可以通过不同的形式对大学生进行教育，高校可以通过一些喜闻乐见的育人方式，以"润物细无声"的方式，潜移默化地进行育人工作教育。通过这种方式就在一定程度上提升了高校育人的创新能力，通过大力弘扬中华优秀传统文化、努力宣传红色革命文化、加快推进社会主义先进文化建设，构建一套先进且高效的社会主义文化育人体系，为新一代青年营造优质的文化育人环境，为高校育人工作提供了良好的育人能力和创新条件。

（四）文化自信的实践性增强了高校育人效果

九层之台，起于累土。新时代高校育人工作借力于文化自信来增强育人效果依靠的不仅仅是单一的力量，最重要的是需要形成百花齐放、百家争鸣的育人效果，只有形成大规模的文化景象，中国特色社会主义文化自信与自觉才能够更好地发挥出来。中华民族拥有着5000多年的文明，每一个阶段的发展都是不同阶级、不同社会力量协同助力而创造的宝贵成果。习近平总书记在纪念孔子诞辰2565周年大会上的讲话中指出，"无论哪一个国家、哪一个民族，如果不珍惜自己的思想文化，丢掉了思想文化这个灵魂，这个国家、这个民族是立不起来的"。由此可见，正是我们中华儿女这种与生俱来的文化自信心与民族自豪感，才使得我们拥有并形成了这种前赴后继、勇往直前的精神。所以，新时代文化自信自身所具备的实践性也成为凝聚国家、民族与个人等各方面力量和智慧的重要内容，并深深贯穿于新时代高校文化教育事业之中，彰显着中国特色社会主义文化的实践性和长远性。

二、文化自信视域下高校育人机制构建的现状分析

（一）高校育人的理念及方向：一元化与多元化的困惑

改革开放以来，我国高校在育人理念与方向把控上所呈现的特点是一元化现象较为突出，倾向于运用一元标准去衡量与要求受教育者，不自主地善于要求每一位教育对象去遵循统一性的整体价值，在一定程度上忽视了受教育者的层次性与差异性。在没有充分考虑到受教育者多元化需要时，由于个性与主体精神受到一定的抑制，运用一元化理念培育出的学生看似符合社会中的各种共性要求，但是就学生个人而言，他们更缺乏一种创新与批判的精神，这样的现象追根溯源就是高校在育人理念构建上出现了问题。高校作为意识形态培育的主要阵地，在教育过程中必然会受到社会主流意识的影响。所以，高校在育人过程中的主旋律则是以社会主流意识为主的，具有一定的针对性与统一性。然而，面对新时代的今天，由于社会的快速发展而产生出的各种思潮，使得多元化观点层出不穷，原来传统的一元化育人理念已经远远不够面对如今的新形势了，高校在育人理念上则出现了一元化与多元化的困惑。

聚焦育人一元化与多元化的困惑，主要源于以下几个方面：一是经济全球化的发展对高校育人理念的冲击。经济全球化对于我国高校教育的冲击不容小觑，特别是对于高校育人机制的构建、意识形态领域方面的影响。由于国内外各种思潮的冲击，增强了我国在育人过程中的难度，使得学生在人生观、价值观、世界观的培育上产生不少阻力。二是社会主要矛盾的变化给高校育人带来挑战。十九大以指出："我国社会主要矛盾的变化为人民日益增长的美好生活需要和不平衡不充分的发展之间的矛盾。"随着新时代的到来，使得人们不仅对物质文化生活提出更高的要求，同时，还对于人的全面发展以及社会的全面进步提出新要求。所以，新时代高校在育人过程中一定要关注这一矛盾变化背后的深层意蕴，在对广大青年进行教育的过程中更要注重需求的多样化、个性化与层次化。三是现代高科技的发展对高校育人理念的冲击。科学技术作为第一生产力，极大地推动了社会的发展。但是科学技术作为一把双刃剑又在一定程度上带来了许多负面影响，高校在育人过程中一定要借力于科学技术的优势，减轻一元化与多元化育人观念

上的冲突。

总之，社会生活中出现的价值取向多元化，并不完全意味着高校在育人理念上也要完全导向多元化。高校应在意识形态培育领域中坚决秉持一元化育人导向，坚定政治立场，积极学习与践行社会主义核心价值观的基本要求。同时，又要肯定社会中多元观念的存在，在肯定教育的内在价值与外在价值的基础上，做到辩证统一，提倡一元与多元化协同发展，使得高校育人工作实现百花齐放的育人效果。

（二）高校育人的体制及控制：刚性化与柔性化的冲突

在我国，许多高校的育人方式侧重于知识的讲授与吸收，缺乏对学生情感的培养，忽视了学生的主体地位，认为高校育人的过程就是将理论知识简单地、机械地灌输给学生就是完成了育人的任务，从未考虑过学生真正需要的是什么、学生内心是如何想的。唯物辩证法中的内外因辩证原理表明："事物的内部矛盾是事物自身运动的源泉和动力，是事物发展的根本原因。外部矛盾是事物发展、变化的第二位的原因。内因是变化的根据，外因是变化的条件，外因通过内因而起作用。"由此可见，决定事物发展的重要因素是内因，而非外因。所以，决定受教育者向前发展的决定因素是受教育者的本身，而非其他外部环境。高校教育者在进行教育的过程中，不要一味地强调知识的灌输，成绩的达标，反而忽视了受教育者自身的能动性。实际上，学生内心的想法、潜意识的愿望、情绪的表达等心理特征都是教育者必须关注并长期重视的一个关键点，如果受教育者情感上的需求得不到满足，他们内在的情绪变化就会影响他们对于理论内容的接受和消化。新时代高校在育人机制的构建过程中一定要以学生受众为中心，强调学生受众的感受与体验，要在思想上、心理上、内容上、形式上都要切实关怀学生。新时代高校育人机制的构建一定要遵循以情服人、以理服人的原则，在重视高校教育质量的同时，一定要关心学生受众的实际需求与思想动态。高校育人工作说到底就是为学生服务的工作，如果教育过程中忽视掉了学生的主体地位，那么高校教育工作就无从谈起。

（三）高校育人的方法及手段：单一性与多样性的矛盾

就目前高校育人方式来讲，大部分高校在育人过程中运用的方式主要是以知识的传授为主，问题讨论为辅，教育的主要环节都是在课堂中开展的，授课过程中以教师"一言堂"的现象较为明显。在课堂上也很少有学生主动积极地提出问题，大多数情况下都是在老师的带领下完成课堂任务，课后也很少得到有效的反馈，实际上这样单一的教学方式是存在很多弊端的，教师在教育过程中占据了很多的时间，而留给学生在课堂上讨论与互动的机会少之又少，教育者废了不少力气，受教育者的积极性没有被调动起来，从而育人的效果也会事倍功半。相对而言，美国高校在教育方法上则更多的尝试通过与学生之间的争辩和讨论，鼓励学生主动地发现并解决出现的道德问题，通过对这些问题的判断与分析来明确并树立正确的价值观与道德观。美国的教育方法更善于让学生在生活的点点滴滴之中将文化知识内化为自己的道德信念，进而转变为行为习惯。我认为这一点是值得我们教育工作者所借鉴的。值得注意的是，美国的教育方法也存在一些不好的现象。比如：忽视系统学习的重要性，使得学生始终处在一种较为自由散漫的状态，很大程度上削弱了教育的权威性，这也是后现代主义带给美国教育事业的负面影响。

从另一方面来讲，我国的教育方式是侧重理论的，而忽视实践性的。现如今，很多学生当他们毕业走向社会后，就会发现将自己学习的知识运用到实际工作与生活中是十分困难的。就我国大部分高校而言，每个假期都会要求高校大学生参加社会实践项目，实践活动占综合成绩的 30% 左右，要求每一位学生在他们结束实践活动后填写实践报告，最终以书面形式进行上交。通过对实践报告的分析，不难发现有一部分同学是经过假期的实际实践活动来认真记录自己的心得体会，但还是会有部分同学选择敷衍了事，他们的实践报告也是纸上谈兵，甚至出现相互抄袭的情况。针对这样的现象，我认为我们的高校需要去反思，为什么会有这么多同学选择不去认真完成实践环节的任务呢？其实，在一定程度上，是由于学校自身就对实践不重视，如果学校经常对学生灌输实践教育的重要性并给予严格的实践考核制度，我想这样的情况在一定程度上就会避免的。根据本人暑假前往日本参加的海外实习活动中，了解到了日本高校采取的一些育人方式是值得我们借鉴的。比如，日本当地的工厂会定期举行针对高校的见习活动，当地高校会带领学生前往工厂去切身学习与观摩工厂的工人是如何进行工作的，而且这样的见习活动从小学就已经开始了，更何况是高校大学生。与此同时，日本高考的内容划分不仅是书本中的理论知识，他们会将本国有权威性的报刊、新闻作为每一年高考的内容，目的是让学生们不仅了解自己所学的知识，更要放眼世界，关注本国的发展现状来进行教育的。所以，我认为我国的育人方式与手段可以尝试不同的方式，只要目的达到立德树人的要求，所有的有效方式都是可行的。总之，新时代高校要立足于本国丰厚的文化资源，在此基础上让更多学生深入了解中华传统文化、红色革命文化、社会主义先进文化，在学习借鉴的基础上丰富高校育人机制的构建，让越来越多的新时代青年坚定他们的文化自信心与民族自豪感。

（四）高校育人的绩效及反馈：功利性与实效性的反差

辩证唯物主义认识论提出："人的思想观念是相对于感觉、印象等感性认识而言的一种较为稳定的认识成果。思想观念的形成，实际上就是认识不断深化的过程，是人们心理活动和外在社会作用的结果。"因此，对于高校育人效果客观且实际的评价就为高校反馈调节提供了有效的基础。绩效评价起源于企业管理领域，主要是指企业对员工的工作结果、工作行为以及工作效果的判定与评价。就现代人力资源管理而言，"绩效考核是人力资源管理中的重要环节，是组织发展和个人发展的基础，同时也是其他管理环节得以正常运行的重要依据。"当前高校在效绩评价与反馈阶段的工作还需提高与完善，特别是对于育人的效果评价与反馈还处于探索阶段。如：高校育人目标定位存在偏差、评价过程流于形式、绩效评价与反馈环节薄弱、评价主体存在功利性等问题。高校如何有效地开展与实施育人工作绩效评价成为了高校育人亟待解决的重要课题。因此，新时代高校教育工作者在构建育人评价反馈机制过程中，必须要确立"以人为本"的理念，处理好评价过程中的几种关系，重视对被评价教师的信息反馈，并不断提升评价人员专业水平。一方面，高校要在育人的绩效及反馈上提供人员、经费以及组织的落实，确保高校效绩评价反馈工作顺利进行。另一方面，高校要根据实际育人现状，不断创新效绩评价与反馈方式，为新时代高校育人工作的顺利开展提供新思路、不断探索新道路。

第二节　文化自信视域下高校育人机制构建理念与结构优化

一、文化自信视域下的高校育人机制的构建理念

树立高校育人机制的构建理念，首先是要坚持党的正确领导，坚持问题导向意识，发现育人过程中存在的问题做到精准施策。同时构建育人机制一定要遵循文化自信生成的内在规律，只有掌握了文化自信生成的特定规律，协同多方面的育人方式，高校育人工作才能够有条不紊地顺利开展。

（一）坚持党的领导：突出文化自信视域下育人机制的价值引领

高校育人工作必须坚持的党的领导，只有在党的积极领导下高校育人工作才会有所方向，高校才会有育人的强大基础，高校的育人工作才会拥有价值。习近平总书记提出："党管宣传、党管意识形态、党管媒体，是坚持党的领导的重要方面。"所以，高校育人工作在育人机制体系构建之前一定要坚持正确的指导原则，只要秉持这一基本原则，实现党在高校育人工作中的核心领导，在育人机制的构建过程中、教育教学设置环节上、人才培养各方面都要始终坚持党的正确领导原则，在新的历史环境下彰显高校育人工作时代新风采。

（二）坚持问题导向：注重文化自信视域下育人机制的精准施策

高校在开展育人工作的过程中，要树立起问题导向意识，这也是新时代高校在育人环节中最为鲜明的特征之一。问题是时代的声音，每个时代都存在着属于自己的问题，高校教育工作者只有树立强烈的问题意识，才能有的放矢地解决在不同环境下的各种问题，才能找到新时代引领高校进步与发展的路标。坚持问题导向是遵循马克思主义原理的重要体现，坚持问题导向就是坚持了具体问题具体分析的原则，即马克思主义活的灵魂。所以，新形势下高校育人工作必须紧抓当

前育人工作中的根本问题，即"培养什么样的人、如何培养人以及为谁培养人"的思考。我们只有找准目标，育人工作才可以有条不紊的进行，从而实现精准施策的育人目标。习近平总书记明确指出："高等教育培养人才要为人民服务，为中国共产党治国理政服务，为巩固和发展中国特色社会主义制度服务，为改革开放和社会主义现代化建设服务。中国高校培育的人才，是中国特色社会主义事业的接班人，也是为中华民族伟大复兴而奋斗的人才。"高校工作者必须发现、正视、研究育人工作中存在的问题和不足，针对不同问题精准施策，加快推进高校育人工作的改革创新。

（三）坚持以文化人：彰显文化自信视域下育人机制的核心要义

人不可无魂，人无魂则死。国不可无文，无文化则亡。文化是贯穿人类社会在历史发展中的核心力量，文化自信更是一个国家与民族进步的灵魂。精神文化始终是高校在办学过程中赖以生存与发展的不竭动力，精神文化的培育不仅有助于夯实高校以文育人的内在基础，而且在育人过程中也产生着潜移默化的渗透作用推动着新时代育人工作的发展。随着经济全球化快速发展，中华民族传统文化也受到一定程度的冲击，新时代青年如何要在纷繁复杂的历史环境下承袭中华优秀传统文化，在面对多元文化交织的今天，能够理清不同文化间的差异，挖掘其深厚的精神文化资源，在面对本国文化的过程中做到继承与创新。这就需要高校育人工作要坚持以文化人的育人原则，要强化大学生对于中华传统文化、红色革命文化、社会主义先进文化的认知与学习，既要培育青年一代广阔的视野，又要从根本上实现以文化人，树立高度的文化自觉与文化自信。

（四）坚持遵循规律：实现文化自信视域下育人机制的改革创新

习近平总书记高度重视青年文化自信的培育，特别是在党的十九大报告中，习近平总书记用浓墨重彩的一段话专门论述了对于青年成长成才的热切期盼。其中深刻回答了"培养什么样的人、如何培养人、为谁培养人""如何认识青年学生、如何教育引领青年学生、如何发挥青年学生作用"等一系列值得重视的问题。

新时代的今天，高校教育工作者要深入学习贯彻党的十九大精神和习近平总书记关于青年成长成才的重要思想，把握教书育人规律，把握思想政治工作规律、把握学生成长成才规律，这些所遵循的规律都是新时代高校育人工作中所必要的根本遵循。与此同时，在坚持这些规律的基础上，高校育人机制的构建也要敢于改革创新，为增强高校文化自信的培育提高源源不断的动力。在改革创新中高校要积极坚持中国特色社会主义文化自信，构建创新的体制架构，高校教育工作者只有紧紧抓住创新这个理念，我们的文化教育事业才能在不同文化的冲击中站稳脚跟，焕发出强大的生命力与吸引力。

（五）坚持协同联动：强化文化自信视域下育人机制的责任落实

习近平总书记强调，"要使各类课程与思想政治理论课同向同行，形成协同效应"。新时代高校育人工作要发挥协调联动首先就要在育人观念上要打破狭隘的定位与片面的认识。新时代的育人工作不仅仅是高校教师的任务，更是全校上下每一位工作人员的共同事业。高校育人工作者要积极调动每一位高校教育工作者的积极性，让他们将育人工作重视起来。高校应强化各部门责任落实，使得每个部门都肩负起自己的任务，每个人在自己的工作岗位上都能做到"守好一段渠，种好责任田"。新时代高校要加强党对高校育人工作领导的同时，落实主体责任，把"软指标"变成"硬约束"，还必须联合校党委的统一领导，实现党政齐抓共管，加强"1+1＞2"的协同育人效果，形成新时代高校全方位育人的新格局。

二、构建新时代文化自信视域下高校育人机制的逻辑演进

从文化自信的生成逻辑来看文化自信的产生主要经历了从文化认知到文化认同、文化自觉、再到文化承创从而最终实现文化自信，只有掌握了文化自信产生的特定规律，理清文化自信视域下高校育人机制构建的逻辑演进，新时代高校育人机制的构建才会在原有的基础上发挥新的作用与效能。一般而言，文化认知作为文化自信生成的基础,客观且实际地认知本民族的文化是文化自信产生的根基;文化认同作为文化自信产生的关键，只有达到充分的认同感才会使得文化自信更

好地深入人心；文化自觉是文化自信生成的核心，以文化自觉为核心的文化自信，不仅使个体文化产生差异，同样也使得国家与民族与之不同，文化自觉彰显了本民族精神品质的独特性；文化承创是文化自信产生的标志，只有敢于在继承的基础上实现对本民族文化的创新，文化自信心才会根植于内心，从而注入中华儿女的灵魂之中。

（一）文化认知：新时代文化自信视域下育人机制生成的基础

马克思主义哲学中质变与量变的辩证关系表明，"量变是质变的必要准备，质变是量变的必然结果，当量变达到一定程度，突破事物的度，就产生质变。质变又引起新的量变，开始一个新的发展过程。"新时代高校要构建以文化自信为视域的育人机制最重要的是以准确认知本民族的文化为基础，准确地认知本民族文化是产生文化认同感与自信心的必要条件。首先，文化认知主要包括对与自身文化内涵与特点的认知，还包括存在于文化之中最基本的价值取向与判断。高校要构建以文化自信为视域的育人机制第一步就要使得大学生充分认知本民族文化，积极树立符合本民族文化的价值观念，使得新时代大学生在面对纷繁复杂且多样化的文化形态时坚定信心，并能够清晰辨别不同文化，在不同文化的交融与交锋中坚定文化自信心，实现取其精华去其糟粕的目标。与此同时，高校在育人机制构建的过程中一定要以文化认知为出发点，提供一种客观的视角与立场去教会学生用一种正确的思维去看待本民族文化的产生、形成与发展。只有以充分的文化认知为基础，以新时代文化自信为视角的高校育人机制构建才能够水到渠成，从而产生更加深远的影响力。

（二）文化认同：新时代文化自信视域下育人机制生成的关键

马克思主义哲学的唯物辩证法认为："事物内部各素之间的同一与斗争是内部矛盾，事物之间的同一与斗争是外部矛盾。前者是事物发展的内因，后者是事物发展的外因。内因是事物自我运动的源泉，规定着事物的本质和发展方向，外因则影响事物的状况和发展进程。外因是变化的条件，内因是变化的根据，外因通过内因而起作用。"高校如何在新时代新环境下以文化自信为视域构建育人机制，最为关键的就是培养文化认同感，大学生在已形成的文化认知的基础上培养对本民族文化强烈的认同感，是高校以文化自信为视域构建育人机制最为重要的出发点。文化存在的形态多种多样，不同文化具有不同程度的可触及性、可感悟性、可体验性等特征。高校作为意识形态培育的主阵地，如果对于大学生文化自信心的培育仅仅停留在最基本的文化认知层面，不去深挖必要的文化体验过程，那么这种育人机制的构建本身就是失败且无力的。新时代高校育人机制的构建要针对当代大学生普遍存在的问题，如：缺乏相应的文化体验、价值取向的偏离等。高校在育人机制构建的过程中要尽可能地提高实践平台，让更多大学生结合自身的文化认知与感悟去接触本民族的优秀文化，使新时代大学生能够更好地发现自身文化的价值，从内心深处产生文化认同感。高校育人机制的构建必须要以文化认同作为关键，只有达到心灵深处的共鸣感，新时代以文化自信为视域的育人机制构建才能有的放矢，凸显以文化人的独特优势。

（三）文化自觉：新时代文化自信视域下育人机制生成的核心

文化自觉是指"一个民族、一个政党在文化上的觉悟和觉醒，包括对文化在历史进步中地位作用的深刻认识，对文化发展规律的正确把握，对发展文化历史责任的主动担当。"新时代高校要构建以文化自信为视域的育人机制，文化自觉是文化自信形成的核心节点，高校在育人机制的构建过程中要在一定文化认同的基础上培育新时代大学生的文化自觉，要实现文化自觉的培育最重要的是实现三个基本目标。首先，高校育人机制的构建要以浓厚的文化为积淀。因为高校育人机制构建的宗旨就是培养新时代大学生的文化自信心与民族自豪感。中华优秀传统文化、红色革命文化、社会主义先进文化是育人机制构建过程中取之不尽的文化资源，要始终将传统文化、红色革命文化、社会主义先进文化的精神贯穿于育人的全过程。新时代大学生只有充分接触并感悟这些浓厚的文化价值，才能够在现如今的学习与生活中具备文化自信心。其次，高校育人机制的构建要引导大学生学会自觉且客观地面对当前主流文化。改革开放40年来的伟大成就使我国的经济得到迅速发展，但随着经济发展的同时带来的问题也不容小觑。在文化方面趋向多元化，文化多元共存的局面十分明显。这样的现象对于社会主流文化产生了十分消极的影响，造成了一定的冲击。然而，就当前主流文化而言，社会中的主流文化都是历史上传统文化的积淀以及与现代文明充分融合而产生的。新时代大学生要培育文化自信，最重要的就是要积极面对自身所处的时代，清晰地认识到现如今文化现状，发掘当前主流文化中的精神价值，并结合自身实际继承与发展新时代下的主流文化。最后，高校育人机制的构建要以未来文化的发展为展望。任何一种文化都有其相应的生成形式与演进逻辑。新时代大学生对本民族文化充满自信，理应要对本民族文化的历史及当前形态产生高度的认同感，而且要对本民族文化的未来充满信心。高校育人机制的构建目的就是调动大学生的文化自觉，使得新时代大学生能够主动地传承与弘扬本民族文化，使得文化自信心成为生生不息的动力源泉。

（四）文化承创：新时代文化自信视域下育人机制生成的标志

高校育人工作既要具备文化传承功能，又要具备时代变革功能。新时代高校育人的重要作用就在于它既传承了中华优秀传统文化之精华，又在新的时代与环境之下赋予传统文化不同的意义与价值。首先，文化承创是新时代高校育人机制构建的必然要求。在新时代中国特色社会主义文化事业中，高校作为孕育思想培育人才的主阵地肩负着十分重要的使命。新时代高校育人机制的构建要始终坚定马克思主义思想，树牢"四个意识"，坚定"四个自信"，坚决做到"两个维护"，始终以"立德树人"为中心展开育人工作。随着时代的发展，高校育人机制的构建与育人目标也要随着新时代赋予新内容，最为突出的就是在文化传承与创新方面做到继承与发展，既要传承中华优秀传统文化，又要在此基础上赋予传统文化新内容，彰显中国特色社会主义文化自信，以与时俱进的态度完成育人新目标。其次，实现文化承创是促进新时代教育事业发展的现实需求。中华优秀传统文化既是中华民族的血脉，又是中华儿女的精神家园，更是新时代教育事业的根基。回顾历史，我们可以看到中华优秀传统文化在中国的教育史上扮演着不可或缺的重要角色。新时代高校育人工作一定要大力推进自身文化的传承创新，通过文化承创来丰富新时代高校育人方式，提升新时代高校育人效果，从而进一步推进新时代教育事业的健康发展。再次，实现文化承创是践行社会主义核心价值观的必然结果。新时代高校育人工作要将社会主义核心价值观与育人机制的构建有机结合起来，用社会主义核心价值观引领新时代大学生的思想与行为，达到润物细无声的育人效果。最后，实现文化承创是提升国家文化软实力的重要途径。文化兴则国运兴，文化强则民族强。文化是决定一个国家繁荣兴盛的重要因素之一，新时代中国的教育事业也将不断地致力于文化的传承与创新，这也必然是新时代高校育人的重要使命。

三、构建新时代文化自信视域下的高校育人机制的结构优化

（一）树立文化自信育人理念，以转化育人思维为新亮点

新时代催生新理念，新理念指引新征程。在这样的时代背景下，高校育人工作要积极转变育人理念，将以文化人融入高校育人机制之中，融入到整个高校的教育教学全过程当中。将以文化人理念贯彻到高校育人机制之中，首先就是要以文化自信为视角转化高校育人思维，这不仅有助于增强新时期高校育人的实效性，还是在一定程度上提升了育人的科学化水平。

马克思在《1844年经济学哲学手稿》中指出："人使自己的生命活动本身变成自己的意志和意识的对象。"由此可见，人类在进行对象化的实践活动时内在地包含了与之相关的文化层面的规定。所以，人类的发展与文化的产生之间存在一种辩证关系，即人类创造了文化，文化又反作用于人类，塑造人们的生活。同样的，高校育人工作是针对人本身而开展的工作，由于人们的生存与发展必然会受到一定文化环境的影响，所以高校育人工作在其本质上具有着鲜明的文化属性。由此可以看出，文化自信的培育在高校育人工作中占据着极为重要的地位和作用，高校育人工作要从根本上转化育人思维，确立以文化人的重要性并将其贯穿于高校育人工作的全过程。

文化最基本的功能就是教化，而教化的目的就是为了树人，为了培养人才。高校作为思想理论传播和人文精神聚集的主阵地，对新时代青年进行价值观的教育与引导功能。在面对现实生活中的诸多文化思潮，当代大学生会因为文化的多样性特点而感到迷茫，甚至会冲击到自身的文化结构与价值观念。高校在面对这种现象时，要走出这种困境最重要的就是转换观念，大力加强育人力度，使当代大学生在面临多样文化交流与碰撞时，能够摆脱文化焦虑，增强文化的辨识力，并保持清醒的文化定力，始终对本民族文化拥有自信心。与此同时，高校要积极

创新育人理念，转变育人思维有利于增强高校育人的亲和力和感染力。新时代以文化自信为视角来构建高校育人机制，主要方式就是通过以文化人以文育人来增加当代大学生的民族自信心与自豪感，使得原本枯燥、机械的教化方式变得更加具有思想性、艺术性与感染力，育人理念的转变拉近了教育双方在心灵上的距离，很大程度上增强了高校育人的实效性。

（二）实现以文育人教育过程，以彰显文化自信为出发点

美国文化人类学家克罗伯和克拉克洪在《文化：一个概念定义的考评》中收集考察的对文化的定义达 166 种之多。从最本质上讲，文化是人的精神和道德品质的思想观念的呈现，是一定区域内人们普遍接受的价值观念。无论回顾历史还是展望未来，在全球化大背景下世界上会出现各种各样的文化形态，各种文化之间会不断地交流、交融，甚至是交锋。新时代背景下的大学生要保持一种稳定的心态与眼光去面对本民族文化与各种外来文化，在这种纷繁复杂的文化大交融现状之下，保持一颗对于本民族文化的自信心就显得尤为重要。"没有高度的文化自信，没有文化的繁荣兴盛，就没有中华民族伟大复兴。"在新时代高校育人机制的构建过程中，高校工作者要积极挖掘我国自身文化所具备的内在价值与力量，始终将文化自信的培育目标作为新时代高校育人的核心理念。从中华优秀传统文化、红色革命文化、社会主义先进文化这三方面着手，取其精华之处，如中华优秀传统文化中的仁、义、礼、智、信等思想；红色革命文化中为革命前赴后继、英勇奋斗的大无畏精神；以及社会主义先进文化中的社会主义核心价值理念等。这些宝贵的文化都将融入到高校育人过程中，这将是新时代高校育人机制构建所遵循的根本。

高校要在育人的思想观念上实现文化自信的高度融合。高校在进行育人工作的过程中要始终以马克思主义为指导，利用中华优秀传统文化、红色革命文化、社会主义先进文化去引导学生、教育学生，并积极引导广大师生做社会主义核心价值观的坚定信仰者、积极传播者、模范践行者。与此同时，就高校本身而言，高校教育的本质就是用一种正确的意识形态去引导学生受众的过程，以一种符合时代发展的思想来引领大学生的文化活动。从文化自信的角度出发，高校育人工作在教育观念上应有所变革，要实现思想引领与以文化人相结合。实现新时代高

校以文育人目标，使得文化自信在高校育人工作中得到回归，不仅需要在育人机制的构建过程中找到动力源头，更需要历史依据与现实价值去支撑新时代高校育人的实践工作。

高校要在育人机制构建过程中做到对文化自信的精准契合。由于文化的本质属性，文化总是以一种潜移默化的方式实现对人们思想与行为的影响。高校在构建育人机制的过程中要做到对文化自信的精准契合，最为重要的就是要把对人的教化渗透到生活的细节之中，通过润物细无声的方式使学生受众接受正确的文化观与价值观。高校教育工作者在进行育人机制构建过程中，要始终自觉自主地将文化自信的宗旨灌输其中，积极调动广大师生对于中华优秀传统文化、红色革命文化、社会主义先进文化的热爱，激发教育者和教育对象充分发挥自己的主观能动性与积极性，激发他们的积极性去自主自觉地参与到育人工作的全过程之中。

高校在构建育人机制的过程中要做到教育环境与文化环境的有机结合。高校育人工作作为社会实践活动的一种形式，育人工作总是要在一定的环境之下进行。高校育人工作始终是以教育环境作为主要环境，不要忽视了文化这个大背景，文化总是在潜移默化过程中影响着人们的思想与行为。那么，高校以文化自信为视角，就在一定程度上弥补了育人工作的盲目性，在育人过程中既重视教育环境的建设，又重视文化自信的培育。高校育人机制的构建要有效融入各种文艺形式和文化作品去感染学生，通过一些优秀的文艺作品去影响学生，通过合理的育人机制帮助学生树立正确的世界观与价值观。新时代以文化自信为视域的育人机制的构建就显得尤为重要，由此可见文化自信也是新时期开展高校育人工作的出发点。

（三）凝聚以文化人工作队伍，以发挥合力育人为着力点

高校教育者工作者要深入凝聚校内外育人力量、整合课内外教育资源构建合力育人机制，坚持全员全程全方位育人的要求，凝聚工作队伍，以发挥合力育人为高校育人机制的着力点。近几年，随着党和国家对高校育人工作的不断重视，我国高校育人工作取得了进一步的进步与完善，育人效果也是有目共睹的。然而，值得关注的是，当前高校育人工作还存在一些问题，有待高校工作者去改善、去增进。比如：高校相关部门之间缺乏积极的沟通与配合、课堂与校园文化建设没能很好地接洽、学校、家庭、社会三者之间尚未形成协同育人的局面等。针对现

存的这些问题，高校一定要重视起来并提出一系列行之有效的措施，使得高校育人机制的合力得以充分构建，以此来实现 1+1 > 2 的育人效果。

高校要做积极整合与优化育人工作队伍，充分利用高校教育资源积极发挥合力育人效果。首先，高校在进行育人工作的过程中，最重要的就是要加强不同部门之间的参与度，最大化地整合多方面的育人资源，实现合理育人的效果。通过多角度、全方位来开展育人工作，特别是对于中央指定的方针政策，高校要集中各个部门来贯彻与学习，通过中央、地方、高校之间的通力合作来整合优化高校教育资源，及时地将最新的教育信息学习好、贯彻好，并用最有效的育人手段将教育信息传授给学生们。与此同时，高校要构建学校、家庭、社会"三位一体"的合力育人体系，通过与家长之间的沟通座谈、社会实践、产学研的紧密结合来高校育人方式，从整体上推进高校合力育人能力。

（四）强化文化自信落实能力，以实践育人目标为落脚点

习近平总书记指出："要重视和加强第二课堂建设，重视实践育人，把教育同生产劳动和社会实践相结合，广泛开展各类社会实践，让学生在亲身参与中认识国情、了解社会，受教育、长才干。"就我国目前高校实践育人的现状来看，大部分高校都比较重视理论与实践相结合的重要性。然而，有一部分高校由于受到经济条件的限制，使得高校在落实实践教育方面还存在一些不足与欠缺。比如：对于高校实践育人活动缺乏合理的统筹与管理、相关实践活动的开展并无新意、实践活动的开展只强调宣传而忽视收获等问题。对于这些问题的产生，都是高校在构建实践育人过程中所需要思考的问题。

实践的观点是马克思主义哲学的主要观点。高校在强化实践能力的过程中，一定要积极利用马克思主义关于实践的重要理论进行相关教育，将马克思主义的实践观作为高校实践育人机制构建的有效依据。与此同时，高校还要做到理论与实践相结合，做到学以致用。一方面，高校要将课堂上的理论知识与生活中的实践相结合，积极培养学生的理论实际应用能力。另一方面，高校育人工作者要让学生意识到认识世界的最终目的是为了改变世界。纸上得来终觉浅，我们要将课堂中所学到的知识积极运用到实际的生活中去，通过学习到的知识来改变生活现状，扎实的实践活动同样也可以检验自己所习得的知识是否是正确且有效。因为，

认识来源于实践，认识能够指导实践，同样的实践也是检验认识正确与否的标志。

（五）注重以文育人组织保障，以规范制度管理为支撑点

制度是一种规范，高校育人工作的开展同样也需要制度规范。"制度能够保障管理者规范地管理，教育者认真负责地施教，受教育者努力地学习，形成思想政治教育的和谐局面。"高校在构建育人机制的过程中，保障机制的构建起到十分重要的作用。保障机制对新时代文化自信视域下高校育人机制构建起到积极保障作用，保障高校各个要素之间更好地相互作用，相互影响。高校保障机制是一个复杂的系统，其中最为重要的就是组织保障，全面而有效的组织保障是高校实现育人机制构建的重要一步。党中央明确规定，高校党委要肩负起高校育人工作的主要职责，高校各个机构与组织在进行育人的过程中，必须建立起一个以党组织为领导、专职政工干部为骨干、行政干部为基础和群众团体共同参与的高校育人工作新体系，形成党政工团齐抓共管、多管齐下的立体式的组织育人体制。与此同时，各单位各部门都要有相关领导专门负责组织文化自信培育工作的相关部门，切实负担起相关的责任，并且要齐抓共管，形成育人合力。所以，高校要健全组织保障机制不仅要以自上而下的方式去实施，在这个过程中更要充分发挥每个基层部门的积极性，有效发挥各个部门之间的合力优势来完善育人组织保障制度。一方面，高校各级领导都要充分认识育人工作的重要性，继续坚持"教育为本，德育为先"的总体性原则。高校育人机制的构建要始终坚持高校党委的统一领导，将高校党政作为第一领导，并完成自上而下的政策制定，使得各院系的辅导员、班主任以及相关行政人员做到层层落实。另一方面，随着时代的发展，高校要将各个组织保障部门发挥各自优势，通过有效整合、调整与规范，将各个部门的育人功能发挥到最大化。与此同时，新时代高校育人机制的构建更要完善高校组织保障工作，使得高校组织保障工作更具针对性。

第三节　文化自信视域下高校育人机制的构建

文化自信视域下高校育人机制的构建要分别从以下六个方面来实现。即以构

建导向育人机制为引领、教学育人机制为重点、实践育人机制为目标、文化育人机制为核心、网络育人机制为格局、保障育人机制为关键这几部分之间相互联系做到整合优化，从而共同助力于新时代高校大学生文化自信心的培育。

一、树立以文化自信为引领的导向育人机制，引领思想行动的"总开关"

构建高校育人机制是一项系统的、持续的、长期的工程。高校育人机制能否快速、健康、协调、和谐的运行，关键在于导向机制的构建与创新，在于积极探索并不断创新出一整套合理且高效的导向育人机制。

（一）高校育人机制的构建要坚持党对高校的领导

意识形态决定着一个政党、一个民族、一个国家的生存与发展，代表着一个国家文化的核心与灵魂。文化本身就是一种力量，知识就是力量，文化是意识形态话语权的一种直接资源，它是高校构建育人机制最有效的内在支撑力。马克思曾说过："如果从观念上来考察，那么一定的意识形态的解体足以使整个时代覆灭。"苏联亡党亡国的历史和现实就是一面镜子，一个政权的颠覆最初的萌芽就是意识形态领域的瓦解。习近平总书记指出："宣传思想工作就是要巩固马克思主义在意识形态领域的指导地位，巩固全党全国人民团结奋斗的共同思想基础。"面对当前纷繁复杂的国际形势，特别是面对西方意识形态的入侵，人们的价值观念处于多元多样多变的状态。为了强化新一代青年意识形态培育，高校首要任务就是要不断加强党对意识形态工作的全面领导，牢牢掌握意识形态工作领域的领导权。高校教育工作者要使新一代青年学生在理想信念、价值理念、道德观念上紧紧团结在一起。与此同时，新时代高校在进行育人机制的构建过程中，可以尝试多种方式与方法，将意识形态培育工作融入其中。高校意识形态教育不仅要在大学课堂上作为主要内容，更将意识形态教育渗透到校园文化、主流媒体以及日常生活中去，通过这种潜移默化的方式教化新时代青年，要让他们明白意识形态教育的重要性。新时代高校在构建育人机制过程中强化意识形态主导权是任何育人内容都无法替代的，务必十分重视。

（二）高校育人机制的构建要以马克思主义为指导

习近平总书记强调，高校育人工作实际上是为学生答疑解惑的过程，宏观上回答了培养什么样的人、如何培养人以及为谁培养人的问题，微观上则是教会学生如何实现做人、做事、做学问的过程。现如今，新时代大学生普遍都是"95后"，他们积极进取、思维活跃、朝气蓬勃。同时，在面对如此纷繁复杂的世界时，他们则表现出了不够成熟的一面，在他们尚未形成正确世界观、价值观、人生观的过程中，高校作为意识形态培育的主阵地具有着义不容辞的义务与责任，要实现高校育人导向作用，引领思想行动的"总开关"，其首要任务就是要坚持马克思主义思想，用习近平新时代中国特色社会主义思想来引领高校大学生的思想，为新时代高校大学生奠定科学的思想基础。

恩格斯曾说过："马克思的整个世界观不是教义，而是方法。它提供的不是现成的教条，而是进一步研究的出发点和供这种研究使用的方法。"由此可见，马克思主义最鲜明的特点就在于它的实践性，它最为重要的品格不在于"解释世界"，而是积极地致力于"改变世界"。回顾中国社会主义革命、建设、改革过程中，我们党始终将马克思主义与中国具体实际紧密结合，产生了毛泽东思想、邓小平理论、"三个代表"重要思想、科学发展观、习近平新时代中国特色社会主义思想重大理论成果，并指导党和人民取得了一个又一个的伟大成就。新时代的今天，高校育人工作者也要始终将马克思主义作为我们立党立校的根本指导思想，为新时代高校增添时代底色。新时代高校育人工作要始终坚持以马克思主义为指导，运用科学的育人方式将马克思主义思想落实到学生的学习与生活中，要始终在学懂、弄通、做实上下功夫。新时代高校要始终将马克思主义思想与中国特色社会主义相结合，针对育人过程中所出现的新问题做到积极实践，从而得出新的育人理论，创新育人方式。与此同时，高校也要重视马克思主义理论一级学科建设，努力培养一批立场坚定、功底扎实、经验丰富的马克思主义学者，为高校育人工作提供坚实的学科支撑、理论支撑和队伍支撑。新时代高校要始终重视培育马克思主义信仰者、实践者、传播者，坚定社会主义办学方向，为新时代青年学生奠定成长成才的思想基础。

（三）高校育人机制的构建要坚持社会主义办学方向

新时代的今天，高校育人工作要始终围绕这一问题展开，即培养什么样的人、如何培养人以及为谁培养人的问题。高校作为多种思想、多元文化、多样思潮交汇的前沿阵地，其自身具备着特殊的舆论导向作用。所以，新时代高校要坚持社会主义办学方向，回答好为谁培养人以及怎样培养人的问题就显得十分重要。随着经济的快速发展，面对不同意识形态所产生的不同声音，如何在复杂且多元的意识形态背景下，回答好"培养什么样的人、如何培养人、为谁培养人""如何认识青年学生、如何教育引领青年学生、如何发挥青年学生作用"等一系列重大问题，这不仅是高校在育人过程中所要回答的，也是高校在育人机制的构建过程中所要坚持的基本方向。回顾我国高校的发展，坚持社会主义办学方向始终是我们开展育人工作所必须坚持的基本方向，坚持社会主义办学方向在任何时刻都无法替代。高校在任何一个发展阶段都要牢牢坚持社会主义办学方向，无论是人才培养、科技创新、社会服务、文化传承等方面，社会主义办学方向始终是高校发展的时代底色。在新时代的今天，许多高校在实现"双一流"建设目标过程中，首要任务就是要在新时代牢牢坚持社会主义办学方向，即高校的育人工作要坚持中国共产党的领导，坚持用马克思主义思想指导高校师生，牢牢坚持社会主义办学方向，只有明确我国高校办学的目的与任务，即为了谁而开展教育、培育出人才的目的是什么等一系列主要问题，高校育人机制构建的目标才会清晰，高校育人工作的开展才会有的放矢，有所方向。

（四）坚持用习近平新时代中国特色社会主义思想铸魂育人

习近平新时代中国特色社会主义思想作为新时代提纲挈领的重要思想，始终都是现如今高校办学施教所遵循的最根本的思想，起到铸魂育人的重要作用。习近平新时代中国特色社会主义思想中的许多新思想都是目前高校在面对新时代、新条件、新环境下最能解决问题，并引领未来发展的思想。首先，强调青年在新时代下的重要地位。青年作为新时代社会主义接班人与建设者，在高校育人过程中始终占据主导地位，高校育人机制的构建也要始终围绕当代青年展开。高校育人机制的宗旨就是为社会主义事业培育新时代人才，通过机制间的相互协调、相互配合，共同助力于高校育人工作的顺利开展，旨在培育出一批始终拥护中国共产党，立志为新时代中国特色社会主义事业奋斗终身的优秀人才。其次，习近平新时代中国特色社会主义思想始终强调教师的重要作用。构建新时代高校育人机制的重点在教师，只有充分发挥教师在育人过程中的积极性、主动性、创造性，育人的作用才会更好地发挥出来，从而高校育人的效果才会更好地实现。最后，同样也是最为关键的部分，习近平总书记始终强调办好中国教育的关键在党。新时代高校育人机制的构建要将各级党委与相关部门积极联系起来。高校在党的统一领导下要发挥合理育人效果，既要做到顶层设计又要实现基层探索的工作格局。高校党委在育人机制的构建过程中要积极发挥带头作用，将党的路线、方针、政策贯彻好落实好，使得高校育人机制的构建要始终坚持党的领导，找准育人的正确方向。通过在党的正确领导的基础之上，高校育人工作者提出一系列行之有效的育人措施，构建出一套一体化的育人机制，通过不同机制间的相互配合来形成育人合力，从而共同助力于高校育人机制的构建，为新时代培育出一批又一批的时代新青年，共同助力于伟大复兴的中国梦。

（五）高校育人要始终贯彻党的教育方针落实立德树人

习近平总书记提出："要坚持把立德树人作为中心环节，把思想政治工作贯穿教育教学全过程，实现全程育人、全方位育人，努力开创我国高等教育事业发展新局面。"新时代高校作为立德树人的坚强阵地，育人工作则是发挥高校立德树人根本任务的关键所在。新时代高校育人工作要切实按照总书记在会议中的要求，坚持以立德树人为核心。新时代育人工作者要明确方向、树立理念，始终把育人工作与党的方针政策相结合，明确育人方向与目标，努力构建一体化育人新格局，探究多向育人力量，发挥合力育人效果，切实打通新时代大思政育人工作的"最后一公里"。高校工作者应切实提高育人工作水平，坚持德育抓方向、智育重能力，积极引导广大青年奋勇投身新时代、接力建功中国梦的动员令，吹响新时代落实立德树人的根本任务、加快建设教育强国和实现社会主义现代化、建成社会主义现代化强国的冲锋号。从古至今立德树人的思想始终影响着中国社会的发展，影响也是经久不衰，极其深远的。春秋战国时期，鲁国史官左丘明曾在《左传》中提到："太上有立德，其次有立功，其次有立言，虽久不废，此之谓不朽。"这句话中涵盖着立德树人思想的最早形成雏形，它主要是强调一个人的成功最为重要的就是树立高尚的德行，其次才会在事业上建功立业，从而在文学上著书立言。古人以"立德"为首、"立功"次之、"立言"三者共称为"三不朽"，"三不朽"中以"立德"为首的思想更是充分烘托并体现了德育的重要性，新时代赋予新使命，新的社会主要矛盾也决定着新时代中国特色社会主义的发展目标。根据习近平总书记所提出的关于立德树人的重要思想，使得广大教育者明白了立德树人是学校教育的核心理念，也是育人之灵魂。高校教育工作者要增强新时代高校育人工作的实效性，最重要的就是要把立德树人作为育人的根本任务，只有围绕立德树人这一根本任务，新时代育人工作才会有所方向，有所动力。

二、推进以文化自信为重点的教学育人机制，掌握育人方式的"主渠道"

构建以文化自信为重点的教学育人机制是指教师运用言传身教的方式向学生传授经验、体会、方法的教育过程，并以此教育引导学生汲取丰富的科学知识，掌握系统的科学研究方法，旨在培育出一批有本领、有理想的新时代青年。高校要构建全方位、多渠道的教学育人机制，不仅是新时期高等教育发展的内在要求，也是高校寻求改革创新的方式来优化教学育人机制，提高育人的科学性与实效性。

（一）教学育人工作要始终以立德为目标来展开

习近平总书记指出："高校立身之本在于立德树人，立德树人旨在通过思想道德建设促进人才培养，塑造适应时代需要、全面发展的人。"立德树人的核心要求与高校育人的本质规定是一致的。高校育人的本质是通过教化手段来开发学生的潜能，实现他们的价值，将新时代青年塑造成为一个全面发展的人。立德树人与高校育人的共同点就在于都是通过道德教化、精神提升来实现人的全面发展。高校育人工作作为一项系统工程，其中最关键的就是要借助课程体系这一重要抓手来开展高校育人工作。新时代具有新任务，新时代同时也赋予高校工作新的使命与要求。高校课程育人的本质实则是国家意识形态与价值观教育的"有形载体"，是高校实现教育目的与培养目标的重要途径。所以，新时代高校课程育人机制要以立德树人为中心目标来开展工作。一方面，高校在课程标准、内容选择、具体实施、效果测评上，都要始终以党的育人方针政策为指导，在课程育人机制的建设上一定要具有鲜明的价值性，即要始终符合国家、社会以及人民大众的发展需求。另一方面，课程育人作为高校育人工作乃至整个教育体系的重要组成部分，承担着"立德树人"的根本任务。高校在课程设计上要始终将"德"内化到课程育人体系之中，以各类课程为载体来实现育人目的。最后，新时代高校在进行课程育人机制的构建过程中，要做到各门课程间相互配合、相互联系。高校教育工作者要通过合理的分工与配置，彼此协同、相互配合，根据每一门课程的自身特点以及内容呈现方式，来凝聚不同课程间的合力共同实现育人的总体目标。

（二）构建"情感—交往"型课堂融入教学育人机制

相较于传统的教育教学模式而言，"情感—交往"型课堂更具人文情感关怀，旨在构建一种有温度的课堂。传统教育与教学模式主要关注学生知识与技能的传授，从而忽视了受教育者的个人情感。构建"情感—交往"型课堂并不是忽视了专业知识与技能的传授，更深层次上是对于学生情绪与情感的一种关怀，强调知识技能与情绪情感之间的和谐发展。首先，情感作为"情感—交往"型课堂的内在特征与基本目标。在构建"情感—交往"型课堂的过程中，学生受众的情感是课堂教学的首要任务，是其教育性功能的一种体现。由于人的情感体验与其价值观、道德品性、人格魅力养成具有紧密的联系，所以高校要为学生受众的情感发展提供一个安全而又温暖的环境。高校在构建课程育人机制过程中，要尽可能地将每一节课打造成具有维系人全面发展的情感型课堂，从而实现教学、教育融合一体，实现课程育人的真正目的。其次，交往是课程育人构建的重要实质，也是"情感—交往"型课堂的外在表征，更是实现高校育人最基本的途径。高校在开展育人工作的过程中，如果教师与学生之间没有充分交流，再丰富的情感也难以被传递、难以被感知，教育双方之间的情感也很难被培养起来，育人的实效性也会大打折扣。特别是身处于现代信息化的时代，许多人受到网络信息的大量冲击，对于传统课堂教育产生了质疑，人们开始思考学校和教师是否有存在的必要性，网络化课堂是否可以取代现如今的传统课堂教育模式？面对这样的质疑，高校教育工作者应该深思，如若高校传统教育模式不能被取代，其中最重要的就是要大力发挥课堂中教育双方之间的互动性，正是因为人与人面对面的思想与情感交流是不能被人工智能所取代的。所以，新时代高校要构建"情感—交往"型课堂是面对网络化冲击最为有效的方式之一。因此，构建"情感—交往"型课堂使得教育双方相互依赖、相互支持，这样大大提高了教育双方的亲密度，使得高校育人课堂更加深入人心。

（三）构建 MOOC 与翻转课堂相融合的教学育人机制

习近平总书记指出，"要运用新媒体新技术使工作活起来，推动思想政治工作传统优势同信息技术高度融合，增强时代感和吸引力。"2011 年，美国斯坦福大学开通了《人工智能导论》网上课程后，MOOC 课堂模式就迅速投射到了许多高校之中，搭建了资源共享的教育平台。让教育慕课（MOOC），翻译为"大规模开放的在线课程，提倡的是一种无课堂、无国界、无围墙的新型在线课程开发模式。然而，MOOC 课程在实际的教学过程中也存在一些不足之处。如：没有有效地培养学生高阶思维能力、教学模式过于单一、对于学生不同需求划分不够精准等。因此，MOOC 课程在一定程度上难以适应高等教育过程中的具体要求。与此同时，随着 MOOC 进入高等教育领域，翻转课堂教学的内涵也随之发生了改变。新时代高校育人工作探讨如何将 MOOC 资源引入传统课堂教学，采用翻转课堂教学法，构建 MOOC 与翻转课堂相融合的教学育人机制成为了高校育人机制工作中的一个机遇。正是因为 MOOC 教学与翻转课堂两者具有同一性、互补性与耦合性，即翻转课堂注重课前在线交流、课堂教学过程的研讨，学生不仅能够拓宽知识领域，又可以增长见闻。所以，高校构建 MOOC 与翻转课堂相融合的教学育人机制，可以使得学生群体通过线上任选时间段来进行基本知识的学习，同时在线下课堂教学过程中也能够通过专业教师的引导来开展创新性研究探索，实现线上线下的"双互动"式学习方式，从而更好地提升教育效果，增强教育双方的互动性。

（四）构建各类课程与思政课程同向同行的教学育人机制

习近平总书记强调："要把思想政治工作贯穿教育教学全过程，其他各门课都要守好一段渠、种好责任田，使各类课程与思想政治理论课同向同行，形成协同效应。"高校育人的最终目标决不能只依赖于思想政治教育的努力，实现各类课程与思想政治课同向同行，发挥育人合力是构建高校育人机制实现育人目标最有效的途径。一方面，以各类课程与思政课程同向为视角来讲。高校各类课程与思政课程要做到同向行，首先就是各类课程与思想政治课程在指导方针与目标方向上保持同一思想方向。高校各类课程与思想政治教育课程在育人理念上都要牢牢坚持马克思主义的指导方向，明确中国高校的社会主义办学性质，我国高校的培养目标始终都是为社会主义培育人才。高校任何一门课程的教学都要始终坚持正确的思想方向，既要保持自身学科的专业性，同时也要积极贯彻思想政治教育的科学内涵，坚持正确的政治方向，始终要与习近平新时代中国特色社会主义思想保持一致性，坚定正确育人方向不动摇。

另一方面，以各类课程与思政课程同行为视角来讲。高校育人要实现德智并举、又红又专的育人效果，最重要的就是高校要将各门课程与思想政治教育课程相融合，实现思想政治课程与各门课程并驾齐驱的育人过程，发挥各门课程的自身优势，使得新时代青年打好专业知识基础。与此同时，各门课程要始终保持与思想政治教育的一致性，即意识形态领域的一致性。新时代青年不仅要汲取丰富的科学知识，掌握系统的科学研究方法，更要深刻体会育人的深刻内涵，积极贯彻习近平新时代中国特色社会主义思想，做既要有本事，也要有理想的新时代青年。

三、推动以文化自信为目标的实践育人机制，提供练就本领的"大熔炉"

高校实践育人机制是指学生能够将理论与实践相结合，通过实践活动来提升自己的实践能力以及综合素质。新时代扎实推动高校实践育人机制的宗旨就是帮助大学生培养自身爱国情感、创新意识和实践能力，培育全方位全面发展的新时代青年。

（一）构建产学研协同创新的实践育人机制

高校在构建实践育人机制的过程中要重视发挥产学研相结合的育人方式。首先，高校通过构建实践育人机制来与企业建立长久合作联系，为广大学生提供深入企业的机会，使学生不仅是坐在课堂里学习，而是将所学专业与知识运用于实践之中，始终做到理论与实践的充分结合。比如，在日本，高校十分重视工厂见习的作用，每隔一段时间，学校都会组织学生去当地工厂实习，让学生切实体会相关产品的研发与制作过程，让学生从内心深处明白生活与学习是息息相关的，同样也使得育人方式更加多样化与个性化。其次，设立大学生产学研创新创业基金。高校可以针对不同专业，积极把握一些前瞻性较好、科研价值高、发展前景广阔的项目，通过设立相关的创新创业基金来鼓励科研能力较强的教师与工作团队进行相关研究，甚至也可以对一些科研较为突出的学生进行指导，鼓励大学生进行科技发明和创新，通过给予一定的资金支持，协助大学生提升科研水平并取得相关科技发明或专利证书。这种办法不仅增强了大学生对于所研究领域的兴趣与主动性，更进一步大大提升了高校的科研水平。

（二）完善实践育人工作的运行保障机制

高校组织相关专业部门开展实践育人活动固然重要，但高校要完善实践育人工作运行保障机制也将是必不可少。高校要完善实践育人工作的运行保障机制。首先，要积极组织领导，加强责任监管力度。通过有序的组织与一套严格的监管体系来确保实践育人的实效性，实现高校育人的目的。同时，高校实践活动也要注重步骤，实践育人活动要与理论课程紧密联系，为理论与实践的结合创造优良的条件与环境。其次，高校实践育人要加强专业化的师资力量，培养"又红又专"的教师队伍。高校要实现实践育人的目的，教师的引导作用是十分重要的。在进行实践育人的过程中，高校教师要具备专业化实践育人能力，具有较强的解决实际问题的本领，无论是教学还是科研能力，都要充当学生的指导者与领路人。最后，新时代高校要强化与完善实践育人平台的建设，在开展实践育人活动过程中，良好的实践环境和实践平台是实践育人开展最坚实且有力的保障。

（三）创新实践育人考核评价与激励机制

高校实践育人效果发挥程度的大小，取决于一套合理且高效的考核与评价机制。高校在进行实践育人的过程中，教育者与受教育者是实践育人的两个主体。一方面，高校要不断激励广大实践指导教师广泛参与社会实践活动，制定出与之相关的实践育人考核制度与办法，实现多层次、多角度的实践育人评价方式。在考核评价过程中，既要做到定量评价，也要实现定性分析，特别是当前信息技术的迅速发展，高校可以巧妙地借力于先进的科学技术通过"大数据"或是"云计算"来考核社会实践的工作质量，评定出优秀的社会实践工作者与工作团队，在合理评定的基础上对于优秀的成绩给予肯定与奖励，对于相对不足之处给予指导与激励。另一方面，高校在开展实践育人的过程中，社会实践内容的设定是十分重要的一部分，高校教育者要针对现实生活中的热点事例、时事新闻来向受教育者传递科学合理的育人内容，从而有针对性地开展相关实践活动。针对大学生而言，高校教育者可以将志愿者活动、支边支教、科技创新等实践活动纳入到学生综合评价机制中，学生可根据自己的爱好来选择与之对应的实践活动，学校也可以通过合理的评价方式对学生进行适当的引导与鼓励。

（四）加强实践创新力度提升实践育人能力

实践创新是新时代高校育人发展的不竭动力，激发实践的创新力度，在构建实践育人机制的过程中能够不断出新，运用不同方式、不同体验、不同环境来进行实践育人工作。高校要找准实践育人创新的动力，鼓励广大师生发挥实践创新，集思广益，搭建广泛平台来深化高校实践教育改革工作。一方面，高校要不断强化与完善实践育人机制，积极构建一批基础知识扎实、技术手段一流、发展前瞻性好的产学研式教学体系，搭建校企合作、工学合作、实践创新等特色平台，在教育过程中要注重培养应用性、创新性人才。

另一方面，高校应大力激发政府、高校、科研院所和相关企业之间的协同创新能力。亨瑞·埃茨科威兹和罗伊特·雷德斯多夫创立的"三螺旋理论"认为：政府、企业与大学是国家创新体系和经济发展的三大要素，三者联结，可以形成一种彼此重叠、相互作用、紧密合作、互惠互利的"三螺旋"模式。通过这样的合作模式，相关政府可以通过制定一系列政策实现资源整合从而更好地培养高校人才。正是因为学校的科研院与许多企业通过提供人才培养服务来为大学生搭建实践平台，并按照政策要求和市场需求从事育人工作，才能够提供一体化育人工作环境。总而言之，通过各方面育人的相互协作，不仅使得新时代高校实现了科技创新与资源共享的目标，也大大提升了高校产学研协同创新能力，从而促进科技成果的转化，彰显了知识的创新能力与实用价值。

四、深入以文化自信为核心的文化育人机制，构建以文化人的"原动力"

英国哲学家怀特海提出："我们要造就的是既有文化又掌握专门知识的人才。专业知识为他们奠定起步的基础，而文化则像哲学和艺术一样，将他们引向深奥高远之境"。高校育人的目的是让学生学会学习、学会生存、学会做人，能够正确处理好人际关系。文化是民族的血脉，是人民的精神家园。新时代高校是优秀文化传承的重要载体与源泉，培育时代新人增强文化自信是赋予高校始终不变的责任和使命。

（一）融入工匠精神增强文化育人机制中的渗透力

习近平总书记提出，"要激发和保护企业家精神，鼓励更多社会主体投身创新创业。建设知识型、技能型、创新型劳动者大军，弘扬劳模精神和工匠精神，营造劳动光荣的社会风尚和精益求精的敬业风气"。工匠精神不仅十分重视作品的细节处理，在对完美品质的追求上更体现在兢兢业业、一丝不苟与持之以恒的专注态度上。更重要的是，在这个生活节奏日益加快的时代，培育工匠精神是十分重要的，它使得当代大学生拥有"沉""潜"的气质与脚踏实地的干劲，为中华民族的伟大复兴作贡献的决心。

"工匠精神"的培育是提高新时代青年能力的需要。新时代大学生要成为优秀人才，必须要耐得住实践的磨练。工匠的精神包含着坚持不懈、追求卓越、敢于创新和超越自我的精神，为新时代大学生的发展指明了方向，并具有良好的规范作用。

"工匠精神"的培养是校园文化建设的需求。"工匠精神"所提倡的育人理念与校园文化建设可以融为一体。一方面，工匠精神的培育有助于高校更好地发挥育人功能，树立学校品牌并扩大社会影响力。另一方面，工匠精神的培育也为校园文化带来了更多的生命力和智慧，从而增强高校文化育人机制的趣味性、创新性和有效性。

（二）融入社会主义核心价值观提升文化育人机制的凝聚力

陈先达先生曾提到："有什么样的社会，就会逐步存在并形成与它不可分离的什么样的核心价值。每种社会制度都有自己的核心价值，它是这个社会得以存在的精神支柱，是这个社会从产生到巩固的标志。"由此可见，在社会形态变化的同时与之对应的社会价值观也会发生改变。回顾改革开放 40 年来，我们国家的综合实力大幅度增强，处在新时代的中国也在新的环境下形成了新时期的社会价值认同，即社会主义核心价值观。在历史与实践证明下，社会主义核心价值观发挥了重要的精神凝聚作用，引领中华儿女抵抗了腐朽文化的影响与侵蚀，为全国人民树立了正确的价值取向。党的十九大报告明确指出："社会主义核心价值观是当代中国精神的集中体现，凝结着全体人民共同的价值追求。要以培养担当民族复兴大任的时代新人为着眼点，把社会主义核心价值观融入社会发展各方面，转化为人们的情感认同和行为习惯。"有学者指出："培育和践行社会主义核心价值观关系着我国公民的价值取向和中国特色社会主义的发展方向，是实现中华民族伟大复兴中国梦的精神动力和思想基础。"所以，社会主义核心价值观是新时代凝心聚力的重要力量，也是中国梦实现的重要前提。

大学生作为中国特色社会主义事业的建设者与接班人，培育大学生正确的价值观念对于中国未来的发展起着决定性的作用。确立新时代大学生社会主义核心价值观，是当前高校育人工作的重要任务。但是由于当前经济的快速发展，各种外来文化冲击着大学生的思想观念，影响着大学生对于社会主义核心价值观的认同感，同样的还存在着价值观教育中的种种问题。因此，新时代高校要厘清产生社会主义核心价值观认同的内在心理机制和外在实现条件，将社会主义核心价值观融入到文化育人机制之中，提高新时代大学生的价值认同，这也始终是我国新时代教育事业的重要议题。

社会主义核心价值观融入高校文化育人机制之中是一项系统工程，并不能一蹴而就，这需要高校工作者做好各项建设、抓好各方面的工作，一方面要做好整体规划，另一方面又要加强局部建设，建立一个环环相扣的、严谨科学的、影响深远的体系来促进社会主义核心价值观融入文化育人机制之中。正如习近平总书记所说的："一种价值观要真正发挥作用，必须融入社会生活，让人们在实践中感知它、领悟它。"只有通过社会生活与实践使社会主义核心价值观像空气一样无所不在、无时不有，才能使大学生真正做到内化于心、外化于行的效果，使社会主义核心价值观成为人们日常工作与生活的基本遵循。

（三）融入中华优秀传统文化强化文化育人机制的引导力

中国拥有着独特的历史、独特的文化、独特的国情，这决定了我国的教育事业也要必须走符合自身特点的发展道路，在传统文化深厚的基础上扎实办好中国特色社会主义高校。回顾历史，我们发现 5000 年中华文明孕育并形成了中华民族讲仁义、重民本、守诚信、崇正义、尚和合、求大同的优秀文化传统和共同价值观。"正是这种优秀文化传统的魅力才赋予了中华民族强大的生命力、凝聚力和创造力，使之成为世界上唯一一个连绵数千年而不衰也从未间断的灿烂文明，使中华民族成为西方人所感叹和羡慕的"唯独一个打不烂、冲不散的整体。"习近平总书记指出："培育和弘扬社会主义核心价值观必须立足中华优秀传统文化。牢固的核心价值观，都有其固有的根本。抛弃传统、丢掉根本，就等于割断了自己的精神命脉。"教育事业作为新时代文化传承关键所在，高校育人工作不仅担负着传播马克思主义思想理论的重要任务，同时也肩负着中华优秀传统文化的继承与创新，高校育人机制的构建必须要在中华优秀传统文化的基础上实现创新与发展，更要在传统文化中赋予新的时代内涵与风采。

高校将中华优秀传统文化有效融入高校文化育人机制之中，借助优秀传统文化蕴含的民族文化心理，在教育者与受教育者之间搭建以文化人的共通桥梁，通过有效的文化育人机制来增强文化的感染力与影响力，从而提升高校育人的有效性。那么，高校如何将中华优秀传统文化有效地融入高校文化育人机制之中呢？首先，高校文化育人机制的构建要提供多样性的平台，引导大学生掌握中华优秀传统文化中的精髓部分，通过日常生活与学习来增强文化自觉与文化自信。高校文化育人机制构建的关键就是要为当代大学生提供接触与吸收文化的土壤。同样的，这也使得中华优秀传统文化让更多人得以了解与学习，使得中华优秀传统文化得以走向世界，传播的更加深远。其次，高校文化育人机制的构建要充分考虑高校思想政治理论课教学内容与中华优秀传统文化的融合。例如，在思想政治教育这门课程中，可以围绕中华优秀传统文化中对现代法治与德治之间的辩证关系进行相关专题教育等。再次，将中华优秀传统文化有效融入高校文化育人机制之中，坚决不能忽视实践这一重要环节，高校文化育人机制只有经受住实践的检验，育人效果才会有所保证。例如：高校要积极鼓励大学生去参加各种文化实践活动，通过接触不同的人，面对不同的事情来进行文化自信心的培养与锻炼。除此之外，高校还可以组织大学生开展不同形式的文化实践比赛，通过多种多样的形式来丰富大学生的生活与学习，也为弘扬中华优秀传统文化奠定基础。总之，高校在文化育人机制的构建过程中，要始终将优秀传统文化的精髓不断内化为大学生为人处世的行动指南，将优秀传统文化中的积极思想贯彻到生活与学习中去，通过身体力行的育人方式来实现高校文化育人的最终目的。最后，将中华优秀传统文化有效融入高校文化育人机制之中，不仅可以有效地加深对中华优秀传统文化深层价值理念与现代意义的挖掘，还可以利用好中华优秀传统文化的精髓来指导生活与学习。通过文化育人机制的构建使得新时代高校能够更好地用好中国智慧，讲好中国故事，把中华优秀传统文化的精髓讲到大学生的"心坎上"，做到又入脑又入心，从根本上树立起新时代大学生的文化自信心与民族自豪感。

（四）融入优秀革命精神增强文化育人机制中的感染力

在中国共产党领导人民革命和建设的实践中，产生了优秀革命文化。革命文化的产生一方面汲取了中华优秀传统文化的精髓，另一方面又凝聚了中国共产党人在领导革命时所具有的精神风貌与品质。回顾革命历史，我们能够清晰地认识到革命文化所蕴含的革命精神既是社会主义先进文化的主要来源，又是中华优秀传统文化的重要组成部分。新时代高校文化育人机制的构建要始终以革命精神教育为中心，在文化育人机制构建的过程中有效融入五四精神、长征精神以及延安精神等，使得广大师生无论是在教育还是受教育的过程中都深受革命精神的鼓舞与熏陶。无论是社会价值还是个人价值的实现，都永远离不开宝贵的革命精神。将优秀革命精神中的理想与信念融入到高校文化育人机制之中，不仅是文化自信的体现，更是新时代大学生助力于中华民族伟大复兴中国梦的不竭动力。

高校将优秀革命精神融入文化育人机制中。首先，高校需要深入开展革命文化宣传教育，使革命文化做到"进课堂""进教材""进头脑"。一是要充分发挥高校课程育人的主阵地作用，自然而然地将革命文化精神融入到课堂之中，通过基本的教育方式做到润物细无声的渗透教育，使得新时代大学生更多地了解革命历史，吸收革命文化。其次，高校文化育人机制的构建要注重创新方式，实现与时俱进。其中最重要的是要遵循育人的基本规律，掌握教书育人规律，发现学生成长规律，从而在育人方式上实现创新。高校要有效转变育人路径与模式来引导高校育人工作与革命文化相结合。最后，高校应发挥合力育人优势，积极引导革命文化与其他课程相结合产生育人合力，推动"思政课程"到"课程思政"的转变，使得广大学生更多的接触并挖掘革命文化精神，增强学生的精神归属感和文化认同，从而把革命精神转化为学习动力，增强学生对革命文化的自信心。与此同时，新时代高校将优秀革命精神融入文化育人机制要突出实践的作用，优化传承和弘扬革命文化的外化途径。一方面，高校要注重实践教学，发挥革命文化教育的固本铸魂的作用，要积极借力于重大纪念日，如"五四"青年节、国庆节等重要时刻，对大学生开展针对性的革命文化实践教育活动。这样就会使得新时代大学生能够深刻体验过去的那一段历史，感同身受般地接受革命文化精神的熏陶，并从根本上激发出大学生的爱国热情与情怀。另一方面，高校要重视革命文化实践基地的建设，这对新时代高校人才培养起到积极推动的作用。新时代高校只有打造好实践教学基地这一重要载体，革命文化教育才能够更好地开展下去，新时代文化自信的培育才会做到实事求是，经得起更多的考验。

五、创新以文化自信为格局的网络育人机制，推动创新意识"新引擎"

新时代青年已经步入了崭新的网络时代，高校育人机制的构建要切实增强社会主义意识形态的凝聚力，就必须科学合理地利用网络传播手段，使网络这一最大变量成为高校育人工作的最大增量。党的十九大报告提出"要善于运用互联网技术和信息化手段开展工作"。对于新时代高校育人机制的构建而言，就必须要利用好网络这一重要工具，构建更加科学的高校网络育人机制，切实为高校育人工作增添时代新底色。

（一）构建"自主交流型"的网络育人互动机制

根据"网络工具论"的理论来源，网络被作为育人载体已被越来越多的教育工作者所肯定与认同，依托网络平台开展育人工作，并在育人过程中使得育人工作更具平等性、互动性、灵活性，这样就大大提升了育人的效果。相较于传统的育人方式而言，借助于网络育人的思维其实是更加强调了人人平等的原则，即在网络教育过程中教育双方是平等的。这种强调平等性的育人思维，主要源自于互联网自身的特点，由于互联网扩散的、自主化的特点，使得受众之间完全处于平等的交流互动状态。这种由互联网自身特点所营造自由而平等的人际交往模式，使得它可以更好地融入教育过程之中，在育人机制构建下形成一种"自主交流型"的社群育人体系，为自由化的网络育人机制构建提供了条件和可能。

习近平总书记指出："青年是标志时代最灵敏的晴雨表。"改革开放40年以来，随着我国社会的发展和历史的变迁，大学生群体的思想观念发生了许多变化。马克思主义唯物史观认为："人们的观念、观点和概念，一句话，人们的意识，随着人们的生活条件、人们的社会关系、人们的社会存在的改变而变更。"改革开放使得世界与中国的关系更加紧密，当代大学生们的思想受到了政治、经济以及文化的影响。这些变化直接影响着大学生的处事态度与行为选择，由于"95后"大学生个性张扬，独立自主，勇于创新，富于挑战的心理特点，他们在一定程度上依赖网络，畏惧现实交往，行为常带有功利性色彩。所以新时代高校教育工作者要充分了解"95后"大学生的思想与行为特性，针对这种现象，构建有效的工作模式。随着网络的出现就大大缓解了高校在育人过程中的一些问题，大学生们可以通过网络形成"自主交流型"的网络育人社群体系来学习知识技能、交流经验、分享心得体会，还可以通过QQ、微信、微博等即时通讯工具表达自己的意愿、参与活动，获得不同于传统教育方式的参与互动体验。

高校育人机制的构建要始终遵循互联网平等性这一特点，发现并解决目前高校在育人过程中出现的种种问题。比如：教育者高高在上的现象、学生处于被动的地位、课堂上处于"一言堂"等现象。新时代高校教育工作者要尝试改善这种育人模式，通过互联网的平等性原则来构建教育双方平等互动的模式，营造出教育者与受教育者之间相互平等的育人氛围。通过互联网这一有效平台来鼓励学生受众结合自身的兴趣爱好，积极发挥自身的能动性与自主性，通过自主平等交流的方式来激发自己的潜能去学习更多的知识去投身实践，锻炼自己。总之，新时代高校要完善"自主交流型"的网络育人机制，做到润物无声般春风化雨地对新时代大学生群体进行教化与影响。

（二）构建"自我教育"与"朋辈教育"相融合的网络育人机制

高校育人过程其实就是教育双方共创、共享教育精神的一个双向互动过程，在这一过程中十分注重教育主客体自身的主动性和积极性，同时也强调教育主客体之间的互动性。十分巧合的是，互联网本身就具有"互动性"这一重要特征，高校教育如果能够有效借力于网络这一工具，实现育人的双向互动达到共享、共振、共鸣的育人效果，高校育人就会实现事半功倍的整体效果。新时代大学生正处于身心发展完善的重要阶段，教育实践证明，文化环境和教育方式会对大学生人格、理想及价值观的形成产生极为重要的影响。互联网作为新时期育人的重要载体之一，在教育过程中扮演着重要的角色，对于教育者的人格塑造以及价值观的形成有着深远的影响。不少学者指出："网络为青年积极主动参与政治提供了平台，青年在网络政治参与的过程中，其思想和行为会经常受到'意见领袖'的影响"。由此可见，灌输式的说服教育，单纯的、压迫性的鼓励与号召，会使高校育人效果大打折扣。因此，高校教育工作者要将教育者与受教育者放在平等的位置上，借助于网络平台为教师与学生受众构建一种平等的对话模式，提供教育双方沟通与交流的机会，并积极发挥"自我教育"与"朋辈教育"相互融合的影响力，积极改变传统教育以说教灌输的育人方式，借力于网络平台发挥"自我教育"与"朋辈教育"的积极作用。

高校在构建"自我教育"与"朋辈教育"融合的网络育人模式的过程中，高校教育工作者要紧跟学生所关注的热点问题，善于观察学生受教育的反馈情况，要利用好互联网这一平台，去积极接触并发现不同学生的自身特点与个人价值，尽可能多的创造"朋辈教育"的育人机会。在新时代互联网迅速发展的势头下，顺势而为，运用新技术来加大教育宣传力度，拉近教育双方心与心的距离，从而有针对性地开展高校育人工作，引导积极向上的主流舆论。

（三）打造良好的"育人生态"完善网络育人机制的新环境

由于互联网自身所独具的开放性特点，使得信息资源能够在网络上快速地传播与共享。"互联网的开放性加速了信息资源和教育资源的共享育人过程，通过多种不同手段将互联网思维的"开放性"引入育人各个环节，将更多的资源整合为全方位的、无边界的育人平台，打造一个没有边界的"育人生态"。"这种无边界的育人状态使得高校工作者身份可以随时切换，无论是教育者还是受教育者，他们都可以通过网络平台来接收与发布信息，任何人既可以是信息的生产者又可以是信息的传播者。

如何去优化这种无边界的网络"育人生态"新环境，最重要的就是要实现汇聚校内外优质育人资源，打破高校各个学科与专业之间的壁垒，构建协调的高校网络育人新机制。就目前育人现状可以发现当前许多高校的各个组织机构之间存在着界限分明，各个学科与各个专业之间缺少一定的互通性与相容性，普遍存在一种"沉默的螺旋"现象。正是由于缺乏一定的沟通与互动，就会使得高校中各个组织、各个学科之间很难实现资源相互共享，跨学科研究的现象就更是少之又少。所以，新时代高校想要打破这种"沉默的螺旋"现象，就必须以育人机制的构建为着力点，利用互联网的优势来搭建学科之间互动的桥梁，打破当前各个学科之间沉默的状态。首先，高校要积极调动各个学科之间的积极性，组建学科与学科之间的跨学科研究中心，最大程度做到资源共享与开发，借助网络的力量来构建网络育人机制，从而完善并优化"育人生态"，构建网络育人新环境。其次，高校教育工作者要利用自身的学科优势，将所学理论融入到相关企业与行业之中，通过互联网来构建合作开放型的育人平台，打破高校与各个企业、行业之间的资源壁垒状态，充分开发和利用各种育人资源与渠道，优化网络协同育人机制。最后，高校要善于借力于先进的互联网技术，让更多教育资源通过互联网融入到育人生态系统中去，为学生提供更多的教育资源，从而提高高校网络育人的实效性与影响力。

（四）推动"单向通行"向"交互参与"升级的网络育人机制

在新媒体技术环境下，互联网具有高强度的交互性和参与性的特点，使得传播渠道与路径进一步的被放大。在网络上出现的一个新话题与新理念，能够在极短的时间内得到广泛的传播并受到无差别的观点评论与扩散。这样一种迅速且集中的过程就是互联网"合作性"特点的最好的诠释。正是由于互联网自身"合作性"的特点，才使得高校在构建育人过程中可以改变多年来滞后的育人方式，即自上而下的机械化"单向通行"的传统育人方式。这种传统的育人模式使得学生受众通常处于一种被动的接受状态，教育双方缺乏沟通与互动，受教育者很难将自己的所思所想回馈于教育者。同时，教育者本身也处于一种主动且尴尬的地位，这就使得教育工作者无法有效地将教育内容传递到学生群体之中，并在一定程度上影响了高效育人的效果，使得高校育人工作事倍功半。

高校育人工作者要积极借力于网络，实现育人方式由"单向通行"向"交互参与"的升级，通过互联网来构建一种合作性的育人机制。针对"95 后"大学生的时代特征、行为特点、兴趣爱好等，高校教育工作者可以通过微信、微博、短视频等多种形式与渠道为学生群体提供相关的教育内容。与此同时，由于互联网的参与性与交互性，使得广大学生可以在获得信息的同时，随时将自己的意愿和想法表达出来。高校可以在互联网思维的帮助下，通过"交互参与"的方式来构建高效网络育人机制，积极调动身处这一体系中的大学生真正参与到这项工作中去，调动学生群体去关注相关公众号、浏览相关推送信息并积极参与讨论相关话题，提高学生的主动性，把学生受众作为育人工作的着力点，以"交互参与"的方式将每一个学生的个体间传播转化为自发的"交互参与"状态。正是由于互联网所独具的平等性、开放性、互动性等特点，才会使得新时代高校网络育人机制的创新在实践探索中得到进一步的提升与完善，同样也进一步充实了网络的育人功能，从而实现网络育人机制由"单向通行"向"交互参与"的优化升级。

六、发挥以文化自信为关键的保障育人机制，强化机制运行的"助推器"

习近平总书记强调："各级党委要把高校思想政治工作摆在重要位置，加强领导和指导，形成党委统一领导、各部门各方面齐抓共管的工作格局。"高校要确保育人工作的顺利进行，保障育人机制的构建是不可忽视的重要部分。高校育人的最终目的就是为国家、社会培育出全面发展的新时代优秀人才，这一目标的实现则有赖于高校育人机制的有效运行，高校育人机制能否顺利运行就是依靠强有力的保障机制。所以，构建一套完善的育人保障机制是实现新时代高校育人工作的关键。

（一）加强党的领导是构建保障育人机制的根本

坚持党的领导是构建保障育人机制的根本。加强党对高校育人工作的全面领导，是实现文化自信视域下高校育人的根本保障。高校各级党委要把育人机制的构建重视起来，高校党政人员要将文化自信的培育作为中心并熟悉育人的各个环节。高校保障育人机制的顺利运行必须坚持党的领导，才能确保保障育人工作的顺利进行。高校育人机制的构建必须要坚持正确的育人方向，坚持党的正确领导是确保高校进行党的路线方针以及政策贯彻落实的基础，同样也是新时代高校培养社会主义事业建设者与接班人的坚强后盾。高校始终坚持党的领导，以党的领导为方向来开展相关育人工作，通过优化保障育人机制，改进育人工作的方式与方法。新时代高校要积极主动地将党的领导方针落实到教学育人工作之中，高校育人工作者不仅要积极引导党员发挥模范带头作用，更要在学生群体中调动广大党员青年学生，使他们永远保持清醒的政治定力与认识，并始终拥有文化自信心与民族自豪感，带领新时代青年高举中国特色社会主义伟大旗帜，永远不忘初心跟党走，为实现中华民族伟大复兴的中国梦而不懈奋斗。

（二）物质与制度保障是高校育人机制构建的前提

高校育人机制的构建要始终以丰富的物质保障为起点。无论是导向育人、教学育人还是实践育人机制的构建都需要以物质基础作为机制构建的前提，高校在育人过程中要提供相应的人力、物力去支撑育人机制的构建。高校育人机制的顺利运行一定程度上依靠于经费的支持程度。一方面，当地政府相关部门在进行高校育人机制的构建过程中，必须明确经费投入的重要性，将办学经费花到实处，将教育资源用到点上，最大程度满足学生群体的需求，做到实事求是，坚持用创新多样化的育人方式来实现保障育人的最终目的。良好的基础是育人工作开展的重要前提，以微观的角度来讲，高校教育工作者要根据不同学生的发展需求，在理论教学方面，结合实际状况最大限度的去为学生提供良好的教学平台；在实践与生活中要积极优化学生的生活环境，改善不平衡不充分的学习生活环境，提升学生的幸福感。以宏观的角度来讲，高校应该尽可能地优化校园环境，既保障学生在学校的安全，又为学生提供一个安心舒适的学习与生活环境。正是因为制度作为一种既定的力量对人们的生活实践与社会关系起到规范与制约性的作用，是决定人们社会关系的重要因素。高校育人机制构建的前提是以制度保障为前提的，高校管理制度作为一种特定的规范，其目的在于维护高校教学与生活秩序，保证学生群体在受教育过程中身心全面发展。首先，高校制度的设定要体现新时代文化自信的精神与内涵，制度的构建要以高校保障育人机制为方向，设定与保障育人相适应的相关制度，并将保障育人目标具体细化在各种制度中，积极发挥保障育人合力。其次，高校制度的设定与执行要具备弹性与张力。高校制度的设立要以每个学生的具体情况来分析，做到因材施教、有的放矢的制度化设定。与此同时，高校育人工作者在执行相应制度时，要以学生为中心，将刚性化管理手段转变为柔性化育人方式，始终确立教育者与受教育者之间平等交流，通过合理的育人制度，突出高校保障育人机制的教育取向，发挥制度的保障功能。最后，高校要建立良好的制度环境，即通过有效的组织管理制度与领导体制，借助制度规范来协调育人内部与外部的人际关系，这样才能保证高校保障育人机制的稳定与有效运转。

（三）提升高校育人队伍的专业水平是育人的关键

百年大计，教育为本。教师是立教之本、兴教之源，新时代的今天教师更是承担着为时代培育新人的重要责任。新时代高校保障育人机制构建的关键就是打造一支道德优良、专业化水平高的教师队伍，并以习近平新时代中国特色社会主义思想为引领，能够身体力行地积极践行社会主义核心价值观，无论任何时候都不忘教书育人的荣誉感和责任感。绳短不能汲深井，浅水难以负大舟。高校育人工作是一项专业性很强的工作，高校育人队伍的专业化水平决定了高校育人效果的发挥，同样的构建高校保障育人机制的关键就是要培育出一批具备"四力"的教师团队，即具备脚力、眼力、脑力、笔力的专业能力，努力为新时代打造一支政治过硬、本领高强、求实创新、能打胜仗的育人工作队伍。

首先，高校要加强教师队伍建设，重点放在提升教师素质之上。有好的教师，才有好的教育，高校要在日常工作中重视教师的地位，积极维护教师的权利，不断改善教师的工作条件，让教育工作者能够在良好的环境下完成自己教书育人的任务。其次，高校要加强教师制度建设，无论是课堂上还是平时的生活，都要注重对教师思想素质、行为准则、师德师风的监督。通过构建合理的评价机制把师德师风作为评价一名教师的重要指标之一。在新时代赋予教师新的荣誉感与使命感，积极引导广大教师在育人过程中做到以德立身、以德立学、以德施教、以德育德。最后，高校要着力提升教师业务水平。高校育人效果的发挥最重要的就是要完成为学生传道、授业、解惑的重要任务。高校要积极鼓励教师团队去参加研修培训、学术交流互动以及重视科研能力的培养，并通过一系列专业化培训体系，设定好培训规划，引导广大教师深刻学习并践行习近平新时代中国特色社会主义思想，通过理论知识来指导实践，从而提高自身的专业水平与道德修养，以社会主义核心价值观为行为准则，严格要求自己，以身作则，努力成为新时代先进思想文化的传播者，为培育社会主义事业建设者和接班人做出巨大贡献。

（四）健全持续发展的长效保障机制是育人重点

没有规矩，不成方圆。高校各个机制的建构是为了更好地明确育人目标，理清育人责任分工、落实育人工作任务。高校育人机制构建能否顺利进行，不仅需要各个育人机制之间的相互配合，更需要一套合理的、稳定的、长效的保障机制。高校长效保障机制的实质就是通过一系列的制度创新与建设来保证高校育人工作能够长期并持续地健康运行。与此同时，高校长效保障机制能否发挥作用，最重要的就是要使高校育人机制中各个要素之间相互联系、相互协调形成各个机制运行的闭环从而产生育人合力，为高校长效保障育人机制的作用发挥提供一个和谐且健康的条件。

首先，新时代高校要健全持续发展的长效保障机制，最重要的就是要构建一套完善的育人评估体系。为了更加深入了解高校育人现状，高校育人工作者要加强对育人教学质量的评估，通过有效的教学评估可以明确育人的目标和思路，提升高校育人工作的科学性。其次，构建合理的育人反馈调节体系也是长效育人机制构建的关键。良好的反馈体系能够使育人工作者更加全面地掌握教育动态、驾驭育人过程、调整育人方案、优化育人结构，保证高校育人目标的顺利实现。那么，在育人过程中针对不同受众的反馈，高校育人工作者也要及时发现问题、有效处理问题，提供多样化平台鼓励学生群体去积极大胆反映，从根本上解决育人过程中的问题。最后，高校要健全激励机制。高校要采取适当的激励措施来激发育人工作者与学生的热情与积极性。一方面，高校要把教学质量同教师的职称晋升、年终考核、评奖评优相互联系起来，有效地提升教育者的教学能力调动教育者的积极性。另一方面，对学生也要采取适当的激励措施，有效地激励学生自觉主动地投身于工作与学习中，这样不仅可以提升受教育者的主观能动性，还可以使得高校长效保障育人机制顺利地运行。

参考文献

[1] 韩延明. 大学文化育人之道 [M]. 北京：高等教育出版社，2013.

[2] 侯长林. 高校校园文化基本理论研究 [M]. 北京：人民出版社，2014.

[3] 胡琦. 高校文化德育论 [M]. 杭州：浙江大学出版社，2014.

[4] 刘维娥. 高校校园文化论 [M]. 北京：中国书籍出版社，2016.

[5] 王迎新. 大众文化的意识形态功能研究 [M]. 天津：南开大学出版社，2014.

[6] 眭依凡. 大学文化思想及文化育人研究 [M]. 杭州：浙江大学出版社，2016.

[7] 费孝通. 中国文化的重建 [M]. 上海：华东师范大学出版社，2013.

[8] 陈先达. 文化自信与中华民族伟大复兴 [M]. 北京：人民出版社，2017.

[9] 王海鹰. 文化基因与精神血脉的现代作用 [M]. 北京：国家行政学院出版社，2016.

[10] 邴正. 加强文化自觉提升文化自信 [J]. 吉林大学社会科学学报，2011（06）：5-7.

[11] 于平. 国家文化形象建构的自觉、自信和自强 [J]. 艺术百家，20110（05）：32-35.

[12] 张爵宁，卢志勇. 论榜样文化与社会主义核心价值观的培育 [J]. 湖湘论坛，2016（03）：58-62.

[13] 李蕊. 榜样在社会主义核心价值观大众化中的作用机制研究 [J]. 中州学刊，2015（07）：13-17.

[14] 范迎春. 当前榜样文化的审视与反思 [J]. 教学与研究，2016（03）：92-97.

[15] 骆郁廷，郭莉. "立德树人"的实现路径及有效机制 [J]. 思想教育研究，2013（07）：45-49.

[16] 骆郁廷.校园网络文化的发展与创新 [J] 思想政治教育研究，2011（02）：4-7.

[17] 马晓云.大众文化对大学生思想政治教育的消极影响及应对策略 [J].思想理论教育导刊，2011（10）：90-92.

[18] 刘献君.论文化育人 [J].高等教育研究，2013（02）：1-8.

[19] 周正刚.谈培养高度的文化自觉和文化自信 [J].党建研究，2012（08）：28-30.

[20] 朱永坤.从"文化素质教育"到"文化育人"：高校全面教育理念的发展 [J] 教育评论，2016（03）：39-42.

[21] 王振.改革开放以来高校文化育人的回顾与思考 [J].思想理论教育，2018（12）：90-95.

[22] 王振.思想政治教育视域下以文化人的定位与特性 [J].思想教育研究，2018（10）：58-62.

[23] 程刚.新时代高校文化育人途径探析 [J].思想理论教育导刊，2018（10）：136-139.

[24] 周萍.社会主义核心价值观融入高校校园文化建设的新思考 [J].思想教育研究，2018（08）：128-132.

[25] 郭鹏飞.注重以文化人提高高校思想政治教育实效性 [J].思想教育研究，2018（05）：98-101.